梦 山 书 系

"梦山"位于福州城西,与西湖书院、林则徐读书处"桂斋"连襟相依,梦山沉稳、西湖灵动、桂斋儒雅。梦山集山水之气韵,得人文之雅操。福建教育出版社正坐落于西湖之畔、梦山之下,集五十余年梓行之内蕴,以"立足教育、服务社会、开智启蒙、惠泽生命"为宗旨,将教育类读物出版作为肩上重任之一,教育类读物自具一格,理论读物品韵秀出,教师专业成长读物春风化雨。

"梦"是理想、是希望,所谓"梦想成真";"山"是丰碑,是名山事业。"积土成山,风雨兴焉",我们希望通过点点滴滴的辛勤积累,能矗起教育的高山;希望有志于教育的专家、学者能鼓荡起教育改革的风雨。

"梦山书系"力图集教育研究之菁华,成就教育的名山事业之梦。

The New Theory of
Classroom Teaching Art

课堂教学艺术
新论

李如密 等著

海峡出版发行集团 | 福建教育出版社

图书在版编目（CIP）数据

课堂教学艺术新论/李如密等著. 一福州：福建教育出版社，2014.8
ISBN 978-7-5334-6401-1

Ⅰ.①课… Ⅱ.①李… Ⅲ.①课堂教学－教学研究 Ⅳ.①G424.21

中国版本图书馆 CIP 数据核字（2014）第 070164 号

KETANG JIAOXUE YISHU XINLUN

课堂教学艺术新论

李如密　等著

出版发行	海峡出版发行集团
	福建教育出版社
	（福州梦山路 27 号　邮编：350001　网址：www.fep.com.cn
	编辑部电话　0591-83726908
	发行部电话　0591-83721876　87115073　010-62027445）
出 版 人	黄　旭
印　　刷	福建省金盾彩色印刷有限公司
	（福州市晋安区福光路 23 号，邮编：350012）
开　　本	720 毫米×1000 毫米　1/16
印　　张	18.75
字　　数	315 千
插　　页	1
印　　数	1-5 086
版　　次	2014 年 8 月第 1 版　2014 年 8 月第 1 次印刷
书　　号	ISBN 978-7-5334-6401-1
定　　价	39.00 元

如发现本书印装质量问题，影响阅读，
请向本社出版科（电话：0591-83726019）调换。

目 录

第一章　课堂教学艺术的基本原理 \ 1
　　一、课堂教学艺术的特点 \ 2
　　二、课堂教学艺术的功能 \ 4
　　三、课堂教学艺术的同频共振规律 \ 6
第二章　课堂教学的诗性活力 \ 9
　　一、缘何提及课堂教学的诗性活力 \ 9
　　二、如何理解课堂教学中的诗性活力 \ 10
　　三、课堂教学诗性活力的生长点在哪里 \ 13
　　四、如何走出缺乏诗性活力的教学困境 \ 17
第三章　课堂教学诊断艺术 \ 20
　　一、课堂教学诊断的价值 \ 20
　　二、课堂教学诊断的内容 \ 23
　　三、课堂教学诊断实施的策略 \ 26
第四章　课堂教学结构设计艺术 \ 28
　　一、课堂教学导课设计艺术 \ 28
　　二、课堂教学高潮设计艺术 \ 30
　　三、课堂教学结课设计艺术 \ 33
第五章　课堂教学空间布置艺术 \ 36
　　一、教学空间布置艺术的内涵 \ 36
　　二、教学空间布置艺术提出的现实依据 \ 38
　　三、教学空间布置艺术的有效策略 \ 41
第六章　课堂教学立体表达艺术 \ 44

一、课堂教学立体表达艺术的原则 \ 44

二、课堂教学立体表达艺术的特征 \ 46

第七章 课堂教学诠释艺术 \ 51

一、教学诠释艺术的提出 \ 51

二、诠释什么——教学诠释艺术的对象 \ 52

三、谁在诠释——教学诠释艺术的主体 \ 52

四、为何诠释——教学诠释艺术的目的 \ 53

五、如何诠释——教学诠释艺术的方法 \ 54

第八章 课堂教学表演艺术 \ 58

一、课堂教学表演艺术相关概念辨析 \ 58

二、课堂教学表演艺术的审美特征 \ 59

三、课堂教学表演艺术的"精神能量转换" \ 61

第九章 课堂教学节奏艺术 \ 65

一、疏与密 \ 65

二、虚与实 \ 67

三、动与静 \ 68

四、张与弛 \ 70

第十章 课堂教学倾听艺术 \ 73

一、教学倾听艺术的含义 \ 73

二、教学倾听艺术的功能 \ 75

三、教学倾听艺术的技巧 \ 76

第十一章 课堂教学比喻艺术 \ 81

一、教学比喻的内涵 \ 81

二、比喻在课堂教学中的作用 \ 82

三、课堂教学中运用比喻的原则 \ 84

第十二章 课堂教学隐喻艺术 \ 88

一、课堂教学隐喻艺术的内涵 \ 88

二、课堂教学隐喻艺术的特征 \ 89

三、课堂教学隐喻艺术的功能 \ 91

三、课堂教学隐喻艺术运用的注意事项 \ 94

第十三章　课堂教学动情艺术 \ 96

　　一、课堂教学动情艺术的内涵界定 \ 96

　　二、课堂教学动情艺术的理论基础 \ 97

　　三、课堂教学动情艺术的特点和功能 \ 99

　　四、课堂教学动情艺术操作 \ 101

第十四章　课堂教学移情艺术 \ 105

　　一、教学移情艺术的内涵 \ 105

　　二、教学移情艺术的价值 \ 106

　　三、教师运用教学移情艺术的自主之路 \ 110

第十五章　课堂教学激励艺术 \ 113

　　一、课堂教学激励艺术的内涵与机制 \ 113

　　二、课堂教学激励艺术的类型及技巧 \ 115

　　三、课堂教学激励的条件 \ 118

第十六章　课堂教学激将艺术 \ 121

　　一、教学激将艺术的概念 \ 121

　　二、教学激将艺术的心理学依据和心理机制 \ 122

　　三、教学激将艺术的运用策略 \ 123

　　四、教学中运用激将艺术的注意事项 \ 125

第十七章　课堂教学等待艺术 \ 128

　　一、课堂教学等待艺术的内涵 \ 128

　　二、课堂教学等待艺术的提出依据 \ 129

　　三、课堂教学等待艺术的功能 \ 130

　　四、课堂教学等待艺术的原则 \ 132

　　五、课堂教学等待艺术对教师的要求 \ 133

第十八章　课堂教学答问艺术 \ 135

　　一、课堂教学答问艺术的内涵 \ 135

　　二、课堂教学答问艺术的功能 \ 137

　　三、课堂教学答问艺术的原则 \ 138

　　四、课堂教学答问艺术的策略 \ 139

第十九章　课堂教学理答艺术 \ 142

一、课堂教学理答艺术的内涵 \ 142

二、课堂教学理答艺术的功能 \ 144

三、课堂教学理答艺术对教师的要求 \ 146

四、课堂教学理答艺术的优化途径 \ 148

第二十章 课堂讨论结果的处理艺术 \ 151

一、课堂讨论及其结果 \ 151

二、现有的课堂讨论结果处理方式 \ 152

三、课堂讨论结果的处理艺术及其技巧 \ 154

第二十一章 课堂教学沉默艺术 \ 158

一、教学沉默的定义及分类 \ 158

二、教学中沉默艺术的必要性 \ 159

三、教学沉默艺术的功能 \ 160

第二十二章 课堂模糊教学艺术 \ 165

一、模糊教学艺术的涵义 \ 165

二、模糊教学艺术的依据 \ 167

三、模糊教学艺术的原则 \ 168

四、模糊教学艺术的技巧 \ 169

第二十三章 课堂教学暗示艺术 \ 173

一、课堂教学暗示艺术的内在特质 \ 173

二、课堂教学暗示艺术中美的意蕴 \ 174

三、课堂教学暗示艺术的应用策略 \ 176

第二十四章 课堂教学"糊涂"艺术 \ 179

一、教学"糊涂"艺术的内涵及其提出依据 \ 179

二、教学"糊涂"艺术之"善用"原则 \ 182

三、教学"糊涂"艺术之"巧用"策略 \ 183

第二十五章 课堂教学故错艺术 \ 187

一、教师"知错犯错"艺术的内涵 \ 187

二、教师"知错犯错"的必要性与重要性 \ 188

三、教师的"知错犯错"艺术的具体策略 \ 189

四、教学"知错犯错"艺术的注意事项 \ 191

第二十六章　课堂教学布白艺术 \ 194
　　一、课堂教学布白艺术的内涵 \ 194
　　二、教学布白艺术的理论基础 \ 195
　　三、课堂教学布白艺术的运用策略 \ 196

第二十七章　课堂故事化教学艺术 \ 200
　　一、故事化教学艺术的内涵 \ 200
　　二、故事化教学艺术的特点 \ 201
　　三、故事化教学艺术的功能 \ 204
　　四、故事化教学艺术的技巧 \ 205

第二十八章　课堂教学机智的艺术 \ 209
　　一、教学机智的教育意蕴 \ 209
　　二、教学机智对教师素质的要求 \ 212
　　三、教学机智的修炼策略 \ 216

第二十九章　课堂教学灵活应变艺术 \ 219
　　一、课堂教学灵活应变艺术的原则 \ 219
　　二、课堂教学灵活应变艺术的策略 \ 222

第三十章　课堂教学调控艺术 \ 226
　　一、合理把握课堂兴奋时间 \ 226
　　二、巧妙利用学生的错误行为 \ 228
　　三、有效消除课堂中的分歧行为 \ 229
　　四、即时引导学生的"意外"行为 \ 230

第三十一章　课堂教学"节外生枝"的处理艺术 \ 232
　　一、课堂教学"节外生枝"处理艺术的内涵 \ 232
　　二、课堂教学"节外生枝"处理艺术的技巧 \ 233
　　三、课堂教学"节外生枝"处理艺术的冷思考 \ 237

第三十二章　课堂教学距离艺术 \ 240
　　一、教学距离艺术概述 \ 240
　　二、教学距离艺术提出的原因 \ 241
　　三、教学距离艺术实施策略 \ 243

第三十三章　课堂教学意境 \ 247

一、教学意境的涵义 \ 247

二、教学意境的特征 \ 248

三、教学意境的创生 \ 250

第三十四章　课堂教学风格的形成机制 \ 255

一、教学风格形成的影响因素 \ 256

二、教学风格是各种影响因素创造性结合的结晶 \ 262

第三十五章　教师教学风格对学生的影响机制 \ 265

一、教学风格的传递机制 \ 265

二、教学风格的接受机制 \ 269

第三十六章　教学流派的基本品性 \ 273

一、实践性与理论性 \ 273

二、个体性与群体性 \ 275

三、多元性与独特性 \ 277

四、本土性与发展性 \ 278

主要参考文献 \ 280

各章作者名单 \ 290

后记 \ 291

第一章　课堂教学艺术的基本原理

随着人们对高品质教学生活的追求，"教学艺术"一词渐渐热火起来，但若细究其使用情况，却是言人人殊。那么，究竟何谓教学艺术？其明确的内涵是什么呢？笔者认为，所谓教学艺术乃是教师在课堂中娴熟地运用综合的教学技能技巧，按照教学规律和美的规律而进行的独创性教学实践活动。对于教师来说，就是"教得巧妙、教得有效、教出美感、教出特点"。①

所谓"教得巧妙"，是指教师在教学过程中综合地运用教学方法体系的技能技巧，使教学呈现出灵巧和智慧，而不是使用蛮力强制学生学习。捷克教育家夸美纽斯曾系统深刻地阐述了教学艺术技巧问题，他认为："伟大的成就常常只是一个技巧问题，而不是一个力量问题。"我们常说的教学有方，就是指教得巧妙。

所谓"教得有效"，是指教师遵循教学规律进行教学。教师的教学不是简单地凭借经验而教，"从心所欲"但"不逾矩"，这样就能保障教得确有把握，能够取得预期的教学质量和效率。有些教师的教学花样繁多，令人眼花缭乱但华而不实，这样做永远不能称之为有效的教学，因为它对于学生的发展没有实质性的促进作用，当然也就没有生命活力和发展前途了。

所谓"教出美感"，是指教师遵循美的规律进行教学。教师的教学艺术能够产生一种美感，使学生感到身心愉悦，令其倾倒陶醉，犹如倾听一位高超的艺术大师在演奏一首曼妙无比的乐曲，犹如跟随一位精明的导游在赏心悦目的山水之间漫步。教学美的魅力是"引人入胜"的源泉，可以有效消除教学中的职业倦怠和审美疲劳。

---

① 李如密. 教学艺术内涵及四个"一点"追求 [J]. 上海教育科研，2011，(7).

所谓"教出特点",是指教师在独创性教学中逐渐凝结个性特色,形成独特鲜明的个人教学风格。"八仙过海,各显其能。"坚持走自己的路,成就最好的自己,将自己思想才能中最优秀的一面展现出来,从而给学生以深刻而持久的教育影响。教师的教学培育出独特的精神气质,才会具备别人不可轻易取代的价值。

因此,教师要想切实地提高自己的教学艺术水平,就应努力做到以下四个"一点":教得"巧妙一点",再巧妙一点;教得巧妙了,学得就轻松了。教得"有效一点",再有效一点;教得有效了,学得就扎实了。教得"美一点",再美一点;教得美了,学得就愉悦了。教得"独特一点",再独特一点;教得独特了,学得就深刻了。教师一点一点地进步,精益求精,不断超越,就能最终进入教学艺术的殿堂,摘得教学艺术家的桂冠。学生一点一点地收获,欲罢不能,学习就成为一件乐事,教学艺术就开花结果了。

一、课堂教学艺术的特点

(一)实践性

课堂教学艺术具有实践性,因为整个课堂教学艺术过程都是与教学实践紧密联系、不可分割的。像教师的备课,是为教师作为课堂教学艺术家的课堂表演创造活动"运筹帷幄"的,上课则是教师课堂教学艺术"决胜千里"的实践,只有取得了丰富的实践经验,才能使课堂教学艺术既合于教学规律,又合于师生的个性特长和心理特点。课堂教学是实践性非常鲜明的艺术,一切夸夸其谈如纸上谈兵者都与课堂教学艺术无缘。并且,只有在实践中不断探索而取得的成果,又经过实践检验有实际效能的,才可称得上高超精湛的课堂教学艺术。教师的课堂教学艺术的水平,是在教学实践中不断提高的。离开了教学实践,课堂教学艺术就成了无源之水、无本之木。可以说,课堂乃是永恒的课堂教学艺术实验室,而真正意义上的课堂教学艺术,只有那些在教学第一线上坚持不懈地进行探索的教师才能创造出来,也只有他们才有可能摘取课堂教学艺术家的桂冠。

(二)创造性

教育家第斯多惠说:"教师必须有独创性。"实践证明,创造性乃是课堂教学艺术的又一大特点。因为艺术的生命在于创造,同时最忌模式化。同理,课堂教学艺术的成败也在于创造,"蹈常途、守陈规",照搬教条,无疑是课堂教学艺术的末路。教学中充满创造性，才能常具艺术的魅力。教学工作的高度复杂性决定了教学艺术的创造性。在实践中，教师面对着随时变化、千差万别的教学对象，是不能用刻板如一的现成模式去解决所有问题的。教师既不能照搬别人的经验，也不能把自己的经验年复一年地照样使用，只有靠教师因人、因事、因时、因地制宜地去创造。教学内容的处理、教学方案的设计、教学方法的选择、教学过程的组织，都需要教师灵活安排、不断创新。而只有那些进行创造性劳动的教师，才能使自己的工作有生气、有活力，常教常新，体验到教学工作的乐趣。同时，创造型的人才也必须依靠创造性的课堂教学艺术来培养。而培养这种创造型的人才靠传统的教学模式是不行的，必须依赖新的创造性的教学。换言之，只有创造性的教学才能完成现代教学所负有的培养创造型人才的重大历史使命。

（三）表演性

教师在课堂教学中的行为，如同演员在舞台上的表演，这种表演是指一切外观行为的综合表演，即教师的衣着打扮、表情态度、身姿动作、实验操作、口语板书等。教师讲台形象塑造得如何，直接影响到课堂教学艺术的效果。在语言表达方面，在准确、流畅、富有启发性的基础上，应特别注意声调的特别意义。同时，还应注意以适当的板书、身姿、实验等来配合教师的语言表演。教师生动形象的表演可以丰富学生的感知表象，促进学生的理解和思维。优秀教师们总是把讲台当舞台，把一节课表演得生动活泼，富有艺术感召力，如同一幕扣人心弦、发人深省的话剧。教师的表演，关键要能动情感人。这就要求教师首先要对教学内容有深刻的情感体验，对教学对象有真挚的热爱之情，这样才能在教学表演中进入角色，产生"移情"效果。但要注意表演得适度，做到质朴自然、恰到好处，毫不矫揉造作。同时，课堂教学艺术的表演性服务于教学目的，所以教师在教学时要注意有效地支配情感，而不是被情感所支配，特别是不良情感的支配。教师的课堂教学艺术表演还应注意与学生的密切配合，要采取适合学生接受的方式，要考虑到不同年龄学生的特征。有时教师还不能只当演员，更应作为导演，给学生的才华以较多的表现机会，让学生参与到课堂教学艺术创造活动中来，师生双方在教室这个舞台上共同演出精彩的剧目。

（四）审美性

前苏联著名美学家斯托洛维奇曾经指出："在每个领域中出现的凡是值得被

称为艺术性的活动,都必定具有审美意义。"① 课堂教学艺术以其激情夺魄的魅力给人带来审美感受,这是教师有意识地按照美的规律和原则进行教学的结果。课堂教学艺术追求美、创造美,审美性也就成为课堂教学艺术的一大特色。课堂教学艺术的美是内在美与外在美的有机统一。课堂教学艺术的内在美主要是指教师所讲授的教学内容富有科学美;课堂教学艺术的外在美主要是指教学表达的形式美,诸如字字珠玑、抑扬顿挫的教学语言美,层次清晰、简洁明快的板书美,水到渠成、天衣无缝的衔接自然美,有张有弛、劳逸结合的教学节奏美,起伏有致、疏密相间的课堂结构美,启发诱导、虚实相生的教学方法美,突破时空、回味无穷的教学意境美等。正如美国的克莱德·柯伦所说:"当教师更多地懂得了美的素质怎样深入人心的生活,当他们能够有意识地来完善、扩展这种美的体验方法时,他们也就踏上了课堂教学艺术之路。"② 课堂教学艺术的审美性特征,要求教师必须具备相当深厚的审美修养,既有感知美发现美的能力,又有丰富的审美情感和审美能力,更能有效地在教学中遵循美的规律创造性地进行教学,并有意识地培养学生的审美能力。

二、课堂教学艺术的功能

(一) 陶冶功能

由于课堂教学艺术情理交织的特点和感染力很强的审美形式,使之形成鲜明的情境性和非理性因素,具有不可忽视的全方位的潜在教育功能。例如,融洽民主的师生关系、生动活泼的教学气氛、频繁多向的人际交往、教师出色的课堂表演等,这些都在向学生潜移默化地渗透着理性教育,给他们留下持久性的深刻印象。正如人们说的,"只有在潜移默化中受到的教育,才能起到滴水穿石的作用"。成功的教育是学生没有感到受教育,却受到了难忘的教育。课堂教学艺术的陶冶功能,在于有效地淡化了教育痕迹。在高超精湛的课堂教学艺术中,那"无为"的表象深层尽是"有为"的匠心。但是又不露任何斧凿的痕迹,给人以

---

① [苏] 列·斯托洛维奇. 审美价值的本质 [M]. 北京:中国社会科学出版社,1984:17.

② [美] 克莱德·柯伦. 教学的美学 [J]. 周南照译. 教育研究,1995,(3).

"无为"的自然感受，让学生在不知不觉中受到深刻的教育。课堂教学艺术的陶冶功能，还在于教师自觉地增强了教书育人的意识。为了使教育深入学生心灵，教师加强自身修养，以其高超的课堂教学艺术渲染了情绪高涨的教学气氛，创造出引人入胜的教学情境，有效地激励学生学习的动机、兴趣、情感、意志等动力系统，使课堂教学始终充满着紧张、活跃而又愉快的智力活动。课堂教学艺术高效的陶冶作用，是教师有意识而又不动声色地施加定向教育影响的结果，它根本不同于没有明确导向的、盲目而自发的教学环境对学生的潜在影响。

（二）转化功能

教学的实质就是引导学生把人类已知的科学真理转化为学生的真知，把知识转化为能力。课堂教学艺术高效率的转化功能，标志着教师本质力量的对象化。因为精湛的课堂教学艺术，可以迅速高效地完成知识的传授、技能的培养、智力的开发和品德的形成等教学任务，它以适应学生全面发展的特点为前提，马上转化为促进学生全面发展的因素。可以说，在课堂教学中，历史文化的脉搏跳动得最为强烈有力。人类几千年所传承下来的精神文明，正像静脉输血一样源源不断地注入青少年幼小的心灵，并迅速地转化为个体认识世界、改造世界的巨大力量。课堂教学艺术转化功能的实施过程，使其具备了其他艺术创造过程所不可比拟的重大意义。在转化过程中，教师高尚的品德、宽阔的胸怀、渊博的知识、卓越的个性，都像画家的如椽巨笔，无时无刻不在勾画着学生完美的形象，根据每个学生的特点，将璞琢成玉，将铁炼成钢，导引学生从今天的"我"走向明天的"我"，最后使之成为各种各样的有用人才。当然，课堂教学艺术的转化功能并非神秘的、不可捉摸的，而是受主客观条件制约的、有其内部规律可循的。这就要求教师做一个教学理论的自觉探讨者，对影响教学转化的主客观条件和内部机制及其客观规律有比较深入的了解和掌握，以便及时地感知并准确地把握转化的最佳契机，使课堂教学艺术的转化功能释放出最大的能量，取得最优的教学效果。

（三）谐悦功能

课堂教学艺术能够以轻松愉悦的方式激发学生的学习兴趣、促进学生乐学，并进而丰富学生的情感和精神生活。宋代教育家朱熹曾引用程颐的话说："教人未见意趣，必不乐学。"吉尔伯特·海特在其《教学的艺术》一书中也谈到了课堂教学艺术的谐悦功能，他说："如果我们不能获得一声出自内心的笑，那么这一天的教学就白费了。"听一堂好课，我们往往用"如沐春风"来形容，春风吹在人们身上使人感到温暖、舒适。教师尽可能温和一点、轻松一点、形象一点，有时候来点幽默，非常有利于教学的进行。教学的情趣化乃是构成课堂教学艺术谐悦功能的重要因子。教学中的例题巧解、妙语连珠、体态情趣、幽默插曲、摹态拟声、故错解颐等，均是有效地解除疲劳、使学生乐学的"兴奋剂"。有的教师正是看到情趣化教学的谐悦功能，才生发出"好不如妙，妙不如迷"的深刻见解。因为课堂教学艺术的谐悦功能，从多方面影响着学生的学习，如可以消除由紧张的思维活动带来的心理疲劳，调节由单调重复的学习活动带来的生理疲劳；淡化情绪生活中的焦虑水平，恢复业已倾斜的心理平衡等；使得课堂教学艺术在一张一弛、劳逸结合中获得寓教于乐的功效。正是因为课堂教学艺术的谐悦功能多方面影响着学生的学习，所以才使学生感到"学而时习"的愉悦。

（四）整体功能

课堂教学艺术是一个相对完整的系统，它是依靠其整体发挥巨大的教育作用的。课堂教学艺术是一门非常综合的艺术，它熔各种艺术表现手段于一炉（线条、色彩、语言、音响、节奏、造型等均为课堂教学艺术所用），以大量的信息全方位地诉诸学生的视觉、听觉、触觉等多种感觉器官，直接影响到学生的品德、知识、技能、智力、个性和审美等方面的发展。可见，课堂教学艺术的这种整体功能，是不可分割的有机组合。课堂教学艺术整体功能的发挥依靠其内部结构的最优化组合。如教师和学生的知识结构互补，师生关系融洽，教学内容与教学方法相应，知识训练序列与学生思维认识能力一致，备课、讲课、评改、辅导、考试等各个环节密切配合，这样就构成课堂教学艺术内部结构的最优组合，必能使课堂教学艺术发挥出巨大的整体功能。相反地，如果教学系统内部各部分只是孤立地、静止地存在着，或者组成了一个彼此冲突的结构，那只能使其整体功能大量内耗，而不能取得预期效果。

三、课堂教学艺术的同频共振规律

课堂教学艺术的同频共振规律，是指当教师的课堂教学艺术与学生的思想认识达到同一"频率"的时候，师生之间就会产生思维、情感、活动等方面的"共振"或"共鸣"。这主要表现在以下几个方面。

（一）思维共振

所谓思维共振,是指师生在课堂教学艺术交流过程中,双方的思维处处呼应、时时合拍、步调一致、达成共识。实践证明,教师的思维活动对学生的思维活动有着直接的影响。也就是说,师生思维共振的先决条件,便是教师首先做一个积极的思考者。怎样才能引起师生的思维共振呢?关键是创造师生思维的"同频"条件:(1)要搞清教材编者的思路。编者的思路是思维线索和思维方法。(2)要熟悉学生的思维实际。学生平时思考些什么问题,使用的思维方法和思维习惯中的特点,思维态度的倾向和思维活动的准备状态等,教师都应了然于胸。(3)要精心设计课堂教学艺术的思路。教师在进行教学构思时,应注意教学思路与教材思路和学生思路的合拍,恰到好处地在关键之处拨动学生的心弦,从而诱发师生的思维共振,产生智慧绚丽的火花。

(二)情感共鸣

所谓情感共鸣,是指师生在课堂教学艺术交流过程中,双方的情感高度一致,共处于兴奋激动的状态。前苏联著名教育家苏霍姆林斯基曾说:"教育过程表现在教育者与被教育者精神生活的一致性,即他们的理想、目标、兴趣、思想、体验的一致性之中。"[1] 优秀教师总是想方设法与学生在课堂教学艺术交流中达到"情感共鸣"。情感共鸣的产生,需要在教师与学生之间有相同或大体相近的思想感情和心理经验基础。感情一致是共鸣的最主要的前提。而教师的情感需要有节制地抒发,教材中的情感需要充分挖掘和体验,学生的情感需要调动和激发,至于如何将三者在课堂教学艺术交流过程中巧妙地统一起来,则是一种高超的课堂教学艺术水平。教学实践充分证明,只有情感丰富的教师,运用情感性教学手段,才能有效地激发学生深厚的情感,达到情感共鸣。

(三)活动默契

所谓活动默契,是指师生在课堂教学艺术交流过程中,双方的活动达到同步互动、默契协调,在共同合作下进行课堂教学艺术的创造,因为教学实际上就是一种师生双方的互动过程。实践证明,教学互动或互动式教学,是实施教学共振的最好方式,教学互动是教学共振的一种具体体现,它能使教学效率和效果达到最佳状态。所以,教学活动的同步互动、默契协调,也是课堂教学艺术交流达到

---

[1] [苏]苏霍姆林斯基. 教育的艺术[M]. 肖勇译. 长沙:湖南教育出版社,1983:5.

"同频共振"的表现之一。著名教育家巴班斯基认为:"只有在师生积极的相互作用中,才能产生作为一个完整现象的教学过程。"也就是说,师生两个积极性的充分发挥与协调配合,是教学活动默契的重要前提条件。所以优秀教师总是致力于师生两个积极性的调动与结合,在课堂教学中注重教学双方互动,师生之间"心有灵犀"、默契配合。教师高超的课堂教学艺术,可以引起学生的"同频共振";而这种境界的实现,正是师生间经常进行心灵交流的必然结果。

第二章　课堂教学的诗性活力

一、缘何提及课堂教学的诗性活力

笔者关于中小学课堂中诗性活力的思考，缘自教学场景中发生的两则案例：

案例一：小学语文课堂上，老师让学生补全一个句子，"春天来了，冰怎么了？"学生们争先恐后地举着小手抢答老师的问题。学生们的回答各异，有学生说："冰化了，"也有学生答道："冰融了，"有位学生略有思索地说："冰哭了。"结果，却引来了一些学生的哄笑，因为不符合标准答案，老师最终判定该学生的答案错误。

案例二：在一节数学课上，老师讲完有理数运算法则后问："（-3）×（-4）等于多少？"一个学生说："等于9。""好的，请坐。"另一个学生说："等于12。""说说你是怎么做的。"随后老师对答案正确的学生提出了表扬。课后调查第一个学生为什么会得出9，这位学生说："先从数轴上找到-3这个点，从此出发，向相反方向移动4次，每次3个单位，也就是4个3，于是得到9。""多么好的数学思维，尽管结果是错的。然而，因为结果是错的，学生往往就没有机会表达自己的想法。而另一个学生按规则做，做对了，就可以得到表扬，这会鼓励怎样的学习文化？"①

上面两则案例引发了笔者不断地疑惑和思考，现有的中小学课堂是否果真在教学品质的根本上改善了许多？我们的课堂教学究竟还缺什么？时至今日，这个问题依然困惑着我们，时不时地迫使我们不得不再深入地追问和探寻其中的

---

① 参见：余慧娟. 聚焦：思维的深度与理解的宽度 [J]. 人民教育，2010，(24).

原委。

　　总体而言，历经十年教学改革的冲击与洗礼，中小学的课堂教学的确发生了一些值得肯定的改观。从表象上看，在课程改革的推动下，各种教学理论推陈出新，新的方法、手段不断涌进课堂，课堂教学变得有点"眼花缭乱"，"花样翻新"得似乎有点"应接不暇"，"建构"、"变革"乃至"革命"等近乎新鲜甚至极具颠覆性的话语也经常萦绕在耳际。教学实践中，教师在绞尽脑汁地理解着教学改革的理念与精神。尽管其教学行为依然固守着某些习惯性的教学方式，但是关乎教学改革时尚话语却时不时地出现在嘴边。一些地方的公开课也时不时地"秀"上一把，变相地"公开"着本来就不太隐蔽的"公开课"。但究其实质，课堂教学本该拥有的生机和活力似乎并没有得到彻底地释放，师生的生命状态也好像没有被彻底地激发出来，课堂教学所呈现的"模式化"的教学场景，使得师生的人性与灵性也被日复一日地销蚀和磨灭。

　　回到前面的问题，我们的课堂是不是果真实现了教学品质的根本改善？课堂教学也是否释放出了某种程度的诗性活力呢？如果说开篇案例中所反映的问题有些极端，但现实中不争的事实是：随着学生年级的升高、受教育时间的加大、知识累积的数量增加，学生的好奇心、创造力、想象力反而在萎缩，学生本该有的诗性活力却在逐渐地消退，创造意识和批判意识在衰减。一个简单的判断就是：我们的课堂教学的确是"理性控制有余，诗性活力不足"。造成这一局面的原因固然是多方面的，但关键的原因在于：我们的课堂教学改革并未深入契合本民族特有的诗性思维传统和诗性文化的精髓，也没有从儿童本身固有的诗性特征为切入点去激发儿童的诗性智慧活力，而是过多地搬套逻辑推理的理性方式来化解课堂教学问题，依旧是过度的理性思维主导课堂教学的始终。最终的结果只能是逻辑推理貌似正确无误，教学变革却不尽如人意，根植于教师内心深处灵魂性的教学品质却并没有融合为教师的教学自觉。如果基于上述的判断进一步追问，当下的课堂教学还缺什么？一种可能回答就是：教学的诗性活力。

二、如何理解课堂教学中的诗性活力

　　对于什么是课堂教学的"诗性活力"，我们并不能用概念的方式加以界定，原因在于，"诗性"本来就是一个比较模糊的词语，"诗性"所蕴涵的丰富性使得我们必须从多元的视角理解"诗性活力"。

诗性可以被理解为一种智慧类型，亦可以指一种思维方式。说诗性是一种智慧类型，亦即"诗性智慧"，意大利著名学者杨巴蒂斯塔·维柯（Giambattista Vico, 1668—1744）在其代表作《新科学》中作了深入的讨论。按照维柯的理解，"诗性智慧"是处于人类历史前夜的原始野蛮人所特有的一种智力功能，这些原始野蛮人"没有推理的能力，却浑身是强旺的感觉力和生动的想象力"。① 由于对陌生的事物倍感新奇，在这种新奇感的刺激下"凭完全是肉体方面的想象力，以惊人的崇高气魄去创造，这种崇高气魄伟大到使那些用想象来创造的本人也感到非常惶惑"。② 维柯所理解的诗性智慧是相对于由其衍生的理性智慧而言的。此种智慧类型是人类较为原始淳朴的"人性"的显现和绽放。后来，我国学者朱光潜先生进一步解释道："按照希腊原文，诗（Poesis）这个词的意义就是创造，所以诗性智慧的本义就是创造或构造的智慧，在起源时主要是创造的功能而不是后来以诗性智慧为基础而发展出的那种抽象推理的玄学（哲学）智慧。"③ 综合以上看法，"诗性智慧"就是一种基于敏锐的"感觉"、丰富的"想象"、独特的"创造"和高尚的"审美"综合而成的智慧类型，也是人类最初的智慧形式。只是后来随着人类对理性智慧的倍加推崇，逐渐淡化和弱化了诗性智慧的价值。说诗性是一种"思维方式"，亦即诗性思维，是指那种不具有清晰的、严格的逻辑形式的思维方式。它以带有感性形象的符号为表征手段，从而与逻辑思维相区别或对立。作为一种相对独立的、特殊的思维方式，诗性思维是一种以己度物的思维方式，亦即是人凭借自己的心理经验来体会外在事物。在人类早期思维不发达的情况下，这种以己度物的思维方式大大地丰富了人的感性生命。由于思维摆脱了绝对的理性认识活动和逻辑思维规则，诗性思维不是通向概念的方式，不指向任何确定无疑的知识。它所要捍卫和实现的，是主体精神创造性的地位和权利。既名之诗性思维，也可以从"诗"的特征中来把握这一思维方式的特点。宗白华先生认为："'诗'即是用'美的文字，音律的、绘画的文字'来表达诗人的感想情绪。

---

① ［意大利］维柯. 新科学 [M]. 朱光潜译. 北京：人民文学出版社，1986：158.
② ［意大利］维柯. 新科学 [M]. 朱光潜译. 北京：人民文学出版社，1986：159.
③ 朱光潜. 维柯的《新科学》的评价. 朱光潜美学文集 [C]. 上海：上海文艺出版社，1983：570.

'音律的、绘画的文字',乃是'诗'之形;诗人的感想情绪,乃是'诗'之质。"① 从上面的论述中,我们可以隐约地捕捉到诗性思维的某些主要特点。一方面,诗性思维是一种整体性思维。若将部分与整体剥离开来,其意义也就荡然无存了。尤其是人的感想情绪,是无法被肢解的,一旦被肢解,就会支离破碎,无法辨别。诗性思维是出自人的整体即感觉、想象、智性、爱欲、欲望、本能、活力和精神等整合而成的主观的心灵世界。另一方面,诗性思维强调思维中极度的情感投入。没有真实、浓烈的情感投入,是很难称得上具有"诗性",也就不易形成诗性思维。由此可见,诗性思维是整体性思维而非分析性思维,也是典型的情境性思维而非"去情境化"的思维,更是伴有浓烈的情感投入而非十足的理性克制的思维。

就此看来,"诗性"和"理性"是贯穿人类社会发展过程中两条最基本的智慧方式和思维方式。可以这样说,"理性化之路就是如何产生独立的个体以及如何把对象世界符号化;而诗性智慧的功能正好相反,而是如何保持存在本身的固有结构并使之走向澄明"。② 推而广之,如果将人类的教学活动看作最基本的智慧活动和思维活动之一,教学也应该是"理性"和"诗性"相互充盈的人类活动。教学活动不仅仅是依赖理性掌握知识和形成能力的过程,亦形成创造力、增强感觉力、提升想象力,将师生真挚的情感融入教学之中,给师生的心灵以精神慰藉,彼此相互地欣赏和尊重的诗性过程。学生的知识与技能、过程与方法、情感态度价值观的形成,不仅仅受教学理性,诸如:教学制度、教学原则、教学规律、教学方法、教学环节等规约,教学也要与儿童本身具有的诗性特征相吻合,同时与教学中师生的感觉、想象、活力、精神、教学情感投入及审美存在着极大的关联。事实上,教学活动总是在一种独特的情境中展开,之所以独特是因为情境总是难以复制。教师所从事是"不可能踏进同一条河流"的非重复性劳动。面对不同的教学情境,教师不仅要以逻辑的、理性的、线性的思维方式精心地预设教学,更要以非逻辑的、非理性的、弹性的方式去生成教学,还要有敏锐的"感觉"、丰富的"想象"、独特的"创造"和高尚的"审美"去提升教学。面对不同的情境,教师更多的是基于教学的整体性考量,包括对所教的学科内容、学科特点、极具个性的学

---

① 宗白华. 美学与艺境 [M]. 北京:人民出版社,1987:49.
② 刘士林. 中国诗性文化 [M]. 南京:江苏人民出版社,1999:23.

生以及对自我教学风格的通盘考量而流淌出"人性的真实"。因此，教学的诗性活力就是融教师的诗性特长、学科的知识诗性特征以及学生的诗性特点于一体，在诗性思维主导下的教学智慧的综合体现。在某种程度上，有诗性活力的课堂就是充溢着"温度"与"趣味"的课堂，蕴含诗性活力的教学亦是高扬人性的教学，是师生生命本身的活力与动力的相互激荡，而非简化为纯粹的知识教学，亦非被外在的"社会符号"所操控、遗忘师生诗性特征和诗意生活的教学。

三、课堂教学诗性活力的生长点在哪里

在某种程度上，教学活动虽然是人类共通的社会活动，但不同民族的教学活动都孕育于各自的文化传统之中，这就形成了特色各异的契合各民族自身特点的教学活动类型和教学思维方式。在我国，以课堂教学为主要途径的学校教育，是在深厚的本土诗性文化的濡染下长久积淀形成的，也就难免深深地烙上了本土诗性文化的印痕，同时，儿童自身的诗性特征也无形地增添了教学活动的诗性色彩。

（一）本土的诗性文化是教学诗性活力赖以存在的丰厚土壤

谈及本土的文化特征，著名学者刘士林先生就指出："中国文化的本体是诗，其精神方式是诗学，其文化基因库是《诗经》，其精神峰顶是唐诗。一言以蔽之，中国文化是诗性文化。或者说，诗这一精神方式渗透、积淀在中国传统社会的政治、经济、科学、艺术各个门类中，并影响，甚至是暗暗地决定了它们的历史命运。"[①] 中国文化带有强烈的诗性特征，这不仅仅因为诗性文化在中国传统文化中有着较成熟的发育，也是由于诗性思维是中国古代思想家和哲人重要的思维方式。这种诗性特征深刻地映射到教学理解与教学活动当中，就无形地引领着诗意化的教学生活，也使得更为具体的教学活动烙上了深深的诗意化特征。如果把教学简化为"求真、向善、崇美"，本土的诗性文化的孕育下的教学重心更趋于向善和崇美，这其中也不忘求真。这一切都指向师生内心的和谐而非一味地追求外部世界控制与外在符号的获取。教学更多的是在师生共同的理解、感悟、内省之中达成情感共鸣，教学方式更多的是"润物无声"的浸染过程。即便是知识的学习，也追寻不抽掉个体生命的丰富性和私人性之下形成的"鲜活感"。因此，本

---

① 刘士林. 中国诗哲论 [M]. 济南：济南出版社，1992：2.

土的诗性文化所孕育出的教学重视个体自由、差异,注重教学中的师生双向的情感投入,希冀融教学中丰富的想象、敏锐的判断和高尚的审美于一体,并且所有这一切都直指师生人性本真。所以,在教学目标上更注重基本文化知识之上的师生内心的和谐统一;在方法上不很注重形式化的花样翻新而更加注重向内的涵脉体悟;在教学内容上具有以圣人编纂的经典为主要教学素材的内容选择取向;在教学设计上侧重挖掘不同学科所蕴涵的诗性意蕴以及在评价方式上关注个体差异的包容性评价,这都是诗性活力所折射出的教学魅力。如果说这种诗性文化中也注重理性的教育,那么"在诗性文化中,其'情'本质上是一种'诗化的感性',其'理'则是一种'诗化的理性'。以诗性智慧为母体的中国文化心理,既不会走向高度抽象的西方逻辑系统,也不容易走向西方非理性的欲望狂欢。这是中国诗性文化最重要的现代性价值所在"。① 因此,本土文化的诗性特征极大地影响了本土教学文化的发育,教学的诗性活力以极大的人文优势,为我国传统教学增添了无尽的韵味,也造就了春秋诸子百家的诗性哲学思想、唐诗宋词为鼎盛标志的诗性文学巅峰和孔、孟为代表的诗性教学思想成就,这一切都植根于本土丰厚的诗性文化当中。

(二)汉语的诗性优势是生发教学诗性活力的重要载体

海德格尔有句名言:"语言是存在的家园。"② 如果说我们的教学活动真有什么独特之处,那就是以独特的汉语言作为基本载体的教育活动。美国学者芬诺罗萨(Fenollosa, E. F.)在讲到中国文字时说:"诗化之文字,有若繁音协奏,叠响震曳,有若铜山东崩而洛钟西应,众力辏聚,不期而自然。惟在中文,此诗化之美质,乃臻于极,所以然者,其隐喻昭然可睹也。"③ 在此意义上,汉语的诗性优势不仅体现在汉字与文化的血肉同构上,而且也渗透在汉语的诗意显现与情智化的运用之中。由于汉字形象与意象间构筑的美丽空间,人们便可去沉思冥想,追思遐想,诗性文字营造的想象也随之在这条诗意的缝隙中延宕。在汉语的情智

---

① 刘士林. "诗化的感性"与"诗化的理性"——中国审美精神的诗性文化阐释 [J]. 上海师范大学学报(哲学社会科学版) 2009, (1).
② [德] 海德格尔. 在通向语言的途中 [M]. 孙周兴译. 北京:商务印书馆,1997:134.
③ [美] 芬诺罗萨. 论中国文字之优点 [J]. 张荫麟译. 学衡. 1926, (56).

化运用中,从语言表层并不能直接深入言说者的内心世界,听者不仅要捕捉语言传达的基本信息,也要"体悟"和"玩味"语言蕴藏的言外之意。学者张桃洲概括道:"汉语简约而富弹性的语词,以及随之而来的自由随意的句式和蕴藉含蓄的语义风格,加上充满动感和暗喻性的象形文字,使得汉语从词汇组合到章句构型上都十分符合汉民族人文和思维性格。"① 汉语的诗性优势使得教学活动在围绕着演讲、解释、讨论、提问、回答、阅读、写作、聆听等语言活动而展开时,就成为生发教学诗性活力的重要载体。"教学从思想——教学的生命之源,到表达——教学的基本方式,到理解——教学的本质意义,到真理——教学的终极目标,这些教学须臾都离不开的因素须臾也离不开语言,而且教学从开始到结束,从起到终,都依赖语言而发展着。"② 因此,汉语的诗性特征就是使得以语言为思想基础和交流工具的教学活动蕴含着深深的诗性活力与品质。

(三) 儿童的诗性特征是释放教学诗性活力的逻辑起点

毋庸置疑,儿童具有鲜明的诗性特征。极具探究精神的好奇心,语言之中充满着创新和灵性,身上还留有较为原始的思维习性,略带野性且旺盛的生命活力,这都是诗性特征的最好诠释。法国思想家卢梭曾说过:"大自然希望儿童在成人以前就要像儿童的样子。如果我们打乱了这个次序,就会造成一些早熟的果实,它们长得既不丰满也不甜美,而且很快就会腐烂;我们将造成一些年纪轻轻的博士和老态龙钟的儿童。儿童是有他特有看法、想法和感情的;如果想用我们的看法、想法和感情去代替他们的看法、想法和感情,那简直是最愚蠢的事情。"③ 教学的前提就是要对儿童的诗性特征有所洞察和把握,然后在此基础之上开展适切的教学活动。儿童自身具有天生的创造精神,纯洁且敏感的心灵不仅需要教学活动去濡染,更需要教学活动中的细心呵护。在唯理性主义的驱使下,教学过度追求教材体系的逻辑化,教学知识点的细密化,教学过程的程式化,能力训练的层次化和考核的标准化等等,放大的教学理性榨干了儿童特有的诗性,冰

---

① 张桃洲. 现代汉语的诗性空间——论 20 世纪中国新诗语言问题 [J]. 中国社会科学,2002,(5).
② 石鸥. 教学别论 [M]. 长沙:湖南教育出版社,1998:39.
③ [法]卢梭. 爱弥儿——论教育(上卷)[M]. 李平沤译. 北京:人民教育出版社,1985:88.

释了儿童独有的人情、人性、人伦意向，结果对生命力的美好感受就被取代了。"一种良好教育的优异成绩就是造就一个有理性的人，正因为这个缘故，人们就企图用理性去教育孩子，这简直是本末倒置，把目的当作了手段。"① 对事物的本质不是以生命去感受、去体悟，而是用知识去测量，把儿童从诗性世界引向逻辑领域，这造成了其内在生命的压抑与折损。殊不知，儿童的诗性特征是释放教学诗性活力的逻辑起点，也是教学最终要达成的人性完满丰富的重要方面，形成诗性和理性集于一身的人，才是教学追求的最高境界。

（四）教师的诗意性存在是激发教学诗性活力的有效动因

教学是一门科学，也是一门艺术。教学是科学，意味着教师的专业生活是一种需要理论、规律、原则、方法等教学理性支撑的活动；教学是艺术，就意味着教师的专业生活既是有规律可循，也是"按照美的规律去建造"的艺术活动，而且是一种渗透着诗性智慧的艺术化活动。教师的诗意性存在，一方面通过教学活动，教师自身激发了想象、收获了创造、享受了美感、触动了情思、提升了境界，与此同时，也让教学活动更加富有人性，使学生得到诗意的滋养。双向生成的教学共振，和谐地营造着教师诗意的生存状态，是将教师置于一种人性的美善之中。教师的诗意生存诠释着教学不再是一种"硬性的改造"，而是一种"柔性的营造"，这期间充满着对心灵的倾听与灵魂的感召。诗意的存在是以精神卓越为追求目标，是指教师不断地创造着教学生活新的节律、色彩和图像，使自身永远处于生生不息的审美之中。诗意生存不仅指教师的生存状态是在一种诗意的情调当中，尽情地感受教学的韵味，也富有激情地提升着教学的品位，更是不断地完善自我教学境界的理想放飞过程。诗意的教学生存，不断诠释着教学生活的无限可能和无限创造，超越自我是教师的常态表现。诗意存在所营造的教学空间不再是"一维"的理性空间，更多的是多维混合下的"心理空间"、"情感空间"和"人际空间"协同共生。教师的诗意存在过程更是在完形理想的召唤之下完成的，此种完形理想就是在"现实的教学世界或许总是有缺憾，但所幸的是人们的理想永远美满"② 的感召之下所进行的追求崇高与卓越而生成的创造性意向。诗意的

---

① ［法］卢梭. 爱弥儿——论教育（上卷）［M］. 李平沤译. 北京：人民教育出版社，1985：87.

② 李如密. 教学美的价值及其创造［M］. 广州：广东高等教育出版社，2007：1.

存在摒弃了"单向度的人"所造就的"单向度的教学生活",促使教师成为激发教学诗性活力的践行者和守护者,也使得蕴含诗性的教学生活成为教师可能的专业生活。因此,"当我们知道诗意时,我们就能够在任何情况中体验到,我们非诗意地居住着,和在何种程度上非诗意地居住着,我们是否和何时将会达到转折点。当我们注意诗意时,我们也许只能期待我们的行为和意愿能够参与这一转折,只有我们自己证实,如果我们认真地对待诗意"。①

四、如何走出缺乏诗性活力的教学困境

在当前的教育变革当中,关照课堂教学品质的深度变革已成为众望所归的共识。提升课堂教学的品质就是要释放教学的诗性活力替课堂"松绑",营造和谐的诗性课堂教学氛围,让课堂教学成为润泽生命的活动。如何让师生"诗意地栖居在课堂中"是亟须探索的本源性问题。教学的诗性活力,就是那种能感觉到趣味和美的存在的教学活动的本真魅力。

(一)让课堂回归富有诗性的教学生活

诗性的教学生活就是让课堂不仅成为获取知识的平台,也是学生享受教学、润泽心灵的理想场所。在这个场所中,师生有着无穷的创造活力和动力,教学充满着多种可能。在不破坏知识本身的逻辑属性和科学性的前提下,课堂洋溢着"有温度"的人性光辉,师生都以极其真实的情感投入融入其中,外在的要求"旁落"到其次,教学方法的运用也不再是死板、教条地照搬和套用。激发富有诗性的教学活力就是要还原课堂本应有的诗意、灵性、神秘、激情、浪漫、朦胧、美感的魅力,让学生能从课堂中获取教学本身所拥有的"高峰体验",让教师的"教"不再过度挤压学生的想象和审美空间,学习是在外铄和内化的双向活动中共同完成。诗性的课堂允许学生自己咀嚼、回味、体悟、消化与吸收,而非教师一味地"填鸭式"地灌输与无休止地讲解。课堂给学生留有足够广阔的思考空间,教师能极大地包容学生个性差异和不同观点,能尊重与承认个体知识的合理存在。诗性的课堂教学生活鼓励个体以自己独特方式对生活进行诗性的探究和追

---

① [德] M. 海德格尔. 诗·语言·思 [M]. 彭富春译. 北京:文化艺术出版社,1991:199.

问。课堂教学弥漫着来自于教学生活的吸引力、影响力和感染力,师生共同追寻一个燃烧着激情、充溢着诗意、张扬着人性的教学境界。

(二) 以特有的诗性智慧建构和谐的师生关系

和谐是一种事物完美、协调的存在形态,也是心理产生愉悦、满足的前提。师生关系的诗性和谐不是师生简单地拼凑在一起的教学组织形式,而是一种"形散神聚"的心灵凝聚。以诗性智慧构建的师生关系"和而不同",相互包容,彼此欣赏。师生的交往中并不单纯地借助教学中的概念、判断、推理、原则、规律等理性知识为交往中介,同时更加倚重于师生双方的情感、体察、顿悟、情绪、想象、回忆等心理反应为纽带,师生双方的直觉、感受、敏感、童心、灵性和喜怒哀乐渗透师生关系当中并产生积极的情感共鸣。师生共处在诗性教学氛围当中,期间都是深度融入文本和对方的心灵世界,是典型的"我—你"关系。和谐诗性的师生关系摒弃简单"教师中心"抑或"学生中心",师生之间的诗性和谐集中体现出"教学相长"的教学互动,溢出的是师生之间灵动的情思,亦是诗性师生关系追求的目标。和谐的师生关系也有赖于形成课堂教学的心理氛围,如卡尔·罗杰斯所言:"成功的教学依赖于一种真诚的理解和信任的师生关系,依赖于一种和谐安全的课堂气氛。"[1] 诗性智慧支撑下的师生关系并不很在乎师生所处的物理空间位置以及教学组织形式变化而带来的外在形式,其关注的重心偏重于由教学活动引发的心理感受、情感体验、直觉判断以及思维共振聚合而来的综合性特征以及历经长久磨合生成的"心有灵犀"的教学默契。

(三) 用美的视角诗意性地策划课堂教学

诗性的教学策划就是在教学中全面考虑到学科知识、学生和教学活动本身蕴含的诗性特征,充分酝酿具有情趣、具有美感、具有诗意的教学情境。教师要以儿童特有的诗性作为教学的依据,把学科蕴含的诗性还给学生,让学生沉浸在学科的韵味当中。不可否认,中小学的每门学科都具有自身的诗性特质,人文学科的情感哲理和数理学科的概念逻辑均是课堂教学策划的切入点。语文课中丰满的文学形象、生动的语言、娴熟的表现手法,历史课中荡气回肠的历史事件、个性十足的历史人物,地理课中全景式的世界图景、不同区域的风土人情,艺术课中

---

[1] 方展画. 罗杰斯"学生为中心"教学理论述评[M]. 北京:教育科学出版社,1990:133.

美妙的音符与和谐的节奏、浓淡相宜的色彩与造型各异的图形，体育课中的健美的体格与优雅的技巧，数学课中的黄金分割与立体图形的空间想象，化学课中奇妙的化学反应以及元素色彩，生物学课中生物群落的生命律动与悠然自得等等，这一切都可以是教师诗性教学设计的源泉。美国俄亥俄州立大学教授兰克福德教授就指出："教师决定着将美引入课堂，他必须在课堂中大胆设想，全面安排，并愿意接受课堂对话所固有的挑战。当理想的教学设计和严酷的教学实际产生碰撞时，定有无限的惊喜和挫折。但随之而来的兴奋和回报使得这种努力是值得的。"①

（四）让真挚的教学情感成为诗性活力的催化剂

教学情感是一种特殊情感，它聚合了教师对教育的深刻理解，倾注了教师对儿童尚未成熟但极其敏感的内心世界的洞察，吸纳了师生对知识本身的感悟，也寄托着师生对课堂教学的期望，因此，教学活动中真挚的情感就显得格外重要。"情以物迁，辞以情发"。真挚的教学情感是诗性教学的催化剂。当师生能够达成高度的情感共鸣时，也就预示着教学诗性的逐渐逼近。教学情感不仅是教学要达成的"一维目标"，也是实现其他教学目标的保证。真挚的情感投入会让师生共同融入文本，体验到学习的乐趣与丰满的人生经历。著名特级教师李吉林老师不无感慨地谈到情感是其所倡导的情境教育理论的命脉。真挚教学情感不仅让她迈出了情境教育的第一步，也让她提出了情感活动和认知活动相结合的主张，最终概括出了情境教育的五要素，从而建构起了情境教育的基本模式，很好地指导了教学实践。② 这一切都来自她对儿童所倾注的炽热情感，对学科的浓烈情感和对教学的真挚情感，也使得课堂教学诗性十足，韵味无穷。

诚然，呼唤课堂教学的诗性品质，并非是要课堂教学回归原始的非理性状态，这无疑将会导致课堂教学的退化和无序。然而，如果课堂教学能在理性控制和诗性活力相互充盈的状态下形成一种和谐，中小学的课堂教学将会从"祛魅"走向"返魅"，在引领人性复归的同时，也将通达更高的教学境界。

---

① E. Louis Lankford. Preparation and Risk in Teaching Aesthetics. Art Education, September 1990.

② 参见：李吉林. 情感：情境教育理论构建的命脉 [J]. 教育研究，2011，(7).

第三章 课堂教学诊断艺术

在教育教学研究中，对学生学的评价研究丰富深入，然而对教师教的评判研究却不尽如人意，这是既定的事实。现实的迫切需要，新课改的深入发展及教师专业化的时代要求，课堂教学诊断便应运而生，以"诊"促教，以教促学，发展教师自主性课堂教学诊断力，提高教师专业判断力，是课堂教学诊断的灵魂所在。

一、课堂教学诊断的价值

诊断是一个医学术语。"医生诊断后所做的结论，即判断病人所患疾病及其病情的程度，称为'诊断'。根据对病情的了解和各种医学检查的结果进行综合分析，从而判断病人所患为何病及所患疾病的原因、部位、性质和功能损坏程度等的步骤和方法。"[1] 医学的诊断为医生做出最终的结果判定及解决方法的提出提供了十分重要的依据。

学者们将"诊断"应用到教育领域，产生了独特的教育学术语并且给予其独特的含义。那什么是课堂教学诊断呢？国内外的学者对课堂教学诊断做了相关研究。美国学者克拉克和斯塔尔提出了一个细腻的教学诊断含义，他们明确指出："教师看到学生学习中存在的困难，精确地找到这个困难是什么，并发现产生这个困难的原因，这就是诊断。诊断之后的教学必须纠正错误的东西或补足缺乏的东西。没有诊断，教学就没有方向。"[2] 我国学者王增祥针对现实——对学生学的

---

[1] 辞海（缩印本）[Z]. 上海：上海辞书出版社，1979：385.
[2] 陈勤、王燕等. 开展课堂教学录像法诊断，提高教师课堂教学质量 [J]. 医学教育探索，2008，(6).

评价研究充足，对教师教的评判研究匮乏，而提出了教学诊断，他认为"教学诊断是诊断者依据一定的标准对实际的教学过程进行的比较和评判的活动"。[①] 张伟明确指出"课堂诊断一般是指诊断者通过对课堂教学全过程的看（师生在教学全过程中的活动、表现、情感、态度）、听（师生在教学活动中交流发言和由此反映出的思维状况）、问（了解教师的执教意图与学生的内心感受）等手段，在理性思考的基础上，探究与发现执教老师的教学经验与特色，并发现与研究教学过程中存在的问题，及时提出相关的改进意见的一种教育科研方法"。[②]

学者们从宏观和微观角度给予了我们粗糙与细腻的"课堂教学诊断"，同时不可避免地造成了一定程度上的指称事实不明确之嫌，为了避免这一之嫌，也为了以后研究的明确性和严格性，在此笔者区分了教学诊断和课堂教学诊断这两个概念，他们分属于不同的层次。具体关系如图所示：

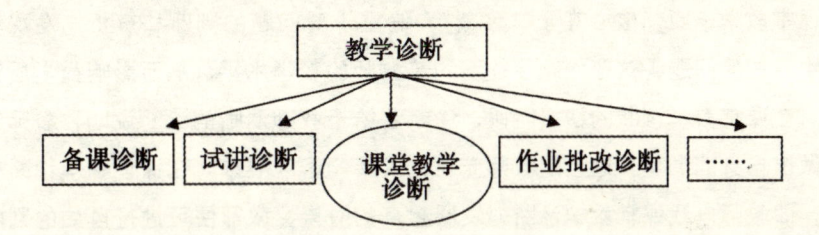

```
              教学诊断
    ┌────┬────┬────┬────┬────┐
 备课诊断 试讲诊断 课堂教学 作业批改诊断 ……
                 诊断
```

教学诊断是一个宏观领域的概念，诊断的对象就是教师的教，因此确切地说它是指诊断者依据一定的标准对教师教的情况进行全面、系统的检查和考核的活动。它是一个庞大的系统，包含了很多方面的诊断诸如：备课诊断、试讲诊断、课堂教学诊断、学生作业批改质量的诊断等等。"课堂教学是教学过程中最基本、最生动、最活跃的环节"，是教师教学状况最直接、最形象、最有效的反映，因此考察教师教的情况最核心的部分便是课堂教学诊断。课堂教学诊断是教学诊断的一个最关键、最核心的下位概念。

综上所述，笔者认为所谓课堂教学诊断是指诊断者通过看、听、问、思等手段对课堂教学的过程进行诊断，发现教师教学特色及存在的问题，并提出改进策略的教育活动。根据诊断者的不同，课堂教学诊断可以分为：专家诊断、领导诊

---

① 王增祥著. 教学诊断 [M]. 北京：华文出版社，1995：19.
② 张伟. 课堂诊断：贴近教师成长的学校科研 [J]. 基础教育，2008，(11).

断、同行诊断、自我诊断。如同"教是为了不教",让学生自己学会学习的道理一样,课堂教学诊断的灵魂在于教师自身学会对当堂教学的诊断,在于发展教师自主性课堂教学诊断力,而不在于形成对其他诊断者诊断的依赖性。教师本身运用望、闻、问、切的方法对自己的课堂教学进行细致及时的诊断,找出症结,快速调动之前与专家、同行教师一起进行课堂教学诊断训练活动时所积累的经验和智慧,找出原因所在,准确地调整教学行为,使得课堂教学效果最优化。这是对教师综合能力更深层次的要求,也是教师专业化发展的内在诉求,是发展教师专业判断力的重要表现。

课堂教学诊断无论是对教育教学质量的改善,还是对教师自身教学能力的提高都有很大的价值。主要表现在以下几个方面:

(一)发现针对性问题,促进教师教学水平和教学质量的提高

课堂教学诊断,核心在于"诊断",偏重于对问题的判断和辨析,发现教师课堂中存在的问题,这些问题往往制约着教师的教学水平,从而影响教学质量的提高。在课堂教学诊断的初级阶段,诊断者给予教师清晰的诊断说明,教师针对问题做出自身的调整,这也是教师专业化发展的客观要求。在课堂教学诊断成熟阶段,即教师自我课堂教学诊断力发展起来的时候,教师便可进行自如的判断和调整。苏霍姆林斯基曾指出:"只有善于分析自己的工作的教师,才能成为得力的、有经验的教师。在自己的工作中分析各种教育现象,正是向着教育智慧攀登的第一个阶梯。"[1]

(二)激发教师的问题和研究意识,促进教师自主性课堂教学诊断力的发展

在与诊断者的合作与交流中,教师本身耳濡目染、潜移默化,进而逐步地、全面深刻地去发现自己课堂教学中存在的问题,探究问题存在的原因以及如何有效地矫正问题,激发教师树立一种问题意识和探究的意识。叶圣陶提出"教是为了不教",在一定的程度上可以说"诊是为了不诊",在其他诊断者指导的过程中,更为重要的是发展教师的自主性课堂诊断能力,这是实施课堂教学诊断的重心。

(三)发掘和弘扬教师教学特色,促进教师成长

---

[1] 苏霍姆林斯基. 给教师的建议 [M]. 北京:教育科学出版社,1984:506.

实施课堂教学诊断，不仅仅停留于对自己或他人课堂问题的发现、把握和纠正，同时也分外关注教师的教学特色。教师成长的过程，也是对他人或自己成功教学经验及特色不断发掘、汲取和积累的过程，是一个由成功走向另一个成功的过程。所以在教师之间开展课堂教学诊断，有助于发掘教师教学优点，弘扬教师教学特色，这对教师课堂教学信心的增强，对教师课堂教学优势的发挥，进而对教师个体或群体的成长与发展，必然会起到积极的推动和促进作用。

二、课堂教学诊断的内容

课堂教学诊断虽以诊断指称，但它包含了对课堂的观察、研究和提议等程序，是一个复杂的循环系统。那课堂教学诊断到底诊什么呢？这也是课堂教学诊断最核心、最关键的部分。笔者将课堂教学诊断内容分为三大视角九个视点加以论述。关系图如下：

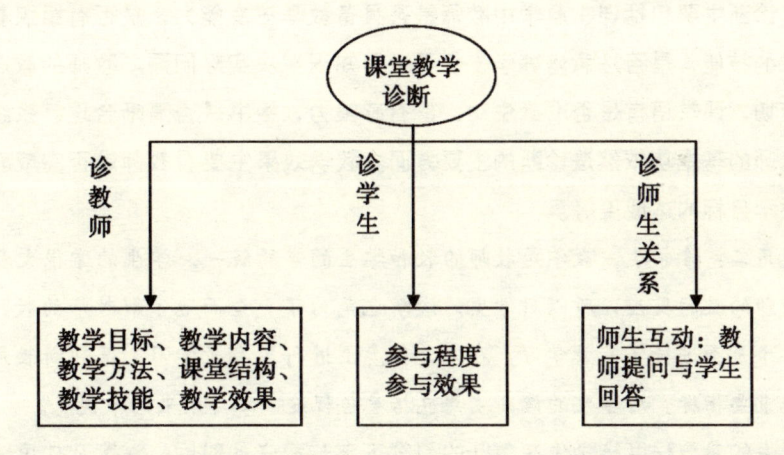

```
                    ┌─────────┐
                    │课堂教学 │
                    │  诊断   │
                    └────┬────┘
        ┌────────────────┼────────────────┐
      诊教师           诊学生           诊师生关系
        │                │                │
   ┌────┴────┐      ┌────┴────┐      ┌────┴────┐
   │教学目标、│      │         │      │师生互动：│
   │教学内容、│      │参与程度 │      │教师提问与│
   │教学方法、│      │参与效果 │      │学生回答  │
   │课堂结构、│      │         │      │         │
   │教学技能、│      │         │      │         │
   │教学效果  │      │         │      │         │
   └─────────┘      └─────────┘      └─────────┘
```

视角一：诊教师。课堂教学诊断的对象就是教师的教，因此对教师的诊断是首选的视角。它主要包括六个视点，即对教学目标、教学内容、教学方法、课堂结构、教学技能、教学效果的诊断。

教学目标是每一节课堂的意义所在，是引领教师和学生前进的灯塔。没有教学目标的课堂犹如没有指南针的航船，会迷失方向。教学目标是作为一节课选定教学内容和教学方法的依据，同时也是向学生提出明确要求和评价教学成效的依据。教学目标的诊断内容主要有：教师对其是否明确，是否结合学生的实际调整教学目标等。教学内容的诊断主要有：内容安排是否科学严密、逻辑性强，是否围绕教学目标而展开,是否恰当处理教学重难点,教师对知识的教授是否具有科学性、教育性,对学生的作业布置是否恰当等。"课堂是教师对教学一种结构化的设计和演绎。"① 每一堂课都是由一系列的环节而组成,课堂教学结构在一定程度上可以反映教师的教学能力,对其诊断主要指课堂导入、教学层次的安排是否合理,各个教学环节的过渡是否自然,教学难度、密度的安排是否科学,是否给学生留有思维的时间与空间,是否体现教学整体和认知结构等。教学方法是教师在课堂教学中所施教的方法和指导学生学习的方法,方法的选用对教学目标的实现和学生知识的掌握起重要的作用,对其诊断主要包括教师采取的教学方法与教学内容、学生的实际是否相符,是否启发学生积极主动地思考问题、激发学生的求知欲、启迪学生的思维,教学方法是否服从于学生的认知心理发展,是否由浅入深、循序渐进,是否恰当地配合现代化教学手段,使课堂教学在完整的科学教学体系中进行。教学技能是教师的基本素质在课堂教学中的表现,是教学的基本功。其诊断主要包括课堂教学中教师是否具备教学应变能力,是否有组织教学驾驭课堂的技能,是否注意培养学生善于运用知识解决实际问题。教师的教态是否自然亲切,课堂语言是否准确生动、富有感染力,板书是否清晰合理、系统规范等,教师的基本功依然是诊断的主要方面。教学效果主要看教师是否完成教学任务,教学目标的达成度等。

视角二:诊学生。教学是教师的教和学生的学的统一。学生的学很大程度上是对教师的教的反应,所以对学生的诊断也是为了更全面地了解教师的教。严格地说学生是否进行了有效学习,在多大程度上进行了有效学习,是判断教师教学能力的重要指标。对学生的诊断主要包括参与程度、参与效果两个视点。

学生的参与程度指学生在教师的引领下参与教学的时间、深度及广度。在课堂上,教师是把学生当做容器"满堂灌",还是给予学生一定的"自由时间"自主探索学习内容;在课堂上,教师是让其中一小部分优秀的学生参与,还是大部分学生都获得参与讨论的机会;在课堂上,教师是让学生简单地思索有现成答案的问题还是提供给学生有深度、有新意的问题。但在这里我们也要避免"形式主义",给予学生了"自由时间"之形,却无"探索、研究、思考"之实。参与效果

---

① 胡庆芳等. 精彩课堂的预设与生成 [M]. 北京:教育科学出版社,2007:21.

指学生参与教学的质量收效。学生是否在这个参与过程中获得了一些重要的启发、思维的训练等，比如学生可以提出有深度的问题、可以有创意地回答问题等等。学生的参与程度和参与效果这两个方面能反映教师的学生观，教师的教要想取得大的收获，必须要有正确的学生观，这也是新课改的内在要求。

视角三：诊师生关系。课堂就是教师和学生之间通过不同方式互动而演绎的一段通向预期目的地的旅程。课堂中师生关系通过师生的互动状况而体现，集中表现在教师的提问与学生的回答这一对话上。

德国哲学家马丁·布伯将师生之间的对话关系分为三种："我与我"、"我与它"、"我与你"。师生之间的对话应建立"我与你"的关系，"真正的教师与其学生的关系便是这种'我—你'关系的一种表现。为了帮助学生把自己最佳的潜能充分发挥出来，老师必须把他看作具有潜在性与现实性的特定人格……把他视作伙伴而与之相遇"。[1] 课堂上有问有答，并不表明教师与学生发生了实质性的对话交流，马丁·布伯就是让我们要从纷繁复杂的现象中走出来，看到更真实的内涵。虽然有些课堂师生互动频繁且不乏热闹，但是仔细诊断，只是教师连珠炮般地提问和学生不假思索地回答而掀起的小波浪，这就不是真正的师生对话，不是真正的心与心的交流，不是真正的灵魂与灵魂的相遇，也就不是有效的师生互动。师生互动，是指"教学活动的主体通过语言或行为的方式进行的信息交流"，[2] 这里的互动注重指在师生互动的过程中，有新的或有意义的内容生成，同时师生之间的问与答都融入了思维的积极活动。

在针对某一次课堂教学诊断的实践过程中，这三个视角九个视点不一定要面面俱到，视角、视点的选择取决于已经明确的问题性质或研究者的专题侧重。如果研究的重点不明确，则可以从这几个方面去分析和发现问题。为了提高课堂教学诊断的有效性，对教师教的某一两个方面进行重点诊断，重点解决，然后再诊断其他的几个方面，"集中优势兵力"各个歼灭。

---

[1] 马丁·布伯. 我与你 [M]. 陈维纲译. 北京：生活·读书·新知三联书店，1986：158—159.

[2] 胡庆芳等. 精彩课堂的预设与生成 [M]. 北京：教育科学出版社，2007：18.

三、课堂教学诊断实施的策略

为了使课堂教学诊断的实施效果最优化,我们可以从以下几点做起:

(一)实施课堂教学诊断的诊断者在走向诊断课堂之前,切实具备专业理论基础和充分了解所诊内容

首先,课堂教学诊断是一种专业活动,所以进入到课堂场景进行观察和针对问题进行归因诊断的过程中,诊断者不仅仅是专家还包括领导、同行及教师自身,必然需要有专业的视角,才能保证课堂观察的有效性和问题诊断的准确性,从而也才能确保指向实践改进的"处方"的针对性。其次,课堂教学诊断作为一种研究和问题诊断的活动,其起点应当是始于进入课堂前对要观察的教学内容以及本教学内容所要达到的目标的充分了解。这种充分的了解是诊断的基础和准备,它使诊断有了针对性,同时也有了对课前计划和课中实施过程进行比较的依据。本着客观性原则,在扎实的专业理论和翔实的教学内容了解的前提下,这样做出的课堂教学诊断才具有更显著的效果。

(二)实施课堂教学诊断要在激励性言语下指出存在的问题

诊断者要肯定教师的教学劳动,要挖掘教师教学中的光辉点,发掘教学特色,对课堂教学中出现的问题与不足,要以诚恳的态度,以商榷的口吻,多以建议参照、少以批评指责的语言进行指导。只有他人诊断者与被诊断教师处于一种融洽的氛围,平等的地位,这时的课堂教学才更真实,课堂教学诊断才更有效。否则就会导致他人诊断者与被诊断教师关系的紧张,使得教师在被诊课堂教学中不能将真实自然的课堂教学面貌呈现在诊断者面前,使得我们的课堂教学诊断处于"失真"状态,这样既不利于教师教学行为的改进,更不利于教师自主性课堂教学诊断力发展和提高。

(三)实施课堂教学诊断要求我们行为的跟进研究

课堂"教学诊断强调连续性效果,注重过程的发展和变化,突出前后次诊断效果的对比,随时掌握过程的运行情况,发现存在的问题,及时找出原因,加以解决"。[①] 课堂教学诊断并不是随意的,诊断完一节课就以为大功告成,这是对课

---

① 王增祥. 教学诊断 [M]. 北京:华文出版社,1995:23.

堂教学诊断的片面理解。诊断出的问题往往是教师形成的一种习惯性的问题，改掉习惯性的问题需要长期的坚持，所以实施课堂教学诊断需要行为跟进研究，不仅被诊断者要有行为的跟进提高，诊断者更需要有计划性的跟进监督和跟进诊断。

(四) 实施课堂教学诊断要建立一种良好的诊断机制

为了使我们的课堂教学诊断更有依据和富有成效，我们应努力建立起完善的诊断机制，即从走向诊断课堂之前的准备到诊断课堂之后的行为跟进有一套相对稳定的程序或规则。有了良好的诊断机制，使得我们的课堂教学诊断有"据"可依，同时为一些"新诊断者"走向诊断课堂之前提供初步的诊断准备，摆脱起初的不知所措之感。在建立良好的诊断机制的同时，要赋予它一定的灵活性，不能以"教条"处之，这是课堂教学丰富性的内在要求。

第四章　课堂教学结构设计艺术

课堂教学结构是指一节课的组成部分及其相互关系，其设计艺术水平的高低，应作为衡量教师教学艺术水平的重要标准。结构完美、布局合理的课堂教学，可以增强课堂教学的艺术魅力。那么，怎样设计课堂教学的结构，才能做到既保证教学效果，又符合美学法则呢？古人写文章讲求"起要美丽，中要浩荡，结要响亮"。正所谓"文似看山不喜平"，平板单调、无波无澜是文学艺术创作之大忌。因此，高明的作者总善于用纵横多变的笔势使文章跌宕多姿，造成强烈的艺术美感。英国美学家荷加斯指出：以波浪组成的事物就能产生一种变化美。因此课堂教学结构设计应以序列性为前提，实现序列性与波动性二者的最佳组合，使课堂教学既绵绵有序，又起伏有致，以保证课堂教学的良性运行。现代心理学家、统计学家证明：一堂课中，学生的思维状态呈现三个阶段的变化，即思维水平逐渐集中阶段、最佳思维水平阶段和思维水平逐渐下降阶段。教师在教学结构设计中务必考虑到学生思维的这一特点。由此而论，我们可以将课堂教学结构设计为"凤头——驼峰——豹尾"的形式，即由精彩夺人的导课、引人入胜的高潮、耐人寻味的结课等三部分构成的抛物线式结构。

一、课堂教学导课设计艺术

高尔基说："开头第一句是最困难的，好像是音乐里定调一样，往往要费很长的时间才找到它。"课堂教学的导课环节也是如此。好的导课，如高手对弈，第一招就为全面胜利铺垫基础，有一石激起千层浪之妙；又如钢琴家演奏，发出的第一个音符就悦耳动听，给人一种激情夺魄的艺术享受。一堂课开始就教得索然无味，如同嚼蜡，是很难调动学生积极性的。导课艺术讲求的是"第一锤就敲在学生的心上",像磁石一样把学生吸引住。学生在教师创设的撩人心魄的教学情境中,或悬念于怀,或激情四溢,或徘徊于新旧认识的矛盾圈中,自然而然地进入最佳学习状态。优秀教师们在长期教学实践中创造了丰富多彩的教学导课艺术,下面便是几种常用而典型的导课技巧。

(一) 激情共鸣式

研究表明,情感是美感体验中的必备因素,如果情感缺失,再高明的教学艺术也将苍白无力。理科教学内容虽重科学性,缺少情感因素,但其本身也具有独特的引发美感的因素。在课堂教学中,教师宜于导课时以情真意切的语言多方激发学生的情感。一位初一生物学教师考虑到学生首次接触生物知识,决定首先向学生进行生物学科中美学知识的教育。他说:"生物学科中所包含的美学知识很丰富、很生动、很形象、很具体。古代军事艺术中的一字长蛇阵:有'击首则尾应,击尾则首应,击中则首尾应'的功能,显然是从蛇的自卫战术之美得到的启示;天鹅是天才的舞蹈家,当你们看完芭蕾舞剧《天鹅湖》后,是否有天鹅肃立,如雪莲绽开,天鹅飞翔,似仙女飘逸的美感呢?"[①] 他的讲授,如同琴师,声声语语无不在拨动学生感情上的琴弦;如同画家,笔笔画画都是艺术杰作中恰到好处的勾描,使学生平静的感情湖面上泛起阵阵涟漪,收到了师生思维共振、情感共鸣的艺术效果。

(二) 设疑启思式

实践证明,疑问与矛盾作为思维的"启发剂"可使学生的求知欲由潜伏状态转入活跃状态。有经验的教师都很注意遵循"学起于思,思源于疑"的认知程序,充分发挥设疑导课的启发功能,以扬起学生思维与想象的风帆。有位物理教师把一根筷子使劲插入一个用米粒塞得紧紧的杯子里,说:"当我迅速提起这根筷子时,你们知道会发生什么情况吗?"学生顿生疑窦。他随手把筷子一提,米和杯子也跟着提了上来。学生很惊奇,仿佛看魔术似的。老师又说:"这不是变戏法,而是科学实验——摩擦随正压力而增大的实验。是筷子对米粒相当大的摩擦力把米连同杯子提了起来。"[②] 他接着讲授有关摩擦力的知识。在这种情况下,教师的讲课就像磁石一样牢牢地吸引住学生的注意力,学生的思维活动和情绪也

---

① 董远骞主编. 教学火花集 [M]. 北京:人民教育出版社,1993:238.
② 董远骞主编. 教学火花集 [M]. 北京:人民教育出版社,1993:185.

和教师的讲课相互交融，使所讲知识溶解于学生的思维之中。

（三）故事寓理式

能否把课讲得生动形象、深入浅出，始终是衡量教师教学艺术水平的标准之一。采取意蕴深刻的故事导课，则是为学生所喜闻乐见的导课形式。有位物理教师讲授"运动的合成与分解"时，向学生介绍："在1945年7月1日第一颗原子弹试爆后30秒，强烈的冲击波来到费米所在的掩蔽处时，他从口袋里掏出一把碎纸片向地面撒去，冲击波刮起的暴风把碎纸片吹出去好几米远。费米根据纸片吹落的距离，很快就算出了原子弹爆炸的强度，他的测算结果与复杂仪器记录的数据很接近。他是根据什么原理测出来的呢？"[①] 于是教师自然地将学生引入新课。故事导课宜短忌长，故事本身应能说明问题。教师还需引导分析，避免为讲故事而讲故事，这样才不会使学生的注意局限于故事本身。

（四）游戏引趣式

帕尔默说："教师应当采用各种适合的教学方法，以保证学生的学习兴趣，促进其学习发展。"新课伊始，教师有目的地设计教学游戏，不失为一种优良的导课技巧。教师与学生"忘乎所以"地沉浸在游戏情景中汲取知识的甘霖。一位中学教师在讲"简易方程"时是这样导课的："同学们，今天我们做一个数学游戏。你们每人想好一个数，加上2，乘以3，得出的积减去5，再减去你原来想好的那个数。只要你把最后结果告诉我，我就能立刻猜出你原来想好的那个数。"学生纷纷举手。"我的最后结果是15"，学生甲说。"你原来的数是7，对吗？"教师回答。"对"，学生高兴地说。"我的结果是37"，学生乙说。"你原来的数是18吧？""非常正确！""老师，你是怎么知道的？快告诉我们方法吧。""好，方法是列出'简易方程'，学好了这一章，猜谜的方法也就全会了。"[②] 教师巧妙地引入新课，学生则兴趣盎然、精神振奋地投入到课堂学习之中。

二、课堂教学高潮设计艺术

课堂教学高潮如同"驼峰"，在教学中起着不可忽视的作用。如果缺少课堂

---

① 董远骞主编. 教学火花集 [M]. 北京：人民教育出版社，1993：207.
② 郭启明. 教师与语言艺术 [M]. 北京：语文出版社，1993：40.

教学高潮，教学的重点与难点将难以突破，课堂气氛也难以调动。如同高明的艺术家总善于精心设计其艺术作品的高潮情节，优秀的教师也总是设法把课堂教学引向那"万马战犹酣"的教学艺术高潮场面。教学艺术高潮是指给学生留下最深刻鲜明的印象并得到学生最富于感情反应的时刻，这时师生双方的积极性达到最佳配合状态。教学活动是最具个性特征的一种活动，教师的教学风格不同，创设课堂教学高潮的方法也不同，或豪迈奔放，或庄严悲壮，或热情洋溢，或富于哲理……在教学高潮中，学生表现出强烈的创造激情和旺盛的求知欲望。教师在设计教学艺术高潮中应找准时机，或设在重点难点处，或设在疑问丛生处。对此，以下几种技巧可资借鉴。

（一）巧布疑阵的悬念式

悬念式在心理学上是指人们急切期待的心理状态，它是文艺作品情节的精髓。导课时教师有意避而不讲，引而不发，使学生进入"心求通而未得，口欲言而不能"的愤悱状态。精彩而成功的悬念能给教学带来无穷的韵味，收到"投石冲破井中天"的教学效果。教师精心设置的悬念又如同"迟迟没有出现的戏剧结局"，产生出"逼人期待"的教学魅力。一位数学教师讲点、线、面的基本概念时，出示一张白纸问："请同学们想一想，这张白纸是面，还是体？"这一饶有趣味的问题牵动着每个学生的思维神经，激起学生心中好奇的涟漪，荡起学生想象的浪花。学生争相举手、纷陈己见。有的同学说："这张白纸是面，我们在朗读课文时，常听老师说把书翻到多少面，没听说把书翻到多少体。"另一个女同学不同意这种回答。全班学生互相争论起来了。这时，老师启发学生说："请大家想一想，把书翻到多少面的'面'与'体'又是什么关系呢？"那位女同学回答："人们常说的把书翻到多少面的面，即页的意思，是指这个物体的表面，不是指物体本身。显然，这样的面是没有厚度的。而一张纸是指这个物体本身而言的。一张纸再薄，它也有长宽高，因此，它是体，而不是面。"① 这样就形成了一个气氛热烈、各抒己见的教学高潮。

（二）连环层进的引导式

教学高潮的形成，需要师生的最佳配合，而关键是启导有方的教师不断引导

---

① 董远骞主编. 教学火花集 [M]. 北京：人民教育出版社，1993：91.

学生在认知的阶梯上拾级攀援。有位数学教师教"圆"这个概念时。一开头就问学生："车轮是什么形状的？"同学们笑着回答"圆形"。教师又问："为什么车轮要做成圆形呢？难道不能做成别的形状，比方说，做成三角形、四边形等？"同学们被逗乐了，纷纷回答："不能！""它们无法滚动！"教师再问："那就做成这样的形状吧！（教师在黑板上画了一个椭圆）行吗？"同学们大笑起来："这样一来，车子前进时就会一忽儿高，一忽儿低。"教师进一步发问："为什么做成圆形就不会一忽儿高，一忽儿低呢？"学生议论纷纷，最后终于找到答案："因为圆形的车轮上的点到轴心的距离是相等的。"① 至此，教师自然地引出圆的定义。这次教学高潮的设计，得力于教师"循循善诱"的启发功夫。

（三）因势利导的应变式

苏霍姆林斯基认为："教育的技巧并不在于能预见到课的所有细节，而在于根据当时的具体情况，巧妙地在学生不知不觉中做出相应的变动。"课堂教学中，情境瞬息万变，随时有可能发生意外的事件，处理欠妥当，势必影响正常的教学进程，甚至使教学预先精心设计的计划付之东流。教师若能因势利导、灵活处理，则可以形成课堂教学高潮。一位数学教师在讲授"用字母表示运算定律"时，让学生举加法交换律的例子。一名学生故意举 0＋0＝0＋0 作例，另一名学生附和说："50＋50＝50＋50。"这位教师先是一怔，然后认识到这是理解加法交换律的特殊表现。他当即表扬了这两位学生。这一难得的"故意"打开了学生思维的闸门，小数、整数、各类数字的例子举了一大串。有一位学生说："我举一个例子，$a+b=b+a$。""好！"这位教师故意追问一句："你是怎么想到的呢？"这位学生很有把握地说："数字例子是举不完的，用字母表示就全部包括进去了。"学生都投以羡慕的目光。② 这位教师若以"调皮"看待这两名学生，不予理睬，将会抑制学生的学习兴趣和学习机智。正是他适时地因势利导，把教学不断引向深入，才出现了这一课堂教学高潮。

（四）活跃激烈的辩论式

苏霍姆林斯基指出："知识丰富的教师讲课，好像直接诉诸学生的智慧和心灵。他好像在跟学生随便交谈，发表自己的议论……在教师和学生之间好像有一

---

① 董远骞主编. 教学火花集 [M]. 北京：人民教育出版社，1993：125.
② 董远骞主编. 教学火花集 [M]. 北京：人民教育出版社，1993：220.

种默契，双方的思想能水乳交融。"教师有意地制造活跃自由的课堂讨论，既可使学生的个性得以充分舒展，并加深对知识的理解，又实为一种制造教学高潮的良好技巧。一位教师在教初中代数课时，问学生："x 同 $-x$ 比较，哪个大？"这如一石投入平静的湖水之中，在学生中激起了讨论的波澜。学生议论纷纷，各抒己见。"当然是 x 大，x 是正数，$-x$ 是负数，正数当然比负数大。"一名学生回答到。这时课堂气氛异常热烈，学生争论得面红耳赤。"我看 x 不一定比 $-x$ 大，这两个数哪个大，要看 x 取什么值，当 x 取正值时，x 比 $-x$ 大；当 x 取负值时，$-x$ 比 x 大；而当 x 是 0 时，x 和 $-x$ 相等。"另一学生反驳道。"非常正确！"[1] 这就使得教师和学生在民主自由的课堂气氛中，尽情地徜徉于知识的海洋里而倍感振奋。诚然，我们不应仅仅追求课堂气氛表面上的活跃激烈，因为它与这一技巧的内在精神毕竟不完全一致。

三、课堂教学结课设计艺术

好的结尾，有如品尝香茗令人回味再三。俗话说：编筐编篓，重在收口；描龙绘凤，重在点睛。中国传统艺术很讲求结尾处的余音韵味、相映生辉，则更得艺术之三昧，臻结构之佳境。高明的教师就如同优秀的作家，总善于给自己的艺术作品设计一个令人回味无穷的"豹尾"，都很讲究结课的艺术技巧，显示出各自精湛高超的教学艺术水平，或含蓄深远，或画龙点睛，或留设悬念，或释疑解惑。但不论何种技巧，都应给学生"教学已随时光去，思绪仍在课中游"之感。好的结课可以给学生以无穷的美感与艺术上的享受。为此，教学结课应力求做到首尾呼应、蕴藉隽永。唯其如此，教学才能收到余音绕梁的艺术效果。教学结课艺术主要有以下几种设计技巧。

(一) 总结升华式

由于学生不善于归纳知识，课尾要引导学生回到整体上来，以理性的高度、准确的语言总结升华，即结课时教师利用较短的一段时间，把教学的内容、知识结构、思想方法采用叙述、表格、图示等方法加以浓缩概括，给学生以系统完整的印象，促使学生加深对所学知识的理解和记忆，培养其综合概括能力。其艺术

---

[1] 湛蜚才. 课堂教学艺术 [M]. 长沙：湖南师范大学出版社, 2000: 86.

性表现在系统完整而又简明扼要上。系统完整是指教师应准确把握知识的逻辑体系、内容要点，使学生获得完整的认识；简明扼要指将教学内容以最简洁最有条理的方式表述出来。前苏联教育家达尼洛夫和叶希波夫认为："一节课的结束工作做得认真、合理而灵活，就会使学生感到这一节课的完整性。"这一常用的结课方式应防止使用现成、枯燥、抽象的概念语言。

（二）巧置悬念式

演戏讲究演透而不演绝，若一演绝，就断送了艺术。因为盎然的余味是艺术永葆魅力的秘诀所在。教师在结课时有意识地设置悬念，使得"且听下回分解"成为学生的学习期待，可以收到理想的教学效果。悬念的设置应有较高的艺术性，既有思考价值，又避免学生费解。一般而言，上下两节课的内容和形式均有密切的联系，用悬念式结课较好。有位数学教师在讲授"函数的奇偶性"时，结课时设置"有没有这样的函数，它既是奇函数又是偶函数，如果有，有几个"的悬念，让学生咀嚼与思考。这种结尾既避免了学生费解，又利于学生深化对函数概念的理解，并为上好下节课做好了铺垫，表现出了较高的艺术性。

（三）拓展生发式

有些课讲完后，不应作为学生学习的结束，而应把课尾作为联系课内外的纽带，引导学生向课外延伸、拓展。一位生物教师在结课时介绍完他带来的关于昆虫知识的书、标本、图片后说："下一课，我们开个昆虫研究座谈会，要请大家谈谈看了这些书、标本、图片得到的知识，谈谈关于昆虫的许多有趣的事情。特别要谈谈你自己对昆虫生活进行的观察研究，以及在研究昆虫时的发现。怎样研究昆虫呢？你们会在书里找到一些方法的。要是你自己想出一个研究昆虫的方法来，那就更好了。"[1] 这样就把学生从课堂上激起的学习兴趣延伸到课外，鼓励学生探索课本以外的奥妙。

（四）幽默解颐式

幽默从美学意义上讲，主要表现形式是一种轻松欢快而又意味深长的笑。教学幽默实际上是一种教学机智，是教师娴熟地驾驭教学的一种表现。它以高雅有趣、出人意料、富含高度技巧与艺术的特点在教学中散发着永恒的魅力。美国的

---

[1] 郭启明. 教师与语言艺术 [M]. 北京：语文出版社，1993：40.

乔治·可汗说:"当你说再见时,要使他们脸上带着笑容。"幽默式结课常能收到这样的艺术效果,它有时来自教师精心的设计,有时来自教师机智灵活的应变。如有位地理教师讲解一幅地图时,地图"啪"的一声掉了下来,这时恰好响起了下课铃声,这位教师不失时机,幽默地说道:"看来挂图也想休息了,下课。"师生在会心一笑中完成了课堂教学。

亚里士多德说:"美与不美,区别就在于原来零散的因素结合成为统一体。"偏离了完整性法则的课堂教学,只能使课堂生气索然、活力不足。结构臻于完美的课堂教学,则如同一首主题鲜明的诗,凝练隽永,回味悠长;如同一首和谐明快的歌,旋律流畅,荡气回肠;又如同一幅构思不凡的画,精彩纷呈,美不胜收。唯其如此,方能收到最佳的教学艺术效果。因此,我们应竭力实现课堂教学结构的最优化组合,使导课、高潮、结课三个环节熔铸成浑然的统一体,从而保证塑造出高超的教学艺术精品。

第五章　课堂教学空间布置艺术

长期以来，我们一直尝试通过提高教师素养、改进教学方法、更新课程内容、创新教学模式来实现有效教学，而对教学空间对教学的影响关注不够。在西方，上世纪六七十年代就有了针对教学空间的专门研究，在此期间，有关专家和研究团体进行了不同角度的实证研究，较为著名的和有影响的有 SER 研究、F. 比伦（Faber Birren）关于教室内光线、颜色对学生影响的研究等等。[①] 这些研究证明教学空间与学生的学习过程紧密相关，是影响教学过程的重要因素。我国在这方面的研究还很少，笔者希望教学空间布置艺术的提出能够对优化教学空间有所启示。

一、教学空间布置艺术的内涵

（一）教学空间

《辞海》中对于"空间"没有作正面的解释，只是就空间和时间的关系作了说明，这也许是由于目前对空间的解释大多停留在哲学层面的缘故。在我国，关于空间的最早认识是与对宇宙的探索联系在一起的，比如《尸子·下卷》里的"上下四方曰宇；往古来今曰宙"。并且，随着认识的发展，古人开始探讨空间的有限与无限的问题，比如西汉扬雄在《太玄·玄攡》里提出"阖天谓之宇，辟宇谓之宙"，认为空间的范围以"天"为限。而唐柳宗元在《天对》里提出"'无极之极，漭弥非垠'，'东西南北，其极无方'"，意指空间的无限性。在西方，哲学家大多将空间与"物"、"觉"放在一起思考，比如亚里士多德这样形容空间，"离

[①] 田慧生. 教学环境论 [M]. 南昌：江西教育出版社，1996：39.

开它别的任何事物都不能存在，另一方面它却可以离开别的事物而存在"。① 梅洛·庞蒂则认为"空间既不是一个物体，也不是与主体的联系活动，我们不能观察到它，因为它已经在一切观察中被假定，我们不能看到它离开构成活动，因为对空间来说，重要的是已经被构成，它就是以这种方式不可思议地把它的空间规定性给予景象，但从不显现本身"。②

因为空间内涵的不确定，对教学空间内涵的解读也是多元的。从建筑学方面来说，教学空间是由置于其中的实体构成的，比如墙壁、门、地面等，然后通过对这些实体进行合理的设计来建立具有教学意义的空间秩序。心理学方面，库尔特·勒温提出"心理场"这一概念之后，人们开始用心理学场论来研究教学空间，并称其为教学场，即空间内各个要素（包括人和物）通过交互作用而产生一种影响力，它能够潜移默化地影响到教师和学生的行为。从社会学的角度来看，空间本身并不是关注点，只有那些反映社会过程的空间属性才是需要研究的(Giddens，1984)，③ 也就是指社会意识形态、制度、人际关系等方面在教学空间中的反映。在教学论意义上的教学空间融合了各个学科对教学空间的认识，认为教学空间是指在一定的教学情境中，空间内的各个实体交互作用所产生的关系，这种关系取决于师生之间的互动以及对空间内实体的位置、颜色、光线等方面的调控，它对教学过程具有直接的影响力。

（二）教学空间的布置艺术

艺术能产生一种魅力，吸引人的心灵，招惹人驻足，给人愉悦的美的享受。④ 教学空间的布置艺术是指通过艺术地对空间内的各种实体进行合理调配，以使其符合学生的身心发展特点和教学的需要，营造积极向上、轻松自然的情境，从而促进教学的有效进行的活动。这里要注意三个方面：一方面是合理调配的对象是一定空间内的各种实体，目的是为了创设最适于教学的教学空间，因为教学活动是在一定的教学空间中进行的，其中的某些十分重要的方面制约着学生学习与发展的可能性。教学空间犹如一个舞台，一旦搭建起来，则于此上所进行的演出活

---

① ［古希腊］亚里士多德. 物理学［M］. 张竹明译. 北京：商务印书馆，1982：96.
② ［法］梅洛·庞蒂. 知觉现象学［M］. 姜志辉译. 北京：商务印书馆，2005：324.
③ 比尔·希利尔. 场所艺术与空间科学［J］. 世界建筑，2005，（11）.
④ 韦志成. 语文教学艺术论［M］. 南宁：广西教育出版社，1996：5.

动便已部分地被决定了。另一方面是要以学生的身心发展特点和教学的需要为基本依据来进行调配,比如选择有益于学生身心发展的壁画、调整桌椅以利于小组学习,等等。最后是通过空间内的物与物、人与物、人与人之间根据不同的结合方式来加以组合从而激发隐含在实体内的教育因素,并通过多种形式的互动来使各种教育因素的影响保持一种平衡状态,既可以避免焦躁不安、不知所措等情绪的出现,同时也避免发生像东张西望这样的问题行为。可见,教学空间的布置艺术需要将建筑学、心理学、教育学等学科的知识综合在一起,需要先进的、科学的教学空间设计理念,并对教师的调控能力提出较高要求,是在教育条件已经满足基本教学需要的前提下提出的更高层次的教育需求,体现了教育对人性的关怀、对生命的尊重。

二、教学空间布置艺术提出的现实依据

教学空间的布置艺术长期未受到重视是有实际原因的。在教育条件不足、教学方式单一、对教学过程重视不够的情况下人们是很少会去关注如何艺术地布置教学空间这一问题的。这也从另一个方面说明了现在我们之所以提出教学空间布置艺术是因为现实已经对其提出了要求。

(一)当前教学空间布置存在的问题

我国著名学者陈平原曾就"著名教师为研究生开设的专题课,往往变成了系列演讲"这一问题从教学空间布置方面寻找原因,他认为"教室就设计成这个样子,椅子是固定的,你只能站在凸起的讲台上演讲,无法坐下来跟学生一起讨论",并呼吁"彻底改变后勤部门决定教学方式的陈规"。[①] 其实,这一"陈规"是我国各个教育阶段的教学空间布置中普遍存在的问题,具体表现为:

1. 教学空间布局单一。传统的教学空间布局一直以"秧田式"为主,一排排课桌以规整的序列整齐排列在空间内,最前面是略略高出一部分的讲桌,前面墙上为板书用的长方形黑板,后面墙上有同样的黑板用作绘制黑板报,形状因貌似农村的秧田而得名。这一布局的空间秩序为:学生与学生之间以前额对后脑、左

---

① 陈平原. "学术文"的研习与追摹——"现代中国学术"开场白 [J]. 云梦学刊, 2007, (01).

肩邻右肩的姿态共同面向讲桌和黑板，教师则背向黑板面向学生。这一秩序强化了教师的权威地位，弱化了学生的主体地位，同时还造成了学生之间参与课堂活动的机会不均等，顺应了传统的"以教师为中心"的教学模式的需要，但在倡导尊重学生主体地位、创新教学模式的今天，这种单一的教学空间布局亟须改变。

2. 教学空间搭配单调。教学空间的搭配主要体现在颜色的选择、装饰物的选择、教学辅助设备的安装等方面，它们在营造积极的空间氛围方面有重要的作用，但是长期以来存在搭配过于单调的问题。比如，传统的教学空间一般选择白色的涂料来做墙壁色，而忽视了对其他颜色的选择。G. F. 麦克威（G. F. Mcvey)的研究证实，颜色是人们生活中最富有活力的一部分，它可以改变人的情绪，改变人们对于物体大小、重量和距离的判断，引起人体肌肉的紧张状态，以及改进人们的生活质量。[①] 一般来说，红、黄、橙等暖色调会给人以温暖的感觉，青、绿、蓝等冷色调会使人感到平静，而白色属于中性色调不够柔和，容易使人感到压抑。

3. 教学空间格局僵化。教学空间的格局主要是指教学空间的大小、开放程度及其分布情况。传统的教学空间通过墙壁、课桌等物体将一个大的空间分割成若干个小的空间，每个空间为功能相似的单元，彼此之间在教学过程中很难进行直接的信息传递和交流。比如，讲桌和课桌将教学空间划分为教师的活动空间和学生的活动空间，教师通过人为的排位又可以把学生的活动空间划分为好学生的活动空间和差学生的活动空间，它们之间通过约定俗成的规则互相隔离甚至对立，这种僵化的空间格局对师生关系、学生心理健康和教学过程起着不容忽视的负面影响。

（二）课程与教学改革的需要

在面对基础课程改革实施过程中所产生的一些问题时，人们习惯从课程与教学本身寻找原因，认为课程改革提出来的新理念只有得到一线教师的认同、理解并且转化为相应的教学行动，才能取得真实的改革成效，要使课程与教学改革行

[①] G. F. Mcvery, Sensory Factors in the School learning Environment. National Education Association of the United States, 1971：13.

走在理想的课程与教学的可能性之间。① 其实，要实现教学的可能性，我们不能只关注课程的编制、教学的理念及其教师的素质等方面，教学空间的布置情况也是影响理想的课程能否在教学实践中得以有效实施的重要因素，因为，"在我们科学地利用空间来表达思想倾向、情感和态度的同时，会产生惊人的授课艺术效果"。②

我们知道，合作学习、小组学习都是课程与教学改革中所倡导的学习方式，它们都需要教师与学生以及学生与学生之间进行有效的互动活动。显然，传统的"秧田式"课桌编排模式并不适应这些新的学习方式，具体表现为，在实际的教学过程中，教师受到这种课桌编排的限制，只好以讲授为主，即便讨论也只能局限于在同桌之间或者前后位之间进行，而后一种势必又会导致一部分同学背对黑板，成为教学信息传递保持流畅的障碍。另外，课程与教学改革的目的是培养有个性且素质全面的人，但是，在布局单一、搭配单调、格局僵化的教学空间中，学生的个性无法得到张扬，学生与学生交流思想的通道被人为限制，从而导致一些学生对徒有形式的教学活动产生抵触情绪。

（三）人们对提高教学空间布置水平提出要求

根据马斯洛的需要层次理论，人们在满足了生理需要和安全需要这两项基础性需要之后，开始追求归属和爱的需要、自尊的需要以及自我实现的需要。人们对于教学空间的需要也是如此，在基本的教学场地、桌椅等条件得到满足之后，开始对教学空间布置的科学性、舒适性以及在教学空间中生命如何得到尊重等方面提出要求。

物质决定意识，意识反作用于物质。随着社会的发展，物质水平得到不断提高，人们的素质也得到整体提升，对自身及其子女的生活空间提出了更高的要求，反映在教学空间上，表现为：教学空间要保持地面干净、空气清爽、无噪音，教学设备先进且安放位置合理，桌椅设计舒适、编排科学，各种搭配自然、合理，等等。总之，要使学生能够在教学空间中得到被接受、被认可、被尊重的积

---

① 教育研究杂志社. 教育改革与发展的多维审视——二〇〇九中国教育研究前沿与热点问题年度报告 [N]. 中国教育报，2010-2-2.

② 吴建章，熊家原. 课堂教学中的空间节奏——空间语言在教学行为中的运用 [J]. 山东师范大学学报（社会科学版），1997，（2）.

极信息，从而健康成长。

三、教学空间布置艺术的有效策略

教学空间布置艺术并不是简单地对空间内的实体进行位置调整，而是以心理学、教育学等学科的相关理论为依据进行科学布置，其中又涉及了社会能不能从精神上给予重视并提供充分的物质保障的问题，比如经费、教学设备、场所改造等。所以，教学空间的布置艺术需要综合各方面的因素来设计有效策略。

（一）根据学生认知发展特点差异布置

每个学龄段的学生在认知发展上各有特点，而传统的教学空间内的实体从小学到高中甚至大学都基本保持一样的布置，体现不出差异性，这是与以人为本的教育理念不相符合的，自然削弱了对教师的教学和学生的学习应有的积极作用。要改变这种状况，我们需要针对不同学龄段的学生认知规律进行空间布置。以小学阶段的墙面装饰为例：六岁、七岁的儿童的思维基本以具体形象思维为主，并且缺乏传递性观念，因此，小学一、二年级的教学空间里可以选择一些以儿童、花草为主题的卡通画作为墙面装饰；八岁至十一岁的儿童开始由具体形象思维向抽象逻辑思维过渡，能够对事物之间的因果变化进行理解，并懂得物与物之间存在传递和可逆的关系，所以，小学三至六年级的教学空间里可以选择一些较为抽象的图画（素描、几何图形等）或者相互之间存在逻辑运演关系的系列图画装饰墙面。

根据学生认知发展特点来对教学空间内的实体进行差异布置，这在很多方面都具有十分重要的作用。差异布置可以帮助学生从一个认知发展阶段顺利过渡到另一个阶段，更为重要的是，通过差异布置可以带动教师对学生的认知发展阶段的特点进行研究，从而选择合适的教学方法。当然，学生也可以从中体验到自我的认知发展过程，自觉调节学习行为，对学习过程中所出现的问题能够理性归因，加快自身的认知发展。另外，在对教学空间内的实体进行差异布置的过程中，可以增进师生之间的了解，能够有效缓和师生之间的紧张关系。

（二）依据视觉原理科学布置

我们这里提到的视觉原理主要是指基于格式塔心理学的视觉原理。"格式塔"是德文"Gestalt"的译音，格式塔心理学主要以"形"为研究的出发点，代表人物为韦特墨、考夫卡和苛勒。格式塔视觉原理提出视知觉本身具有思维的功能，并具备了认识能力和理解能力,认为形状、色彩等能够被接合成各种明确的和高度复杂多样的空间的和时间的组织结构,是理智活动得以行使和发挥的最理想的媒介和场地,而单一的色彩或图形容易产生视觉疲劳,影响大脑中的生理反应。为此,我们应该艺术化地布置教学空间,为学生的视觉提供积极的、多样的视觉刺激。

美国格式塔心理学家阿恩海姆曾声称,要让现代所有的教育家和学校管理人懂得,艺术乃是增加感知能力的最强有力的手段,没有这种敏锐的感受能力,任何一个研究领域的创造性思维都将是不可能的。① 亚里士多德甚至认为,直接的视觉是智慧的第一个也是最后一个源泉,提出了"心灵没有意象就永远不能思考"的主张。② 为此,我们应该从培养学生思维能力的高度来布置教学空间,比如,为保护儿童的天性,激活儿童的思维,整个小学阶段可以选择色彩柔和的玫瑰红或者淡紫色来代替白色作为墙壁色,空间内应该有专门供师生放置共同精选的图画、创作的作品等物件的摆放区,并且能够经常调换,而不是像科学家的挂像一样经久不变。正如某些研究厌腻现象和适应现象的心理学家提出的那样,当某种特定的刺激一次又一次出现时,动物,甚至是那些很低级的动物,都会停止它们的反应。③

(三) 适应课程与教学改革需要灵活布置

教学空间是课程与教学改革的实施空间,空间的布置应该与改革的步调保持一致,现在的情形是,改革的力度不断加大,空间的布置却没有多大变化,造成的后果是,一些新的教学理念无法在旧的教学空间内实施,因而,我们需要重视教学空间布置的灵活性,使其能够根据具体的教学情景进行相应的变动。

其实,一些条件较好的学校已经积累了很多灵活布置教学空间的经验,比如有的学校实行小班化教学,这样由于班级内学生人数较少,桌椅位置可以根据具体的教学需要临时调整,为自主、合作、探究的学习方式提供了条件;还有的学校除了主要的用于正式课堂教学的功能空间外,还布置了活动空间、阅读空间

---

① [美] 鲁道夫. 阿恩海姆. 视觉思维——审美直觉心理学 [M]. 滕守尧译. 北京:光明日报出版社,1986:27.

② [美] 鲁道夫. 阿恩海姆. 视觉思维——审美直觉心理学 [M]. 滕守尧译. 北京:光明日报出版社,1986:27.

③ [美] 鲁道夫·阿恩海姆. 视觉思维——审美直觉心理学 [M]. 滕守尧译. 北京:光明日报出版社,1986:65.

等，为培养个性鲜明素质全面的学生提供了条件，等等。外国的很多学校也在这方面进行了积极的探索，比如丹麦哥本哈根的 Ørestad Gymnasium 中学，教学楼每层都设置一个圆形的会议室及圆形的储物柜，其余部分均为没有界定的空间，可以根据使用需要自由划分。在这里教与学的空间没有明显的界定，每个圆形的课室、会议室及其顶部的环形沙发空间都可以是教室，也可以是讨论区或者是手工制作区，宽大而界限不清的走廊同样是教学和讨论、展示的场所。①

（四）切合地区、学校实际适度布置

我国幅员广阔，各地的教育条件因经济发展、文化传统等方面的影响而不同，尤其是东部与西部、城市与农村的差别较大。教学空间的布置与教育条件有着密切的联系，一般来说，只有教育条件好的地区教学空间的布置才较为先进、合理。其实，这是一种认识上的误区，教育条件的好坏对教学空间布置艺术并不具有绝对的决定意义。有些地区教学空间内布置着先进的教学设施，但是由于没有很好地研究如何有效地发挥它们的教育作用，致使资源闲置，甚至有些设备由于布置位置不当而影响了正常的教学活动，比如有的学校将多媒体的显示装置幕布安放在黑板的前面，在使用时挡住了板书内容或者使得教师无法板书，这种布置便谈不上艺术。相反，一些农村学校条件跟不上，教学空间内布置简陋，但由于善于利用现有资源反而更显得有艺术，比如有的学校设置专门的空间用于展示学生的作品，精选一些花草装点空间，等等。所以，教学空间的布置艺术并不意味着要布置得华丽，而是要布置得朴实，能够体现出对学生的关爱，对生命的尊重，对生活的热爱，需要根据地区、学校的实际情况，量力而行，适度布置。

"道之出口，淡乎其无味，视之不足见，听之不足闻，用之不足既。"② 道家认为，感知能把握充斥天地宇宙的"道"，③ 教学空间布置艺术的最高境界便在于此，即通过激发学生的感知能力来引导他们去以积极的心态来看待学习，热爱生活，处理好人与人之间的关系，体悟出人生的一些道理。

---

① 黄莺，牟彦茗，杨晓川，汤朝晖. 体验自由教学空间——探访丹麦哥本哈根 Ørestad Gymnasium（学校）[J]. 城市建筑，2009，(3).

② 老子·三十五章. 诸子集成 [M]. 上海：中华书局，1952：20.

③ [美]鲁道夫. 阿恩海姆. 视觉思维——审美直觉心理学 [M]. 滕守尧译. 北京：光明日报出版社，1986：27.

第六章 课堂教学立体表达艺术

教师良好的教学表达能力是提高课堂教学质量和效率的重要保证。为了全面体现表达艺术的功能、获得综合性的最佳效果，教师课堂教学的表达艺术应是一种整体性的美学结构，应是一种开放性的立体设计，或者说课堂教学的表达艺术要具有立体性。

一、课堂教学立体表达艺术的原则

事实上，表达的艺术不仅立体地存在于整个教学过程看得见的"三维空间"，而且还真实、长久地渗透进学生的心里，我们对课堂教学表达艺术的立体设计，是对这种现实的客观反映。课堂教学中表达艺术的立体化，可以示意为有五个顶点的空间多面体（如下图）：教师采用三种表达途径，通过适当的方法，对学生进行知识传授、能力培养与思想教育；学生通过适当的方法能动地学习，接受教师所传递的信息。

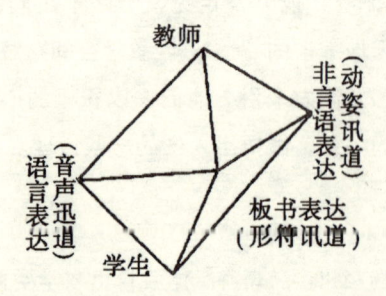

在这一立体表达系统的建构中，教师应遵循以下基本原则。

（一）教学表达的立体展现原则

按照教学信息载体的不同，可将教学表达分为以下主要讯道：音声讯道、形符讯道、动姿讯道、时空讯道与综合讯道。① 依据这种分类，如上图所示，教学的立体表达艺术包括三种基本方式，即教学的语言表达（属音声讯道），教学的非言语表达（属动姿讯道）以及教学的板书表达（属形符讯道）。教师通过这三种表达方式与学生进行信息交流，构成了课堂教学表达的立体展现。语言表达可分为口头语言和副语言。口头语言的准确精练，副语言中语言的音质、节奏以及笑声、叹息声，都准确地展现着教师的教学情感，使其语言更具表现力、更具立体性；板书、板演、板画则以立体的形式向学生表达书面语言和符号信息；教师的非言语表达更是多种讯道的综合利用，教师的手势、面部表情、眼神以及体态都立体化地向学生展现着教学的表达艺术。也就是说，这三种因素内部及其之间的立体化展现了教学表达艺术的立体化。

(二) 内容与形式的有机统一原则

人们都希望看到丰富充实的教学内容、引人入胜的教学形式和生动活泼的课堂气氛融为一体的成功的课堂教学。其中，教师立体化的教学表达艺术在这一过程中起到了穿针引线、环环相扣的作用，是使三者融为一体的"润滑剂"。也就是说，教师在课堂教学中立体表达的内容与形式必须是有机统一的。恰当的教学内容还应当通过恰当的表达进行艺术加工，为学生提供足够的信息量及足够的密集度，让学生学到既不过多也不过少，既不过难又不过易的知识。这里的艺术在于教师恰如其分地通过立体表达艺术来传授适当的教学内容，使学生感受到理性美与科学美。

(三) 艺术技巧的全面调动原则

我们之所以强调课堂教学的立体表达艺术，是为了教师能够高质量、高效率地"传道"，学生能够在愉悦的教学氛围中更有效地学习。为达到这一教学目的，教师就应全面调动表达的艺术技巧，实现表达艺术的立体化。我们所理解的艺术技巧首先是语言、教具、板书、动作、表情等各方面的协调运用，表现出教学语言符号的音乐美，教学图像信息的图画美，教师仪表情感的教养美，课堂教学组织的条理美，处理突发事件的奇异美等。其次是音乐艺术、绘画艺术、诗歌艺术、说讲艺术等各种艺术技巧的多方面借鉴。比喻、联想、暗示、夸张、拟人、

---

① 李如密. 师范院校应注意培养学生多讯道教学表达能力 [J]. 师范教育，1989，(2).

排比、对比、设疑、悬念、引趣等技巧,都可以在课堂教学中找到用武之地。

(四)连续过程的和谐配合原则

在课堂教学中,教师表达的艺术不仅应该体现于一节课的开头或结尾,而且应该存在于教学的全过程,要把全过程作为一个整体,追求全局上的整体美。在课堂教学中,由于知识的逻辑性、科学性比较强,这就更要求教师注意连续过程的和谐匹配原则。经验丰富的教师或提一个问题、或打一个比喻、或做一个演示、或设一个"陷阱",他们的一举手、一投足、一凝视、一微笑、一嗔怒、一引导、一启发,都会把自己所要涉及的疑问活灵活现、准确和谐地表达给学生,把学生的兴趣、注意力都集中于所讲课题的内容和目的上来。同时,为了整个课堂教学的效果,在有限的时间内该详则详,该简则简,既不能迁就教师个人的兴趣和偏爱,也不能使课堂教学的表达手段显得生搬硬套,而这一切都是为了整体上的和谐。

二、课堂教学立体表达艺术的特征

在课堂教学中,受学生的认知水平、学科特点及其教学目标的制约,教师立体表达艺术主要具有以下特性。

(一)教学语言表达的启导—生动性

教学语言艺术是指教师创造性地运用语言进行教学的艺术实践活动,它是教师教学表达艺术的主要组成部分,基本上属于音声讯道的教学表达范畴。优秀的教师应借助启导—生动性的语言,把逻辑变成诗情,把课程的讲授变成一支优美的奏鸣曲,使学生不仅可以获得科学知识,也能获得一种艺术享受,从而达到最优的教学效果。

1. 教学语言表达的启导性。如理科科目大多具有较强的逻辑性与科学性,尽管相对于语文、历史等文科科目而言,少了许多优美的诗句、遐想的空间、动人的事例,但是这并不能成为理科教学死气沉沉、平铺直叙的借口。而且理科知识的这种强逻辑性与科学性,正是锤炼学生创造性思维力、逻辑推理力、科学论证力的最好工具。这就要求教师的语言必须具有启导性。善于启发、引导学生学习的教学语言,总是能沟通师生的思维,拨动学生的心弦,引起学生的共鸣,调节教学节奏的张弛,制造出好的教学气氛。教师要善于结合所教内容的性质,根据教学目标,把所要讲授的问题化为悬念,把学生的注意力引导到教学目标上来。

2. 教学语言表达的生动性。教学语言的生动性是指教学语言生动、形象,富有理趣、情趣,使学生产生学习的兴趣。美国心理学家布鲁纳指出:"学习的最好刺激乃是对所学材料的兴趣。"所以,在讲授新课时,教师可以从有关的趣味事例出发引人课题,吸引学生的注意力。例如,在讲授"平面直角坐标系"之前,讲一个笛卡儿发明直角坐标系的故事:数学家笛卡儿潜心研究能否用代数中的计算来代替几何中的证明时,有一天,在梦境中他用金钥匙打开了数学宫殿的大门,遍地的珠子光彩夺目。他看见窗框角上有一只蜘蛛正忙着结网,顺着吐出的丝在空中飘动。一个念头闪过脑际:眼前这一条条的经线和纬线不正是全力研究的直线和曲线吗?惊醒后,灵感的阶段终于到来了,那只蜘蛛的位置不是可以由它到窗框两边的距离来确定吗?蜘蛛在爬行过程中结下的网不正是说明直线和曲线可以由点的运动而产生吗?由此,笛卡儿发明了直角坐标系,解析几何诞生了。[①] 此外,还可以以生动的表述将抽象的东西具体化、形象化,使中学生能直观、具体地感受到问题的存在,更便利地掌握抽象的数理知识。例如,众所周知的黄金分割,就是因为这种比例在造型上赏心悦目,所以才获得了如此贵重、漂亮的名称。但是黄金分割中的黄金比例 $\frac{\sqrt{5}-1}{2} \approx 0.618$ 是十分枯燥的数字,若在教学中介绍它在实际中的应用,诸如当气温为 23 ℃时,人身心感到比较舒服,因为气温与体温的比为 0.618;比较优美的身段,是身体下肢与整个身长之比为 0.618;报幕员所站的较好位置,应是舞台宽度的 0.618 处……黄金比例美妙无比,这样学生就会十分喜爱它且记忆深刻。

(二) 教学非言语表达的准确—灵活性

所谓教学的非言语表达是指教师在教学中创造性地运用非言语因素进行教学表达的活动,是教师教学多讯道表达中的动姿讯道。教学的非言语表达具有鲜明的立体性,这是由非言语表达的诸多子系统决定的,如手势表达系统、面部表达系统、眼神表达系统、体态表达系统等,教师在课堂教学中所表现出的手势、面部、眼神、体态等都是惟妙惟肖、立体生动的,教师的这些非言语表达有许多内在特征,学生的认知特点及学科特性决定了教学非言语表达的立体性主要表现在

[①] 毛永聪主编. 中学数学创新教法 [M]. 北京:学苑出版社,1999:164.

以下几方面。

1. 教学非言语表达的准确性。教学非言语表达与教学语言表达、教学板书表达一样，都是优化教学的手段和途径，而理科的教学内容及其特性决定了教学非言语表达必须强调准确性。首先，理科教学内容相对于文科教学内容而言，最大的差异在于实证性与操作性，理科要求有必需的实验课和动手操作课，这决定了单纯的教学语言表达和板书表达是满足不了教学需求的，此时，教师的动姿表达就显得尤为重要；其次，教师在课堂教学过程中，其非言语表达必须准确到位，不能为了实现某种教学效果而夸张造作，同时，教学非语言表达要与言语表达、板书表达协调一致，否则便会出现莫名其妙的怪动作，使得教师的教学表达滑稽可笑，非但起不到一定的教育作用，反而使教师陷入尴尬之境。例如在讲授"直线、射线、线段"一节时，教师可以一边叙述"直线可以向两边无限延伸"，与此同时伸出两食指从同一点慢慢拉开，慢慢停止，造成无止境的感觉。讲到射线时则一指不动，一指拉开，就可使学生联想到它们的延伸方向及过程，令人回味无穷。

2. 教学非言语表达的灵活性。教师非言语表达是教师从师素质、精神内涵的直接展示，只有感情丰富、热爱教学工作的教师，其非言语表达才能以情感人，才能在课堂教学中起到"此时无声胜有声"的作用。同时，再精细的教师在备课时也不可能把这一节课所需要的手势、动作、表情、眼神等像设计教学内容、教学板书一样准确无误地设计出来，所以，教学的非言语表达具有灵活性的特征。教学过程本身就是一个师生合作互动的过程，有经验的教师在讲课时眼睛始终注视着学生，注意观察学生的面部表情、眼睛和动作，如果学生眼神发呆，说明学生很少接受信息，表明他（她）的注意力不集中，教师就应随时根据反馈的信息来调整教授的内容、方法、速度以及声调的高低、节奏的变化、语句的停顿、面部的微笑、手势的起伏等来引起学生的注意，使得课堂教学成功地完成。一位心理学家计算出这样一个公式：一个信息的表达＝7％的语言＋38％的声音＋55％的脸部表情。[①] 很显然，教师的非言语表达在课堂教学中占有重要地位。

（三）教学板书表达的直观—多样性

[①] 马忠林主编. 数学教学论 [M]. 南宁：广西教育出版社，1999：345.

教学板书是指教师根据教学的需要，在教学用具上以书面语言或符号进行情意表达、教书育人的活动。它是教师进行教学的基本功之一，是师生在课堂上最简易的、利用视觉交流信息的渠道，基本上属于形符讯道的教学表达范畴。教师的板书是展开于空间、表现为静态、感知于视觉，以展开知识的"核"而存在于黑板上的一种艺术。可以这样说，板书是反映课文内容的"镜子"、展示作品的"屏幕"，是引人入胜的"导游图"，是每一节课的"眼睛"。在中学的课堂教学中，板书的表达有许多要求，其中直观—多样性最为重要。

1. 教学板书表达的直观性。板书是写给学生看的，既然教学对象是中小学生，而不是认知、分析能力较强的大学生，因此板书表达的直观性对于中小学生而言尤为重要。板书内容的直观性有助于学生从外显活动向内隐活动转化，便于学生从直观感知到建立表象再上升到抽象的知识概念。板书直观一般分为文字直观与图形直观两种类型，文字直观指板书的文字要简练明确，便于学生接受，因为板书内容要体现课堂教学的脉络、教师备课的思路。为了帮助学生把握所教内容的层次、全面理解并系统掌握知识，要从课堂教学的整体出发，使板书的速度与讲课的速度、学生的思维活动相一致，教师要做到心中有数，知道哪些先写、哪些后写、哪些是主板书、哪些是副板书，要恰到好处、直观明了；图形直观是指理科教学中的板书图形要规范正确，真正起到范例作用，如果是其他辅助图形也应与板书内容有机结合，起到相得益彰的作用。

2. 教学板书表达的多样性。课堂教学板书有许多种类和造型，好的板书体现了教师的匠心独运，凝结了教师的智慧与创造力，融合着教师的教育、教学理论水平和审美素养，渗透着教师的学识以及对教学工作的情感投入。多样性的教学板书既弥补了教师教学语言的不足，又可以有效地塑造教师的讲台形象，便于教师引导和控制学生，使学生的学习活动劳逸结合，紧密配合教师的教学工作，从而充分发挥师生的积极性，实现课堂教学表达的立体化。课堂板书有以下多种方式。

(1) 总分式板书。这是整体与局部相结合的一种板书，此种板书有助于学生全面系统地掌握所学知识。例如，在小结时对一章知识所作的线路图式的归纳，就属于这种板书形式。

(2) 辐射式板书。这是以某一知识点为辐射源，向四面八方散发开去的板书形式。如在教"染色体"这部分内容时，列出如下图所标的板书，可以使学生全面系统地理解教材的内容。

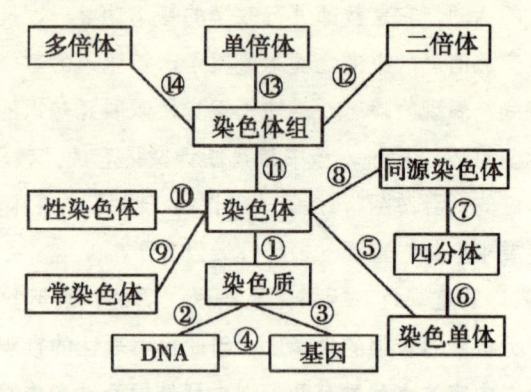

```
              多倍体    单倍体    二倍体
                 ⑭      ⑬     ⑫
                    染色体组
                       ⑪                同源染色体
          性染色体  ⑩  染色体   ⑧  ⑦
                 ⑨    ①    ⑤    四分体
          常染色体     染色质          ⑥
                 ②        ③      染色单体
                 DNA  ④  基因
```

（3）归纳式板书。将教学内容归纳、概括成简要的式子、字、词、短句等的板书形式。例如，数学中实数的分类表，就是这种板书形式。

（4）立体式板书。把板书内容设计成立体图形展示出来的板书。如讲解长方体和正方体的认识时，一位教师依据二者都是体的特点，设计了如下板书,[①] 既能展示教学内容，又颇具新意。

形状	面		棱	顶点
长方体	6个	6个面都是长方形（也有可能有两个相对的面是正方形）	相对面的面积相等	12条	每一组互相平行的4条棱的长度相等	8个
正方体	6个	6个面都是正方形	6个面的面积都相等	12条	12条棱的长度都相等	8个

———————

① 闫承利. 素质教育课堂优化艺术 [M]. 北京：教育科学出版社，2000：177.

第七章　课堂教学诠释艺术

一、教学诠释艺术的提出

首先，目前的教育改革把教育质量的提升过多地依赖预设的课程，特别是教材的内容而忽视师生的教学诠释能力。确实，课程、教材是师生展开教学活动必不可少的工具，也是教育改革比较容易着手的环节，但仅寄希望于课程是无济于事的，就像不同的演奏者诠释同一首曲子，不同的写生者诠释同一风景，效果不同，师生面对同样的课程、教材也会因自己诠释能力的不同而产生截然不同的教学效果，所以目前的教育改革不能仅关注课程、教材的改革，还应该关注师生教学诠释艺术水平的提升。

其次，从教师本身来说，目前的大部分教师把教材看成绝对权威，在教学过程中普遍是"教教材"而不是"用教材教"，教师的功能局限于教材内容的传递，而教材内容的传递是社会上许多非教师人员也可以做到的，既然人人都可以做，所以教师的专业性不为人认同。如果提升教师的教学诠释意识和能力，使教师能够阐释出教学过程中蕴涵的深层次的、符合时代精神的知识、能力、情感、态度、价值观，这应是教师专业化的有效途径。

再次，目前研究较多的教学板书艺术、教学提问艺术、教学语言艺术等更多的是外显的教学艺术，而这些外显教学艺术应以教师的教学诠释艺术这一隐性过程为基础。因为，如果教师的诠释不到位，即使板书再好，提问时机把握得再恰当，语言多么精确、富于感情等等都只能是华而不实。教学诠释艺术给教学艺术研究展现了一个新的研究领域，由注重对教师板书、语言等外显教学艺术的研究转向对教材的解读这一内隐教学艺术的研究。

二、诠释什么——教学诠释艺术的对象

教学诠释艺术要诠释进入教学领域的一切文本。所谓文本,一般而言,文本是指按语言规则结合而成的语句组合体,短至一句话,长至一篇文章、一本书。西方的文本一词,源于拉丁文的(texere),本意是波动、联结、交织、编织,并因此衍生了构建、构成、建造或制造等意义。后现代主义认为每一事物都是一个文本,认为文本的表现形态是多种多样的,"一切事物,包括一次生活经历,一场战争,一次革命,一次政党集会,选举,人际关系,度假,理发,购车,谋职,等等,都是一个文本。甚至演说也具有文本的地位(一个口头文本)"。[1] 从这个意义上来说,我们认为进入教学过程的一切事物都是教学文本,其外延非常宽泛,教科书、课程、校园中的雕塑、一个校园事件甚至是一个社会事件,只要被引入教学过程中,都可以是教学文本,是教学诠释的对象。

三、谁在诠释——教学诠释艺术的主体

已被研究的教学艺术,比如教学板书艺术、教学提问艺术、教学语言艺术等等都是从教师的角度来谈,其主体是教师,而教学诠释艺术的主体既包括教师也包括学生。

一方面,教师诠释的目的不是为教师自己对文本的理解,也不是把自己的诠释硬性地塞给学生,而是从有助于学生理解和接受的角度诠释文本,并提高学生对文本的诠释能力。也就是说,教师的职责是诠释,任务是帮助学生理解文本,教会学生如何把自己的生活经历置于更为全面的文化背景中去诠释,在解读过程中完成师生重构自身的过程。就教师而言,这要求具备解释艺术(the arts of interpretation)的修养。[2] 另一方面,学生不会不加选择地把别人的意愿和意识形态内化为自己的思维结构,我们也没有理由把今天的视角复制到下一代的头脑

---

[1] [美]波林·罗斯诺. 后现代主义与社会科学[M]. 上海:上海译文出版社,1998:50.

[2] 大卫·杰弗里·史密斯(David Geiffrey Smith). 全球化与后现代教育学[M]. 北京:教育科学出版社,2000:151.

中，他们有着自己的"视域"，从而对文本有自己的诠释。

在此情境下，教师与学生的诠释都有他们各自所要达成的不同目标，为避免冲突而达成和谐一致，需要师生不同"视域"之间的融合，在这种融合的过程中实现师生精神世界的拓展和人生经验的增长，这应是教学诠释艺术的最高境界。

四、为何诠释——教学诠释艺术的目的

（一）使学生能够建构起具有生命意义的知识体系

人必然要一点一滴地学知识，但一点一滴的知识是缺少生命的。教师的教学诠释要能进入到"一花一世界，一叶一如来"的境地，还点滴的知识以本来面目，还知识以完整的生命。教师面对知识点，不能仅限于理解这一点，更要诠释这一知识点的来龙去脉，诠释知识点背后的大背景，这一知识点是经过了怎样的批判和被批判的历程成为现在的状态，而我们又应持何种批判的视角来推动这一知识向纵深发展。通过诠释还要使学生认识到一切知识都只是猜测和假说，它们最终不会被证实，却会随时被证伪，知识体系就是在这样一步步被证伪的过程中渐趋完善，表现出勃勃的生机。

（二）使学生能够掌握科学研究的过程和方法，形成一定的能力

科学不应如传统教学所认识的那样只是一个静态的研究成果，更应该包含动态的研究过程在内，科学是一种知识，同时也是一个获得及利用这种知识的态度（求真）和方法（求实）的过程，只要把握了过程——科学研究的态度和方法，科学的结果——知识与技能自然会源源而出。这要求教师的教学不仅要展现科学研究的成果，更要追溯其研究的过程、研究的方法，使学生的能力在这种不断的诠释中不断形成和提高。

（三）培养学生积极的情感、态度、价值观

教学文本中的情感、态度、价值观因素是一些隐性的内容，要靠师生深入诠释才能内化为学生的情感、态度、价值观。学生的好奇心、求知欲、创新的欲望、成功的喜悦、爱祖国、爱家乡、热爱大自然、珍惜生命、爱科学等情感，学生的乐于探索、勇于创新、敢于质疑、独立思考、不怕困难、乐于合作与交流、尊重他人、宽容、自尊自信、积极健康的生活方式和习惯、实事求是、追求真理、乐于奉献、科学的思维习惯等各种生活、学习、科学态度，以及学生的振兴祖国和

改变祖国面貌的使命感与责任感、学生头脑中人与自然和谐发展的意识、人类共同发展的意识、对人类共同享有的自然环境的爱护意识、对环境资源的保护意识和法制意识、主动参与社会决策的意识等价值观念不可能在教师空洞的说教下形成，需要师生以教学文本为依托，一步步通过诠释才能逐渐内化为自己生命的一部分。①

僵化的知识本身不能提升学生的情感、态度、价值观，需要教师的诠释把本来不具有生命价值的知识变得成为精神的力量。比如，每一知识点的形成历史都包含着人类认识真理的动力、决心，都与人类的道德、理想、信仰等因素息息相关，它告诉我们科学的精神不在于昭示无法反驳的真理，而是在坚持不懈的批判过程中寻找真理，科学的特征在于批判思维，不迷信、不盲从的批判和探索精神才是科学的精髓。并且，每一位大科学家的科学故事背后，无不具有悲天悯人的情怀，师生可以从中阐释出一种可敬的、深切的人文情怀。学生的情感、态度、价值观就在逐步深入的诠释过程中得以提升。

总之，学生从教学中所获得的提高和发展，并非来自那些凝固化的内容材料，而是教师依据这些内容材料所产生的独到见解、生动描述、丰富联想及师生的对话和沟通，是教师的教学诠释艺术。这就是说，在具体的教学过程中，教师的教学不是在讲解教材、传输内容，而是凭借自己的诠释为学生创造出一种探索、领会、发展的情境。

五、如何诠释——教学诠释艺术的方法

诠释学（又叫阐释学、解释学）是关于理解和解释的学问，它围绕着"意义"而展开其主题。在一定意义上，诠释学是关于意义的学说，对文本意义的解释是诠释学的重要内容，探求文本意义的生成和理解是诠释学的使命。我们可以从中探寻教学诠释的一些途径和方法。

（一）文本意义的开放性——教学诠释的多元性

哲学诠释学认为文本是一个无穷无尽的意义的源泉，文本的意义和理解者的理解一起处于不断生成的过程中。文本并非仅属于过去的独立自足的东西，解释

---

① 吕宪军，王延玲. 新课程标准和教材的分析与把握［J］. 中国教育学刊，2004，(2).

者也非外在于文本的旁观者，文本的永恒不仅仅在于超越具体化的时间和空间，还在于它在人的参与和关照下持续地涌现其新的意义，在新的历史条件下，不断地呈现其存在的种种可能性。也就是说，文本的意义在于过去与现在的沟通，文本的内容随着不同时代和不同人的理解而不断进行改变。文本的真正意义并不存在于作品本身之中，而是存在于它的不断再现和解释中，文本意义的完满正是在理解的变迁中得以体现并因而永远具有一种不断向未来开放的结构。

文本意义的多元性要求师生的教学诠释不能固步自封，应该呈现多元的诠释姿态。例如，《故宫博物院》一课中的问题：为什么故宫雕刻那么多的金龙、蟠龙、卧龙？许多师生按照教参的标准答案：是为了突出皇权的尊严。龙绝不是皇帝的专利品，是中华民族的图腾，现代龙已成为中国人的象征，成为全球华裔的符号，对这一现象的解读就不能是唯一的，对其多元的诠释更能形成学生爱祖国的情感和独立思考、敢于质疑的态度以及振兴祖国、改变祖国面貌的使命感、责任感。另外一例是老师带领学生学习语文课文《萤火虫》时的一个片断：老师问学生，萤火虫燃烧了自己，怎么啦？有的孩子回答说，萤火虫燃烧了自己它就死了；也有的孩子说，萤火虫燃烧了自己，它没有怎么样，这只是一种生理现象；还有一部分孩子有一些其他的理解。这时，老师无法对这些理解给予肯定，因为书上不是这样说的，书上的正确答案是，萤火虫燃烧了自己，照亮了人间。所以，老师不但不能理直气壮地肯定孩子的理解，相反还得不断运用教学技巧和教学机智，想办法如何一步步地"启发"孩子得出"正确"的认识，于是让同学们再想一想，再看一看。看什么呢？当然是看书上，看课文。最后，孩子们终于在老师的不断引导下，"看"出一个"共同"的认识——萤火虫燃烧了自己，照亮了人间！[1] 老师的这种教学行为唯教参是尊，同样忽视了教学诠释的开放性，也扼杀了学生的好奇心、求知欲和乐于探索、勇于创新、敢于质疑、独立思考、实事求是、追求真理的科学态度。

（二）文本意义的生成性——教学诠释的永恒性

哲学诠释学认为，理解不是主体的一次性行为，而是一个文本和"理解者的前结构"或"偏见"之间的不断互动的过程。每一次理解都是一次意义生成，文

---

[1] 吴刚平. 教学改革的课程论意义 [J]. 教育研究，2002，(9).

本不是一个被动的研究对象，而是一个不尽的意义的源泉，文本意义的可能性是无限的。① 伽达默尔曾经说过："对文本或艺术品真正意义的发现是没有止境的，这实际上是一个无限的过程，不仅新的误解被不断克服，其真义得以从遮蔽它的那些事情中敞亮，而且新的理解也不断涌现，并揭示出全新的意义。"

师生需要不停地探索、追寻真理，虽然永远只能接近而无法穷尽真理，但真理一直就在我们身边，在时代的变迁中重现和绵延，在不断地诠释中获得永恒。在不断地诠释中牛顿的动学三定律能被爱因斯坦相对论所取代，相对论也被李政道、杨振宁继续修正。

（三）文本意义对个人"先入之见"的强调——教学诠释的个性化

即任何理解和解释都依赖于理解者和解释者的前理解（先入之见）。伽达默尔通过对读者历史性的重要表现形式——"先入之见"（或称"偏见"、"成见"）之合法性的强调，为"偏见"正名：没有偏见，没有理解的前结构，理解就不可能发生。伽达默尔强调，"成见"不仅是无法避免和消除的，而且是合法的和必需的。"成见"不应是要加以克服的消极因素，而应是要加以肯定的积极因素，他提出了"成见是理解的前提"的命题，不仅将"成见"看作理解的前提，而且将"成见"看作解释者认识事物的基础与视界。理解的过程，实际上是读者从自己的经验出发去解读文本，并在与文本的思维性沟通中形成文本意义的过程，简言之，读者理解的过程也就是读者对意义的创生过程。从以上分析可以看出，现代诠释学中的读者已经不再是一个被挑逗、被教化、被熏陶的消极主体而成为理解的主动参与者。正如鲁迅关于红楼梦的评价："单是命意，就因读者的眼光而有种种：经学家看见《易》，道学家看见淫，才子看见缠绵，革命家看见排满，流言家看见宫闱秘事……"

师生的人格人品、文化素质、解读能力以及其个人的独特的人生体验同样也影响着他对教学文本的理解和领悟。师生越是具有广博的文化知识和丰富的人生阅历，对文本的诠释可能就越深刻，理解和领悟越具有个性化。

（四）文本意义的现实性——教学诠释的现实关照性

文本存在的价值并不是使读者了解文本，而是通过理解文本的意义来造就自身，理解的本质也并不在于对过去事物的复制，而在于与现时生命的思维性的沟

---

① 章启泉. 意义的本体论——哲学诠释学 [M]. 上海：上海译文出版社，2002：95.

通，它不是一种单纯重构的过程，而始终是一种创造的过程。理解过去意味着理解现在和把握未来。

　　师生对历史事实的诠释，不应仅在于了解历史，而应以史为鉴关照现实社会。比如，对于19世纪的中日甲午战争，20世纪的抗日战争，教师更多的仅止于从背景、原因、经过、结果进行事实解读，而对今天有何启示却很少涉及，如果教师诠释的触角伸得更远一些，关照一下现实，就会有更深入、更精彩的诠释：中国和日本19世纪打了一仗，20世纪打了一仗，在21世纪中日是否可以避免发生战争，如果不可避免的话，大约会在什么时候，可能的原因会是什么，如果中国赢了，会赢在什么地方，如果输了，会输在什么地方。这种诠释才是我们了解这一段历史的目的所在。

第八章 课堂教学表演艺术

表演艺术作为一种艺术形式,带给观众美的享受。课堂教学也存在表演艺术,它体现在教师的教学艺术中。教学艺术在某种程度上诠释着表演艺术的理念,显现出表演艺术的延伸和升华。教学表演艺术是教师课堂教学艺术的精髓所在,表演艺术对教师课堂教学艺术的启示深刻。

一、课堂教学表演艺术相关概念辨析

表演,是指演奏乐曲、上演剧本、朗诵诗词等以声音、表情或动作再现某些作品的活动。表演与人类文明的进程相依相伴,它是一种交流方式,"表演作为人类的一种行为,普遍地存在于人类生活之中,其根本之意是通过各种符号向他人表示或展示什么"。[①] "当一个人凭借其在学校中承担的某种角色,在以课堂教学为核心的教育生活中,向他人投射某些信息,试图以此来有意识地影响他人,使他人发生某种期望的确认和转变,或者投射者自身发生转变时,这种行为就是表演"。[②] 表演艺术是一门综合艺术,它是音乐艺术、舞蹈艺术等艺术门类的总称,是各种艺术的组成元素和艺术表现形式。

教学,是教师教、学生学的统一活动;在这个活动中,学生掌握一定的知识和技能,同时,身心获得一定的发展,形成一定的思想品德。教学达到一定境界时就成为教学艺术,"教学艺术是娴熟地运用综合的教学技能技巧,按照美的规

---

① 李政涛. 表演:解读教育活动的新视角 [M]. 北京:教育科学出版社,2006:13.
② 李政涛. 表演:解读教育活动的新视角 [M]. 北京:教育科学出版社,2006:37.

律而进行的独创性教学实践活动"。① 教师课堂教学艺术有着重要的特征,那就是鲜明的表演性。教师的语言、肢体动作等无时不在地体现出表演的特征,教师表演艺术的水准决定了教学艺术的深浅,教师教学艺术的展示显现出表演艺术的魅力。

教学表演艺术把教学内容赋予表演的诗意情感内蕴,转化为师生可感知的外在形式,从而传达出如画的教学意境,达到外形、情感和内蕴统一。课堂教学表演艺术是表演艺术和教学艺术的结合,是在课堂教学中实施表演艺术,升华教学艺术的一种教学艺术形式。它把表演艺术运用于课堂,使课堂教学发生质的变化,丰富了教学艺术的形式和内容。课堂教学表演艺术既有表演艺术的演之欲,又有教学艺术的教之魅。在课堂教学中,教学表演艺术成为点燃课堂教学智慧的火花,显现课堂教学艺术升华的理想和追求。

二、课堂教学表演艺术的审美特征

课堂教学表演艺术具有直观性、综合性及丰富性等审美特征,既体现着表演艺术的无穷魅力,又反映了教师教学艺术的生命活力。

(一) 课堂教学表演艺术的直观性

表演时的表演美、综合美等是作为一个生动的过程在教室里展现的,因而它是表演的过程性与直观性的高度统一。表演让一切发生在"观众"面前,使"观众"直接感知和亲身体验教材中反映的内容。"观众"成为课堂教学中的积极参与者,师生进行面对面的直接交流。这种直观感受的审美特征使课堂教学表演艺术具有独特的艺术氛围和强烈的艺术感染力。

如在《让世界充满爱》这一课中,教师让学生表演两人在路上偶遇时的欣喜之情,两位学生以身体语言表现出友好的感情,直观地显现纯真的友情,感动了在场的每一位师生。

直观性的表演艺术使得课堂犹如一个剧场,在特定情境下,主角(表演者)配角("观众")等"粉墨登场",表演者(教师或学生)根据教学需要演示出一幕幕精彩的"舞台剧",表演者现身说教、身体力行,而且每一次都是创造,每次演

---

① 李如密. 教学艺术论 [M]. 济南:山东教育出版社,1995:61.

出都展示整个行动过程。表演时直观的艺术形象，诉诸观众直接的视听，显现直观性是课堂教学中表演艺术的显著特征。

（二）课堂教学表演艺术的综合性

表演艺术是艺术表现形式审美化的综合性的典型，它包含了文学、音乐、舞蹈、绘画等艺术元素，是一种时空交融、视听兼备的综合性艺术。音乐表演和诗歌朗诵的时间性、听觉性，绘画表演时的空间性、视觉性，舞蹈时人的形体动作性等，无不展示了表演艺术综合性的审美特征。

例如配乐诗朗诵，在美妙的音乐伴奏下，朗诵者或激昂，或深情，舞台上还有一位舞者翩翩起舞，诠释着诗情画意。这种表演的形式使学生更加深刻地体验到教学的内容，得到艺术的熏陶。

课堂教学中的表演艺术把语言、音乐、美术等融为一体，用节奏统驭，达到和谐的统一，充分调动了各种艺术手段的感染力，形成教学中特有的节奏鲜明的表演艺术。表演者或朗诵、或演唱、或舞蹈等等，这些综合性的表演艺术展现在课堂，使课堂倍增活力。

（三）课堂教学表演艺术的丰富性

表演艺术手段的多样造就了表演艺术的美的丰富性。角色（教师或学生）演唱、伴奏或舞蹈等表演，以及教师艺术化的语言等起着突出作用。表演以课堂为中心，根据教学需要由教师或学生担任角色。角色化要求演员的演唱、语言、舞蹈或者表演动作都必须符合特定角色的特殊身份和个性，真实显现特定情境中表演者内心的情感冲突和变化，力求进入情景交融的审美境界。

表演艺术的丰富性在音乐课中演绎得淋漓尽致。如竖笛课中，队形可以按声部排列，给人一种圆满、匀称稳定的美感。可以增加一些简易的打击乐器，演奏打击乐器的学生组成特定的队形，根据乐谱或教师的要求为竖笛伴奏。不仅如此，竖笛还可以用来为歌唱伴奏，在学生乐队的伴奏下，你来敲我来奏，既有观赏的价值，又有聆听的享受，学堂里传出动听的歌。

课堂教学中表演艺术的丰富性还体现在情感方面，教师朗诵时追求抑扬顿挫，演唱时追求优美动听，书法时追求潇洒飘逸等，表演艺术的丰富性要求表演者要有心灵的体验和真情的投入，讲究声情并茂、真切传情，完美表达情韵和独特个性。

三、课堂教学表演艺术的"精神能量转换"

教学中的表演艺术存在着精神能量的转换,精神是指人的意识、思维活动和一般心理状态,能量是比喻人显示出来的活动能力。表演艺术是教师课堂教学艺术的一种精神能量转换,它通过教师和课程之间、教师和学生之间以及学生和课程之间完成。

(一) 课堂教学表演艺术是"教师和课程之间的精神能量转换"

课程是指在学校教育环境中,旨在使学生获得促进其身心全面发展的教育性经验体验。课程是教师为学生提供学习的媒介,课程及时地把知识反映在学科结构中。教学中,教师和课程之间的精神能量转换通过教学艺术,具体通过表演艺术展现。课程从抽象的书面内容到教师有血有肉的创造,是教师和课程之间的精神能量转换的具体体现。如果说课程是一个剧本,那么教师对课程的实施就是实际的表演。"教师辅助实际行动的不同的课程实施方式,将使学生获得不同的课程经验"。[①]

教师和课程之间的精神能量转换通过表演艺术得以实现,这是二者之间的一种对话、探究和创造。艺术有两个不可或缺的条件:创作者和创作的材料或工具,课堂教学中的表演艺术首先体现在教师和课程的能量转换。在这一精神能量转换中,教师是课程成功与否的决定性力量。在课堂教学中,教师成为课程实施的核心。教师在教学艺术中追求如诗的境界,通过表演艺术这一形式完成教学内容。从某种程度上说,教学艺术是一种表演艺术,它需要教师设计、编排、导演、演出,需要教师挖掘、整理,甚至是二度创作。历史上许多音乐在生活中销声匿迹,正是由于演奏家的挖掘使作品被人们重新认识,如巴赫的《马太受难乐》等。课堂中的表演艺术也是二度创作的艺术,教师需要精通教材,关注学生的思维和兴趣,及时恰当地调整教学进程。课堂中的教学艺术通过教师和课程之间的精神能量转换,通过表演艺术传达给学生,使教学获得生命。

在这一精神能量转换中,教学艺术需要吸收表演艺术的长处,以表演为切入点,挖掘课程的价值,以课程为基准传道、授业、解惑,引发学生惊奇的只能是

---

① 钟启泉等. 课程与教学论 [M]. 上海:华东师范大学出版社,2008:167.

材料本身的内容；通过表演的形式，使学生加深对课程知识的理解；从表演艺术的审美特征去启发、感染学生喜爱课程，激发学生对课程的情感，从而获得师生情感的共鸣。教师以课程计划为依据，设计教学的计划，决策课程的实施，在教学中自主的基础上，通过教师间的合作，促使课程实施的成功。

（二）课堂教学表演艺术是"教师与学生之间的精神能量转换"

在课堂教学中，教师与学生的关系可以理解为角色与角色之间的关系，在教师向学生展现课程内容的过程中，师生建立起相互信任的关系。"教师在教学过程中的角色不仅是知识的'呈现者'、对话的'提问者'、学习的'指导者'、学业的'评价者'、纪律的'管理者'，更重要的是课堂教学过程中呈现出信息的'重组者'"。[1] "教育的另一个定义也可以这样来表述：教育是教育者和受教育者在精神生活上的一致，是他们的理想、愿望、志趣、思想和感受的一致。把道德信念和思想观点，传授给他人，教会他怎样在社会上生活，教会他怎样确立道德的和审美的原则，所有这些都要求师生在精神上一致，达到双方都感到志同道合的那种程度"。[2]

当教师作为表演者时，应该学习、借鉴表演艺术，不图浮华但求平实。著名歌唱家王玉珍在演唱《洪湖水浪打浪》时，那真实、朴素的农家女在洪湖岸边的真实形象，通过她的演唱便生动地映入听众的眼帘。"她在演唱过程中没有太多的修饰，不掺杂太多粗糙的痕迹，力求用真实自然的演唱来表现剧中的人物特征，这成为她表演艺术的一大特色，也充分体现了她最基本的审美观与追求"。[3]

教学艺术追求朴实无华，也需要"用心"。犹如戏曲，若要演好戏，功夫在戏外。第23届戏剧梅花奖获得者，青春版《牡丹亭》中杜丽娘扮演者，苏州昆剧院演员沈丰英特别注重自身的文化修养。她在《玉簪记·琴挑》中有一段陈妙常抚琴唱曲的情节，为了表演得准确传情，她特意学习古琴；她平时爱好书法，在演出《牡丹亭·写真》时，虽然不懂画画，但由于熟悉毛笔的特性，演出中自然而然地运用了提按顿挫的运笔方法，一位学美术的研究生看后，评论她演得传神逼真。"著名京剧演员荀慧生参加《顺天时报》'四大名旦'评比活动的剧目《丹青

---

[1] 叶澜．重建课堂教学过程观 [J]．教育研究，2002，(9).
[2] 苏霍姆林斯基．和青年校长的谈话 [M]．上海：上海教育出版社，1983：44.
[3] 郭建民，曹海萍．王玉珍歌剧演唱艺术点评 [J]．黄河之声，2008，(20).

引》时,首次在舞台上当场作画,唱念做舞与粉墨丹青相得益彰,体现了他扎实的艺术功力,被时人誉为'双绝'"。①

当学生作为表演者时,他已经向教师和同学敞开了大门,诠释着自己对学习的理解和转化,表演着自己的成功。在这个转换中,他需要大家的鼓励、支持和帮助,从而促进表演质量的提高,促进教学艺术的提升。

课堂教学中的表演艺术不仅要求表演者(教师或学生)借助教学内容和教学器具来体现教学意图,而且要求表演者具有丰富的想象力。不仅善于学,还要善于化,化到自己的独特风格之中。教学中施行的表演艺术,其目的不是为表演而表演,而是通过表演艺术这一形式,促进师生间良好关系的建立,促进学生主动健康地发展。

教学艺术是极其"用心"的艺术,教学艺术反对虚假、失真,提倡真实、质朴。教师追求表演艺术的"剧场效应"固然重要,但需要注意上课的"声调",需要很好地"阅读"教学进程,不能引起学生的疲劳。教学艺术的表演艺术需要深入地挖掘教材,围绕教学内容和教学对象,通过准确的外部形体动作、神态和语言将教学外化,将体验与表演统一。教室是教师和学生审美互动的平台,随时能够引起学生的情绪回应,反过来影响表演者的表演。用心的教师会根据每节课学生的反应,总结得失,从而提高自己的表演艺术,所以说,学生是教师真正的"老师"。

(三) 课堂教学表演艺术是"学生和课程之间的精神能量转换"

在课堂教学中,学生在教师的指导下学习。在课堂这一"剧场"中,"把课程的精神能量转换成个体的精神能量,转换成自己的知识、能力、情感、态度、意志与智慧的过程中"。② "课本剧"是课堂教学中学生和课程之间的能量转换的最直接的形式。在编演过程中,对学生的课程知识要有一定的要求。既要有扎实的课程知识基础,又要有性格化的对话语言。改编是一种创造,表演更是一种创造,"一千个观众就有一千个哈姆雷特"。台上台下的交流,使学生对课程有了更

---

① 孙从改. 艺事五味:勤、博、痴、新、得——电视剧"荀慧生"观感 [J]. 大舞台, 2008, (2).

② 李政涛. 表演:解读教育活动的新视角 [M]. 北京:教育科学出版社, 2006:102.

进一步的认识，从而达到学生和课程之间的精神能量转换。

在学生和课程之间的精神能量转换中，表演艺术发挥了重要的作用。通过教师这一媒介，使学生与课程连接成一条纽带。从陌生到熟悉，从理解到领会、表演。通过表演，把课程内容转化为自己的身体行为和思想观念，从而实现课程情节的再现。让学生喜欢这门学科，让学生喜欢这门课程，在学生和课程之间的能量转换中获得智慧与快乐。

在这种转换中，突出了学生学习的自主性，激发了学生学习的热情，学生成为学习的主人。学生和课程之间的精神能量转换，彰显表演艺术的重要，它是教师课堂教学艺术的外显和延伸，是教师课堂教学艺术的新的实践。

教学艺术中学生和课程之间的能量转换的这种表演艺术要求我们，必须考虑到自己与谁在交流、对话。要让学生感到不是在上课，而是一种生活和享受。一门让学生着迷的课，必定能够激起学生的反响，因为它直接触及了学生的心灵。这是教学艺术的境界的追求。

在课堂教学中，表演艺术给教师教学艺术的启示深刻。它需要用心去表演，需要真情去实现。唱不动情自不休，不动听则不能醉人，不动情则不能动人，唱做之美在传神。具备一定表演艺术的教师，在教学艺术中会省去许多并不重要的东西，因为他已经把握了某些具有决定意义的东西——"神"。可以唤起学生丰富的想象，使学生迷恋。

教学艺术需要有表演艺术的功底，表演艺术是教学艺术的基石。教学的艺术在于变化，表演的真谛在于"用心"。千金念白四两唱，扬长避短自知明。只要符合时代审美要求，只要学生欢迎，只要符合教学规律，表演艺术完全可以运用于课堂，课堂教学艺术可以革故鼎新，尝试探索。"出乎其内，故能有高致，出乎其外，故能有境界"。教学，教到最后，比的是文化。表演艺术，归根结底，是为教学服务。

第九章 课堂教学节奏艺术

课堂教学是一种高度复杂、精妙绝伦的艺术活动，就在于其节奏内蕴着丰富多彩、生动活泼的辩证法精神。而正是这些，构成了课堂教学艺术生动鲜活的面孔和朝气蓬勃的生机，使课堂教学艺术有了活的灵魂和永恒的生命力。

一、疏与密

中国的绘画艺术历来讲求疏与密的节奏变化。在绘画中，常见一座远山只需几笔浓墨点染，一树芭蕉也只消两三大笔横抹，而对一只昆虫却工笔细描，把它画得眉须可见、纹理可察，一对小翅膀轻微地振颤着，仿佛都能听见嗡嗡的飞鸣之声。在同一幅画中，疏与密相互映衬、互为依存，在两相对比中，显示出山的淡远、芭蕉的浑厚、昆虫的娇小玲珑，使艺术作品顿生美感。教学艺术亦应如此，有疏有密，疏密相间，方可显示出教学衔接紧凑、过渡自然的美。

教学中的疏（间隔大，频率小，速度慢）给人以徐缓、轻松的感觉，教学中的密（间隔小，频率大，速度快）给人以急促紧张的感觉。人的大脑，从兴奋和抑制的程度上说，在一定的时间范围内，不可能一直保持兴奋状态或一直处于抑制状态，而是表现出兴奋与抑制的交替出现；从记忆的角度来看，人的短时记忆的容量是有限的，一节课中，学生接受信息的密度，最终还是看他可以记忆贮存多少新的信息。按心理学的实验研究，人的短时记忆均值为 7 ± 2 个组块 (chunk)。因此，如果强调密而不疏，过分加快速度，加大信息的密度，超出了短时记忆的阈限，从头赶到底，会使大脑因长时间紧张而产生疲劳，反倒会使学生因噎废食，食而不化；而如果过于拖沓、稀松，只疏不密，也会使学生感到平淡无味，引不起兴奋与注意。

高明的教师总是深谙疏与密的辩证法，精心设计课堂结构，巧妙安排教学内容，合理分配教学时间，较好地控制教学的密度和速度。如从教学内容的角度而言，重点、难点往往是学生最难把握和理解的地方，这些地方需教师讲深、讲透、讲开，这时教师应放慢速度、缓缓而行，浓墨重彩，突出重点、分散难点；而对教学的非重点和学生自己可以掌握、理解的地方，却要惜言如金，点到即可，让学生自求得之，决不能主次不分、一灌到底。于漪老师在讲《荔枝蜜》一课时，便抓住一个"颤"字重锤敲打："教学时，我抓住'颤'这个词，要学生推敲'颤'是什么意思？为什么作者会'颤'？为什么会'不禁一颤'？'颤'以后流入笔端的是怎样的意思？怎样的感情？'颤'是抖动，这儿是因外因而产生的抖动。'工蜂'最多活六个月，整日整月采花酿蜜，生命却如此短暂，作者意想不到，他颤动了；作者被老梁的话猛然一击，情不自禁作出反应，所以是'不禁一颤'；这个'颤'是对'辛勤酿就百花蜜，留得香甜在人间'的小蜜蜂的赞美，是对小蜜蜂短暂的生命所显示的意义和价值的领悟。所以，紧接着是发自肺腑的赞美——'多可爱的小生灵啊！'紧接着又融情于理，评述蜜蜂对美化人类生活所作出的贡献。"① 于漪老师对一个"颤"字精雕细刻，展开来，又深下去，使学生从"颤"入手，较好地理解了全文的主旨。

从教学过程上讲，课堂的起始阶段，就如同小说的序幕，说书人的开场白。需要教师在较短的时间里，用简洁明快的语言，浓缩精练的温故，开门见山的释题，精巧绝妙的质疑，短小生动的故事，来激发学生的学习兴趣，调动他们的学习主动性和积极性；而在课堂教学的延展阶段，由于这一时段，学生的大脑处于较为积极的兴奋状态，因而教师要加大密度，增大强度，使学生集中注意力，进行高度紧张的学习活动，逐渐将教学推至高潮，此时学生的思维最为活跃，整个意识高度兴奋，情绪最为高涨，富有创造的激情，对于教师教学的反应是敏感而强烈的，因而教师更需要不失时机地抓住学生的注意力，给学生大脑以强刺激，使学生的思维如波涛不断翻滚，不断迸发出智慧的火花和创造力的光彩；高潮过后，教学则由密转疏，步调减慢、速度渐缓，在舒缓松弛中进入结课环节，这时教师用简洁的概括式结课，或意犹未尽的悬念结课，或情绪激昂的激励结课等，

---

① 王苏. 课堂教学的辩证法 [J]. 教育科学，1999，(1).

均能达到以疏化密的效果，让学生从整体上对教学内容加以把握，有利于学生对所学知识的巩固和内化。如此，整个教学才能表现出或激情夺魄、紧张刺激，或如沐春风、和缓轻柔，或有疏有密、疏密相间的节奏美来。

二、虚与实

"尝见一幅八大山人画鱼，在一张白纸的中心勾点寥寥数笔，一条极生动的鱼，别无所有，然而顿觉满纸江湖，烟波无尽"。① 一整张纸的"空白"却使人如入烟波浩淼、水雾霭霭之境。鱼自实出，水以虚生。这便是在绘画中巧用虚实相生的辩证法而创设出的"无画处皆成妙境"的艺术境界。在艺术创造中，"实"指逼真描写景、形、境，是客观事物的再现；而"虚"指由实所诱发和开阔的审美想象空间，它一方面是原有画面在联想中的延伸和扩大，另一方面是伴随这种具象的联想而产生的对神、情、意的体味和感悟，即所谓"不尽之意"。虚，并非空而无物，而在于虚中求实，通过对实的着力描写来拓展广阔的审美想象空间，创设无限遐想的幽远之境；实，也并非是对客观事物的僵化复写，而在于以实生虚，以虚为指导，对实进行艺术加工，使人体味真情实景中所蕴涵的意韵。虚与实相互依从、相辅相成，辩证统一于艺术整体之中，在虚实相映、相生中，使艺术品形神兼备。

课堂教学艺术也应如其他艺术一样讲求"虚实相映"的辩证法，力求将其渗透于整个教学之中，使教学既显"充实"之美，又得"空灵"之韵。教学中的实，指教师对教学内容进行全面、深入的讲授，给学生以知识的全貌，使学生理解、领悟和掌握基本的知识，以达成教学传授知识的任务；教学中的虚，即指教师在教学时有意识地留下空白，引起学生的联想和想象，追求启发思维的艺术效果。教学艺术当然要求"实"，要使学生具有坚实的知识储备，然而"水至清而无鱼"，过分地重实而轻虚，对教学内容条分缕析、面面俱到，把每一点都讲得清清楚楚、明明白白，不留余地，结果却可能适得其反，会使学生囿于条框之中，生搬硬套、机械模仿，而产生厌学情绪；教学也应讲求"虚"，有意识地布下知识的"空白"，以便学生有所思考、有所探索，让学生用自己的聪明才智，真情实感地

---

① 宗白华. 艺境 [M]. 北京：北京大学出版社，1987：102.

为"空白"涂染最亮丽的色彩,从而发展学生思维想象能力,提高学生的感受美、欣赏美、创造美的能力。然而,教学同时也应避免求虚轻实,否则会使学生产生如坠云雾、虚无缥缈之感,无从捉摸和把握教学意图,无法领会理解教学中的知识点及内容的主旨,亦达不到启人心智的教育功效。教师惟有因时、因境、因教学内容灵活地将虚与实辩证地统一于教学中,在教学中力求对教学内容进行鞭辟入里地讲授,使学生掌握、获得完整的知识,同时也应注重启发学生,创设想象空间,使学生能放飞思维,任其自由翱翔于五光十色的科学世界,去探索那里的知识宝库,去采摘那里的奇花异草,让自己思维的翅膀日益健壮,让想象变得生动丰满。

高明的教师总能在课堂教学的导课、高潮、结课等各个环节,巧妙、灵活地应用虚与实的辩证法,使教学充满无尽的意韵。他们由虚导入,创设情境、渲染课堂气氛,以求"未入其文,先动其情"之效,使学生在课之初始,便积蓄情感,启动情绪想象;在教学进行当中、在教学高潮之时,戛然而止,由实生虚,以设"此时无声胜有声"之境,让学生借助思维的"惯性",于无限的遐思中静心体味和感悟;当教学行至终点,即结课之时,或设置悬念,或埋下伏笔,以收"言已尽而意无穷"之功,使学生如嚼干果,如品香茗,回味无穷。特级教师李吉林在教《小白花》一课时,将背景画面(总理的遗像、有关的照片)与背景音乐融为一体,创设了悼念周总理的特定情境。学生在悲凉哀婉的音乐和教师舒缓低沉的朗读中,静静凝视着照片上的每个镜头,凝神入境,仿佛回到了当年的天安门广场,较为准确地理解了全文的感情基调。然后,教师运用情感的手段进行启发,字字含情、句句扣心,把学生一步步引向思维和感情的深处。这堂课由虚而入,在虚实相映、相生中,使学生的心灵超越那书本的狭窄阈限,而驰骋于令人神往的情理、真美交织的世界,在虚中不仅深刻地理解了课文中实实在在的知识、体验了其中所蕴涵的真情,而且让整个人的心灵境界得以净化、情感得以升华。

三、动与静

艺术创造活动极为强调运用动静相谐的辩证原理来创造极富美感的艺术佳作。如绘画本诉诸视觉,偏于静态,但古典画论却强调"静中有动"、"动静相生"的艺术境界。白石老人曾以老舍先生"蛙声十里出山泉"的命题作画,画中并不见鼓腮噪鸣的青蛙，只见乱石中泻出的清泉，杂生于溪边的水草，水洼里几只畅游的蝌蚪，但从乱石、溪流、蝌蚪构成的静态画面中，却让人隐隐听到了十里蛙声，不绝于耳。

动、静之于教学主要是就教学的外部表现而言。所谓"动"，指教学活动中的活跃状态，主要表现在师生共同对教学的积极参与，如教师生动形象的讲解，学生积极踊跃的发言；所谓"静"，指教学过程中是相对安静的状态，如学生在教师讲解疑难时的聆听，或教师在学生讨论、自学时的指导，这种状态表面看来或鸦雀无声、或舒缓平静，实际上是一种"外静内动，静中有动"的状态，静的下面是学生思维的跃动和创造灵光的闪动。因此，教学中的动，并非毫无章法、乱作一团，而是动中有静；静也并非"死水一潭，微波不兴"，而是静中有动，表现出教学动静相谐的美感。因此，教师在组织教学时，要精于设计，巧于安排，使教学有动有静、动静交替、错落有致，以便有效地消除疲劳，保持注意力的集中，提高教学效率。如把教师的悉心讲解、巧设悬念、质疑布难，学生的凝神细听、静心观察；学生的思考解答、激烈探讨、争疑辩疑，教师的悉心聆听；学生的动手探索物质世界里神奇奥妙，教师的细微指导；学生的自觉主动探索未知，教师的精心辅导等教学的双边活动，按照科学顺序有机搭配起来，使教学在"动"与"静"交替中有节奏地行进。缺乏经验的教师往往容易犯"自我中心"的毛病，在讲台上口若悬河，滔滔不绝，忙于演示板书，却不给学生留下静思、体悟的空隙，结果一堂课看似热闹非凡，却使学生应接不暇、顾此失彼，缺乏实效。优秀的教师犹如高明的导演，重视动、静的合理搭配与巧妙转换。总是在闹场后又会安排一个静场，以调和平衡观众的情绪及心境。正如有学者所说："课上，教师绝禁口若悬河滔滔滚滚地唱独角戏，而把不少时间留给学生默默自学；教师引导全班学生围绕某一专题沸水旋风似的热烈讨论，更给学生独自静静思考的充足时间；教师有时宛如率兵攻关一般地带领一班学生板演难题，却也回手给了学生悄悄演算或做作业的空儿，这实在是一种以逸待劳的高超的教学艺术。"[①]如兰州程应锯老师在教"等差数列前 n 项和公式"时，先板书画了这一简洁的图，

A B C D E F

---

① 东缨. 泛舟诲海 [M]. 沈阳：沈阳出版社，1992：215.

然后问学生:"以图中 6 个点为端点,你能得出多少条不同的线段?"学生经过观察和思考,得出以 E 为左端点的有一条,以 A 为左端点有 5 条。程老师接着追问:"如果是 N 个点呢?"此时,教室寂静无声,学生都在凝神而思,这一静场足足持续了 10 分钟,而后,程老师恰到好处地启发道:"从 F 点算起有 $S_n=1+2+3+……+n$ 条,从 A 点算起有 $S_n=n+(n-1)+……+1$ 条。学生立即领悟:两式一加,不就解决问题了吗?学生从程老师的教中不仅获得了本题的结果 $\frac{1}{2}n(n+1)$,而且也领会到推求任意等差数列前 n 项和的方法和思路。程老师高超的教学艺术不仅表现在他巧妙地运用了一动一静、动静相谐的教学节奏布局,而且造出了动中有静、静中有动的绝妙境界。在他的精巧的提问所制造的一个个静场中,课堂虽静,但其间却充盈着师生思维的万般跃动,学生思如潮涌,力图攻破难关,追寻问题中的玄机,而教师则暗自思忖、细心观察,学生的思维进展到哪里了?在什么地方驻足不前,无法攻克?是不是到了"愤"、"悱"之时?以便恰到好处地及时加以点拨,而收到意想不到的教学效果。

四、张与弛

古人云:"文武之道,一张一弛。"其实,在中国古代绘画中,张弛也常用来表现画中之节奏,需浓墨重彩之处,要着力下工夫;而需轻描淡写之时,即以寥寥数笔,轻松而过,在张弛之间给人无限美感。课堂教学也应有如"文武之道","绘画之道",须讲求一张一弛、张弛相间,使整个教学一紧一松,一快一慢,松紧相替,快慢得宜,从而达到张弛有度的和谐美。

教学中的"张",一指教师在教学内容的处理上,应突出重点、难点,以此作为教学的出发点,旁征博引、举一反三、层层深入,使教学内容达到博约相依之效;二指在教学速度上,讲求以"快"取胜,步步为营、环环相扣;三指学生在教师的引导下,注意力高度集中、思维高度活跃、积极动脑,或议或练、或思或辩,师生在相互配合、共振共鸣中进行紧而有序的教学活动的有机状态。教学中的"弛",指在一段如"弓满弦"的紧张高潮之后的"缓冲"阶段,教学节奏逐渐舒缓,教师可利用游戏、讨论等形式营造轻松、愉快的课堂氛围,放松学生紧张的大脑,使学生在轻松中对所学的知识作一番梳理、归整,使所学知识得以融会贯通、巩固内化。心理学的研究表明,课堂教学中,学生的学习效率的高低与学习过程中大脑兴奋的持续时间的长短密切相关。一般来说，学生大脑的自然兴奋时间约为 20 分钟，随着学习过程的持续，大脑自然兴奋逐渐降低，开始出现思维疲劳现象和抑制状态，注意力开始分散。这为课堂教学中必须注重张与弛相互配合提供了科学依据，一味地讲张而无弛，进行高强度的教学，会使学生始终处于如"弦上之箭"的蓄势待发的高度紧张状态，容易使学生的思维迟滞，甚至出现断裂；一味地讲弛而无张，教学的密度过疏，速度过慢，则会使教学节奏拖沓，如和稀泥，易使学生精神松垮，注意力涣散，亦无法有效达成教学目的。

高明的教师总是能采取张弛有度的策略对教学加以统筹安排，在循序渐进的诱导中、情动心弦的感染中、紧张活跃的竞赛中使教学高潮峭拔而起，情感和思维在此获得最大的聚发，教学因张而变得有力、充实，不容人有喘息之机，使师生共同迷醉于教学力与美的境界。在大张之后，教学节奏渐趋舒缓，教学节奏因弛而变得恬静，此时的师生，犹如登上巅峰的揽胜者，愉快喘息之时，静静享受、体验着奋力攀登后所换来的无限风光，自在漫步于知识的图景之中。如有教师在教《记金华的两个岩洞》一课时，以游者的足迹为着眼点，分四个层次，层层推进。首先学生细读课文，明确了"泉流"是贯穿全文的线索后，教学节奏稍有松弛，教师又立即强化教学节奏，使学生大脑又进入紧张状态："让我们随着作者游览的足迹去观赏沿途风光。"当学生品味这部分内容，颇感景色美妙时，教师又进一步加强教学强度："沿途景色已如此佳妙，双龙洞、水壶洞又该是怎样的奇观呢？"当学生思考、争论、领略双龙洞的奇观后，思绪又一次放松，教学节奏又一次舒缓，教师再一次加强教学节奏："双龙洞景色奇特，那么冰壶洞呢？"这样一张一弛、一紧一松地往前推，学生的思维也不断地得到调动，学起来兴味甚浓。[①]

美国教育家海伦·凯勒说："我们接受教育要像在农村散步一样，从容不迫，悠然自得，胸怀宽广，兼收并蓄，这样得来的知识，就好像无声的潮水把各种深刻思想无形迹地冲到了我们的心田里。"[②] 诚然，就整个教学布局而言，应有张有弛、张弛有度。然而，深得张弛个中玄机的教师，却能将张弛之道运用得更加灵活机智、游刃有余。在他们那里，张弛之间并没有明显的衔接交替的痕迹和界

---

① 汪刘生，白莉. 教学艺术论 [M]. 南昌：江西教育出版社，1996：158.
② 默耕主编. 经典教学方法 [M]. 福州：福建教育出版社，1993：312.

限,而往往是互相渗透、相互配合,从而构成教学中更为精妙的节奏艺术。如有的教师在讲授重点、难点时,注意营造愉快和谐的教学氛围,运用幽默谐趣的语言、生动形象的例子,化难为易,深入浅出,使学生在轻松中领会和把握教学内容。这种精神轻松、情绪安宁的状态更有益于进行较为高效的智力活动。心理学的研究表明,在放松、安宁的"创造力假消极状态下",学生的联想能自由驰骋,情绪随意起伏,感知暗暗积聚,无意注意趋于集中,因而学生对知识的吸收也最快最容易。正是在这种张弛相间、相融的此起彼伏的流动过程中,学生神游于变幻多姿的艺术之境,俯仰难止,欲罢不能。

第十章 课堂教学倾听艺术

教育的过程是教育者与受教育者相互倾听与应答的过程。无论是苏格拉底的"上天赐人以两耳一目,欲使其多闻多见而少言",还是中国的"听君一席话,胜读十年书",都特别强调"听"的重要性。传统的课堂教学中或是教师喋喋不休地说,课堂充满了教师的"话语霸权"[1],或是多者的"言说",课堂热闹非凡,却各自为营,自说自听。而实际上,在教学中"最重要的不是述说,而是倾听——无条件地、全身心地、共情地倾听"。[2] 新课程改革中一个重要的理念是学会倾听,"我们应当追求的不是发言热闹的教室,而是用心地相互倾听的教室"。倾听受教育者的叙说是教师的道德责任,倾听教育者的叙说是学生的学习要求。教学倾听创造出相互关心、相互尊重、相互理解、共同发展的世界,在教学艺术的大花园中具有独特的魅力。研究教学倾听艺术,不仅可以在理论上丰富教学艺术的研究领域,而且在实践中可以为师生提供一定的倾听技巧。

一、教学倾听艺术的含义

倾听无论是在《礼记·孔子闲居》中为"倾耳而听之",还是《辞海》中的"倾耳而听",强调的都是"倾"与"听"的结合。的确,倾听并不等于听。听是听觉器官——耳朵对声波的单纯感受,是被动的无意识的行为;倾听则是主动获

---

[1] 一个经典研究表明,课堂上约三分之二的时间用于交谈,而三分之二的交谈时间又被教师把持着(Flanders, N., 1970)。见 Flanders, N., Analysing Teaching Behavior. Reading [M]. MA: Addsion-Wesley, 1970.

[2] 陈向明. 质的研究方法与社会科学研究 [M]. 北京:教育科学出版社,2000:384.

取信息的一种积极的有意识的行为,主要取决于主观意识。[1] 也就是说,倾听是人体多种器官综合运用的结果:耳朵要听,眼睛要观察,心灵要感受,大脑要思考,嘴巴要提问。所以,倾听是接收信息、确定其含义并对此进行反应的过程。它由三个连续的阶段组成:信息的接收,即耳朵对听到的言语信息或眼睛对观察的非言语信息的接收;含义的确定,即大脑对接收到的信息进行分析、加工、理解等思考活动,明确信息所包含的意思;对信息进行的反应,即或在内心接受、拒绝,或在言语上进行评价等。

教学既是一门科学,又是一门艺术。教学艺术是教师娴熟地运用综合的教学技能技巧按照美的规律而进行的独创性教学实践活动。[2] 在课堂中存在多种表现形式的教学艺术,倾听艺术即是其中之一。所谓教学倾听艺术是指师生在教学过程中应用倾听的方式并充分发挥倾听的独特艺术魅力从而提高教学艺术效果和水平的活动。[3] 它包含三个含义:首先,教学倾听艺术的主体是教师和学生。课堂教学是师生相互交流沟通从而达成精神上的交往的过程,缺乏任何一方的参与都构不成真正的教学。教学中没有纯粹的"没有述说的倾听",也没有"没有倾听的述说"。正是教师与学生的相互述说与相互倾听才构成了富有"生命活力"的课堂。因此,教学倾听既包括教师对学生的倾听,也包括学生对教师和同学的倾听,师生都是课堂教学倾听的主体,教学倾听是二者的共情倾听。其次,教学倾听艺术具有独特的魅力。教学倾听是师生复杂的生理活动和心理活动过程,是他们创造性的思维劳动。"在每个领域中出现的凡是值得被称为艺术性的活动,都必定具有审美意义"。教学倾听本身具有审美性的特点,师生的相互倾听创造的是一个和谐的交往关系和充满情感交融互动以及精神平等相遇和相通的"美"的课堂,这个审美意义使教学倾听焕发出独特的艺术魅力。再次,教学倾听艺术的目的是对生命的尊重、关心、呼应和理解。教学倾听不是为了倾听而倾听,也不是为了完成教学目标而倾听。在课堂教学中,师生间通过相互倾听彼此的真实声音,走进彼此的内心世界,产生情感共鸣、思维碰撞,体现了对彼此生命的尊重、关心、呼应和理解,演绎出了彼此生命的精彩。这是教学倾听艺术的最高境界。

---

[1] 康青. 管理沟通 [M]. 北京:中国人民大学出版社,2006:217.
[2] 李如密. 教学艺术论 [M]. 济南:山东教育出版社,1995:85.
[3] 史金榜. 课堂教学倾听艺术 [D]. 山东:曲阜师范大学硕士论文,2008:8.

二、教学倾听艺术的功能

(一) 沟通交流功能

教师与学生沟通交流的方式很多，但都离不开倾听。"一个人倾听另一个人的讲话并作出反应的方式，对于建立互相间的满意关系，并进而进行有效的交流起关键作用"。[1] 教学倾听意味着相互间可以获得更多的了解。教师通过倾听了解到学生的各种欲望、需求、价值观、所思所想，触摸到学生的思想脉搏，探悉到学生潜藏在心底不愿为人所知的秘密；学生通过倾听，了解到教师对世界的观点、对人生的看法、对言语的理解以及教师对他们所思所想的所感所悟。也就是说，教学倾听使师生探究彼此的心灵世界，走进彼此的内心世界，相互之间增进了解。"当（倾听）这一过程被阻断或者处于混乱无序的时候，师生之间的交往和沟通就将陷入困境，教育的危机也将随之出现"。[2] 因此，教学倾听涉及的是师生心灵与心灵沟通交流，实现的是师生情感的交融和生命的提升，具有沟通交流功能。

(二) 益智增效功能

教学倾听是获取教学信息、提炼教学信息、交流教学信息的有效途径之一，它既可以促进学生各方面智力的发展，又可以提高教学的质量和效率。教学倾听的内容、形式以及倾听的过程等对于学生有很大的益智作用。从倾听的内容上看，他人所表达的观点或看法以及在这些观点或看法背后所渗透的知识背景、思维方式、态度情感、动机需求等等可以促进学生包括智力发展在内的各方面发展；从倾听的形式上看，通过倾听能引发认知冲突和自我反思，深化认识，激发灵感，唤起学生自主、积极地投入学习；从倾听的过程上看，倾听虽然是瞬间的内化过程，但却是学生的多种智力因素如注意力、观察力、记忆力、思维力、想象力等的协调综合活动的结果。因此倾听对学生的各方面智力的开发起着极大的促进作用。学生倾听艺术的高低与学习效果密切相关，成绩优秀的学生往往是会

---

[1] ［加］江绍伦. 教与学的心理学 [M]. 邵瑞珍等译. 南昌：江西教育出版社，1985：127.

[2] 海德格尔. 面向思的事情 [M]. 陈小文译. 北京：商务印书馆，1999：125.

倾听的学生。

对于教师而言，通过倾听，可以获取大量的有关学生学习方面的内容，了解学生掌握难点、疑惑点的情况，把握教学的层次，并对倾听捕捉到的信息进行判断、提炼，依据学生的有用信息调整教学行为，提高课堂教学的诊断与反馈效率，为调整教学进度和方式提供依据。善于倾听的教师，还能挖掘学生的智力潜能，丰富自己的教学内容，积累更生动的教育资源，以达到更好地指导课堂教学的目的。这些都可以提高教学的质量和效率。

（三）实现主体价值功能

主体性是"作为主体的人在与客体、他人和自我的现实复杂关系中并通过自然、社会、他人、人与自我关系的丰富多样活动形式中展现出来的功能特性"。[①] 主体性教育的最终目的是人自身的发展、完善和价值的实现，而倾听是"强调对人的尊重"的主体性教育的体现，它能使师生以主体的身份参与教学，在教学中促进主体的发展，实现各自的主体价值。对学生来讲，教师真诚地倾听，就是把儿童作为一个独立的生命体来接纳，在接纳儿童优点的同时，也接纳了儿童的缺点，就是把学生视为鲜活生命的存在而非"物"的存在，允许学生从自己的感受、经验、知识等出发对有关内容进行陈述，表达自己的见解和观点。这种倾听的过程有理解、接纳、期待，这会使学生体会到尊重、平等，感觉到鼓励和欣赏，这些都是学生实现自身主体价值的动力。对于教师来讲，课堂教学中的倾听使之不再是"灌输者"的角色而是"引领者"的角色。"引领者"的角色意味着把学生当作一个有着自己独立精神世界的、自主的、不断自我建构的生命个体，意味着教师不是真理的垄断者和布道者，而是和学生一起追求真、善、美的志同道合的朋友和伙伴，这就是教师在教育活动中实现自身主体价值的最好体现。[②]

三、教学倾听艺术的技巧

教学倾听是视觉、听觉、触觉、运动等综合的多样性活动，是"眼、耳、口、

[①] 张传燧. 教育的主体与主体性教育散论 [C]. 全国主体教育第五届年会论文，2001.

[②] 李镇西. 民主与教育——一个中学教师对民主教育的思考 [M]. 成都：四川少年儿童出版社，2004：138.

脑、心"全力配合、融合多种艺术手段的活动,教师掌握并运用一定的倾听艺术的有关技巧,可以增加教学倾听的艺术性,从而使教学倾听更加有效。

(一)优化环境:倾听真实言说

众所周知,倾听和表达是一枚硬币的两面,众口一词的唯唯诺诺没有必要倾听,没有听众的自言自语也无所谓表达。教师要想倾听到学生的真实言说,必须注重优化课堂心理环境。课堂心理环境是指学生对课堂环境、课堂气氛的个人感知和理解。课堂心理环境与教学倾听有密切的关系,主要是通过影响述说的真实性与准确性来影响倾听的。在不良的课堂心理环境中,学生的情绪处于紧张激动或厌烦焦躁的状态,易产生对抗心理,出现沉默或不真实的述说,倾听者就难以听到述说者的真实的声音,失去了倾听最初的意义。因此,要想提高倾听的实效,必须创设健康的课堂心理环境,为学生提供一个"心理安全、心理自由"的空间,让言说者在民主平等、轻松愉悦的氛围中敢于表达,善于表达,乐于表达。

良好的课堂心理环境的创设在理念上需要教师民主平等的意识。实质上,教师民主平等的意识是对话语权的尊重也是对学生的尊重,一旦教师转向学生开始倾听,就意味着一种迎接和承纳:不是把学生作为单纯的对象来接纳,而是把学生作为一个鲜活的生命来接纳。这种接纳也表明了一种真诚的平等和尊重,是一个生命对另一个生命的尊重。民主平等意识理念下的健康的课堂心理环境接纳了专注和警觉、鉴赏和学习、执著和冷静、参与和体验等倾听态度,使学生在无压力、无忧虑的环境中无所顾忌地对话、交流、沟通,使真实的表达充满课堂。

(二)保持敏感:倾听全部信息

教学不仅需要倾听到真实的言说,还需要倾听到全部的信息。耳朵是"最由精神决定的器官"[1],它要和多种器官如眼睛、大脑等相互配合才能接收到全部的信息。因此,需要教师保持高度的敏感性。教学倾听中的这种敏感性表现为既能听出学生认知方面的信息,又能听出学生情感方面的信息;既能听出言语信息本身的含义,又能听出信息的言外之意、重要之处;既能从言语信息中倾听到有用的信息,又能从非言语信息中倾听到有用的信息。即把隐藏在沉默、话语或其他方面背后的声音转化为意义,捕捉到学生真实的信息,进而通过人的"能在"而

---

[1] 克尔凯郭尔(S. A. Kierkgeard). 非此即彼. 转引自:李政涛. 倾听着的教育——论教师对学生的倾听[J]. 教育科学,2001,(11).

理解"现在",实现"现在"。这正如杜威所说的:"教师不仅要感受到儿童用文字表达出来的意义,而且要注意到身体所表现出来的各种理智状况……教师不仅要了解这些表现的意义,而且要了解学生思想状态所表现出来的意义,了解学生观察和理解的程度。"[1] 一位教师在讲授初中数学"函数与变量"时,细致地观察了学生脸上的表情,用眼睛敏感地倾听到了学生非言语信息从困惑到自信到体验到点头的变化,并读懂了非言语信息背后的意思,引领着学生的思维一步步向教学目标前进,收到了较好的教学效果。[2] 因此,教师要对来自学生的每一个声音所隐含的价值保持高度的敏感,通过察言观色,从学生的副语言(音质、音量、声调、语速、节奏等)、手势、面部表情、眼神、体态、距离等来洞察他们的内心世界,感知他们在情绪、情感和建构意义方面的主动性,理解他们内心的思想、感情和愿望,进而将其转化为有用的信息,做出恰当的后继行为,从而提高教学的效果。

(三)时时思考:正确理解信息

"无听之以耳而听之以心"强调在倾听过程中"心"的重要作用。的确,倾听是需要心、脑等参与的复杂的思维加工过程。倾听与理解是不可分割的,没有理解的纯粹倾听是不存在的。[3] 这就需要在倾听时时时思考并借助于听的记忆力、想象力、选择力等正确理解接收到的信息的真实含义。"要衡量信息的信度、理解说话人的述说、思考呈现的思想、怀疑信息的有效性、归纳说话人的主题思想、获知省略的内容、思考怎样完善信息等"。[4] 为正确理解信息所传递的真实涵义,师生既可以不断地在内心反思回答这些问题:"他正在说什么?""他说得正确吗?""他为什么要这样说?"等,也可以采用"释义"的技术,即公开地说出自

---

[1] [美]约翰·杜威. 我们怎样思维·经验与教育[M]. 北京:人民教育出版社,2005:224.
[2] 详细教学过程见:盛志军 http://www.syue.com/Paper/Teaching/Mathematics/2009/0516/261269.html,2009-5-20.
[3] [德]伽达默尔. 论倾听[J]. 安徽师范大学学报(人文社会科学版),2001,(2).
[4] 施良方,崔允漷. 教学理论:课堂教学的原理、策略与研究[M]. 上海:华东师范大学出版社,1999:257-258.

己对他人讲话的理解，以便有意地核对这种理解是否正确。① 通过反思和"释义"，师生不仅进行了认真的思考，理解分析发言内容以及原因，而且传达了自己的关注和兴趣，对方也就乐于进一步倾诉自己的想法和观点。

教学倾听时的思考理解的意义对于学生而言主要在于准确获知信息含义，对于教师而言，还在于为后继的反应提供依据。思考理解之后，教师往往要决定采取什么样的反应：或是对观点的点拨，或是对此展开讨论，或是回味精彩的述说，或是进行价值评判和引导。在教学《我的伯父鲁迅先生》一文时，有学生陆续站起来提出了这样一些问题：本文的作者是谁，他现在在什么地方干什么？本文作者的父亲是不是一个革命者？鲁迅先生为什么会受到那么多人的敬重？鲁迅先生的鼻子真的是碰壁碰扁的吗？等等。教师在倾听这些问题时就要做出思考判断，将问题进行归类，分析出那些能切中文章要害、把握文章本质的问题，抛弃那些离题万里，与文本八竿子打不着的问题。像本文的作者是谁这样简单的问题，就可以让学生相互间解决，像本文的作者现在在干什么，他的父亲是不是革命者，与本文内容关系不大，可让学生课后阅读课外资料解决。而像后两个问题，教师要紧紧抓住，展开讨论，引导学生重点解决。

(四) 耐心等待：展示倾听智慧

学生的声音如同花开的声音，需要耐心等待。"没有耐心的倾听，就不可能有慧心去发现一颗颗独特、鲜明、美丽的心"。因此，耐心等待是教学倾听的智慧。教学过程中许多原因需要教师的温情、冷静而富有智慧的等待：或是学生需要时间思考问题；或是在心里组织表述语言；或是有创新的想法要慢慢道来。因此，当学生言语结巴的时候，当学生说错话的时候，当学生"欲言又止"的时候，当学生沉默的时候，教师要耐心等待，不能轻易打断学生的言说，或让其他学生帮助回答，或越俎代庖和盘托出答案，要保持一份耐心倾听的智慧。善于等待的课堂不是浪费时间，而是教师的一种专注，这种专注是对学生无声的期待和信任，是对学生无形的鼓励和支持。在倾听过程中耐心等待，在等待过程中无声鼓励，这是一种"此时无声胜有声"的高超课堂驾驭能力的体现。教师静静地等待，等来的不仅有学生趋于正确的回答，更有学生对老师的敬重，对学习的自信。

---

① 海鸳."理想的说话者"与"理想的倾听者"——教师职责之检讨 [J]. 天津市教科院学报，2002，(10).

(五) 注重反馈：提升倾听质量

心理学家认为，沟通必须有反馈，光有单方面的信息输出，沟通就会无法进行。在倾听过程中，当倾听者不向言说者反馈任何信息，言说者自由地表达自己的观点时，由于缺乏交流，倾听者往往误解言说者的信息，言说者由于得不到反馈而可能进行错误的判断。当倾听者不但向言说者积极反馈言语和非言语的信息，而且真诚地体验言说者的经历或感情并对这些感情做出反应时，双方能引起思维的共振和情感的共鸣，使信息得到正确的理解，使问题得到更深入的讨论。课堂教学中师生在具体的情境中不断变换言说者和倾听者的角色，就如"你站在桥上看风景，看风景人在楼上看你。明月装饰了你的窗子，你装饰了别人的梦"，这使得相互的反馈显得更为重要。

教学倾听时的反馈有许多种，包括传递师生倾听意愿的言语、非言语信息和教师的及时的评价、鼓励等，这些都可以使彼此的思维向纵深处发展，给人以新的启迪。言语性的倾听用语如"嗯"（表示"我在听呢，请继续说吧"）、"对"、"是"、"是啊"（表示"你说得对，请继续说吧"）、"哦"、"真的啊，还有这事"（表示"原来是这样啊，我以前不知道，请继续说吧"），非言语信息如面带微笑、友善而放松的表情（表示接纳和有兴趣聆听的意愿）、频频地点头（表示"我明白"，"请继续讲"等意思），这些行为都可以向对方反馈自己愿意倾听的态度。

对言说给予肯定或否定的评判并说明理由是教学倾听的重要反馈之一。及时、中肯的评价不仅能够实现知识的准确传递，指导思维方式，实现良好的教学双向交流效果，而且对学生的发展及学习积极性、学习效率都将产生重要影响。因为课堂上的发言是转瞬即逝的，一旦错过，就可能再难碰上，因此评价要及时；因为含糊其辞和空泛的评价会使学生产生误解，不利于问题的解决，因此评价要具体明确、准确无误。通常，教师的评价要注意用简洁的语言把学生言说的重点重复一遍，然后点评。这样做，既表示教师对学生言说的重视，又能帮助学生加深对自己言说的理解。在做出否定评价时，要注意措词，讲求技巧，既要指明错误，又要保护学生的积极性，鼓励学生。

"风流不在谈锋健，袖手无言味正长"。教学倾听既是一门艺术，也是心理品质在听觉方面的具体表现。掌握教学倾听的艺术，养成教学倾听的习惯，感受教学倾听的魅力，这样就能逐渐相互理解，提高课堂教学的效率，感受到教学带来的快乐。

第十一章　课堂教学比喻艺术

比喻是一种古老而富有生命力且用途十分广泛的传统修辞手法，它说理则理趣浑然，状事则事情昭然，绘物则物态宛然，抒情则情意剀然，素为人们所青睐，被誉为辞格中的"巨无霸"。[1] 它不仅是一种修辞手法，也是一种认知方式，教师把比喻这种方式移植到教学中，可以化抽象为具体，化深奥为浅显，化繁难为简单，有效地激发学生的学习热情，提高教学效率。

一、教学比喻的内涵

比喻是一种修辞手法，指"根据联想，抓住本质不同事物之间的相似点，用一事物来描写所要表现的另一事物的修辞形式"。[2] 比喻不仅是一种文学修辞手法，更是一种认知方式。比喻的认知方式就是"通过把不同的认知领域相互联系起来，刺激、导引认知主体采取有效的认知策略，唤醒记忆储存与知觉表象，调动丰富的联想与想象，展开敏锐的对比与推理，将某一领域的知识、经验投射映现到另一个领域，用熟悉具体的经验结构去说明阐释陌生抽象的经验域，并由此引起相应的情绪体验，最终达到对要认知的目标领域的事物做出正确的识别、判断与评价的认知目的"。[3] 从人类认知能力的发展来看，人们最初认识事物多是具体的，当认知发展到高级阶段，就能够根据已知的具体事物的概念或者经验认识抽象的事物。学生的认知发展也是从具体到抽象，从简单到复杂的过程。因此，

---

[1] 聂炎. 比喻的认知功能 [J]. 西北第二民族学院学报（哲学社会科学版），2006，(2).
[2] 骆小所. 现代修辞学 [M]. 昆明：云南人民出版社，1994：121.
[3] 袁梅. 论比喻认知的特性 [J]. 人文杂志，2001，(5).

在教学中教师要善用比喻这种符合学生认知规律的方式。教学比喻就是把比喻这种修辞手法移植到课堂中,利用学生已知事物与新知识之间相似的特征作比,解释说明新知识的疑难之处,并配合正面讲解,以实现教学目的。

二、比喻在课堂教学中的作用

（一）化平淡为生动，活跃课堂气氛

随着课改的进行，课程虽然增加了一些活动，但是课程内容仍多是按照学科逻辑来编排，在知识的呈现上多注重知识之间的系统性，而较少关注学生的生活经验和兴趣。教师由于考试评价的压力，课堂教学中也多采用灌输、重复、强调的方式，使得课堂缺乏活力，学生缺乏学习兴趣。学生能够保持高度的注意力的时间是有限的，如果老师一直不停地在讲解一些枯燥的概念、原理，学生的大脑就会进入抑制状态，对学习提不起兴趣来。语言学家帕墨曾说过："人们听到一个东西老是直来直去的那么一种说法，就会感到厌倦，而那种需要听话人费力去想象思考的比喻说法，则往往使人感到兴奋。"[1] 如果教师在讲授知识点的时候采用比喻的方式，可以使知识生动活泼，有效地调节课堂节奏。比如老师在讲授热胀冷缩时可以通过一个故事引入课题：我国的东北城市哈尔滨到长春之间的电话线，每到严寒的冬天，量一量电话线的长度，便有上百米的电话线不翼而飞，然而电话仍然畅通，公安部门对这个"盗贼"视而不见，置若罔闻。原来这个盗贼是不可抗拒的物理规律之一——热胀冷缩。[2] 其实这个物理现象并不难懂，用盗贼比喻它可以增加趣味性，把枯燥的知识讲得情趣盎然，学生学习的热情也被调动起来了。

（二）化解教学难点，提高教学效率

在学科教学中，尤其是理科类的课程中，有许多的知识抽象、繁难，学生很难理解掌握，是教学的重点和难点。如果总是用一套学术的语言来讲解深奥繁难的知识，教师不仅需要花费大量的时间，学生也需要付出更多的精力。即使这样学生还有可能对新知识一知半解，达不到预期的教学效果。而比喻多是用具体

---

[1] 段振良，魏启君. 论比喻的美学指向 [J]. 时代文学，2008，(4).
[2] 李光晨. 中学物理教学中的比喻和类比 [M]. 石家庄：河北教育出版社，1989：6.

的、大家熟知的、浅显的去比抽象、陌生、深奥的，这种教学语言生动活泼，符合学生的认知规律，能够很好地把抽象的概念、繁复的理论转化成学生熟知的易于理解的生活事物。比如在生物教学中教师在讲解血液循环有关的知识时，把血液比喻成"火车"，把血管比喻成"铁轨"，把心脏比喻成"加油站"，把身体各器官比喻成"停车点"。火车无论到哪里都要走铁轨，离开了铁轨，火车就寸步难行，这正如血液必须在血管中流淌一样。火车行进一段时间就要到加油站加油；火车无论到哪个站点，都要有上车或下车的：地点不同，上车或下车的自然不同。血液循环岂不也是如此，它有固定的路线，而又遍布全身，每到身体的一个器官要么送下物质，要么带上物质，在行进的过程中心脏就是推动血液前进的动力器官。尽管那么复杂，而同时又是那么井然有序。[1] 本来需要花费大量时间来讲解的知识通过形象的比喻学生很快就能掌握了。在教学中运用比喻能够有效地降低知识难度，有时寥寥数语就能胜过千言万语，让人豁然开朗。

（三）激发学生想象力，培养创造性思维

本体与喻体不同类的事物是通过想象这座桥梁联系起来的，而想象力是创造性思维的一对翅膀。许多的创造发明都得益于想象，爱因斯坦之所以能发现相对论，就是因为他能经常保持童真的想象力。安培研究磁现象的电本质时，联想到通电螺旋管的磁性与条形磁铁相似，提出了"分子电流假说"，从而揭示了磁现象的电本质。教师在教学中经常运用比喻，通过联想把本质完全不同的事物联系起来，在潜移默化中激发着学生的想象力，培养他们的创造性思维。教师不仅要善用比喻，也要积极引导学生善于从不同事物之间通过联想、对比，找到其中的相似点。从对事物具体形象的感性认识，通过大脑的想象、分析，迁移到其他的事物上去。比如教师在信息技术课上把计算机的硬件比作人的躯干，可以引导学生想象软件好像人的什么，或者说人的眼睛和鼻子和计算机的哪些功能相似。教师作的比喻可以使学生理解知识更加容易。但是如果学生能够从现实生活中找到与所学知识相对应的事物，说明学生已经理解掌握了新知识的本质，并与自己原有的知识经验联系起来了，对知识的理解记忆更加深刻。

---

[1] 王传玲. 例谈比喻在初中生物教学中的作用［J］. 当代教育科学，2007，(11).

三、课堂教学中运用比喻的原则

(一) 同构性原则

在课堂中运用比喻的手段可以提高教学的效果,其中喻体的选择是非常重要的。在语文修辞上,构成比喻的一个很重要的原则就是同构性原则。也就是说,本体与喻体之间必须有相似之处,这是构成比喻的必要条件。教师在教学中运用比喻,选择的喻体必须与比喻的主体在教学所需要的特征上有相同或者相似之处,否则也就失去了比喻存在的意义。事物是具有多方面属性的,本体可以用多种事物来比喻,同一喻体也可以解释说明不同的事物。因此教师要深刻理解所要教授的内容,把握其本质,才能根据教学的需要从生活中找到最为恰当的喻体。在课堂上运用时还要加以解释说明,学生才能领会其中的内涵。如果喻体选择得不确切,或者牵强附会,那么不仅达不到化繁为简的功能,有可能还会误导学生,产生负面的影响。例如教师为了说明气体压强的微观理论,把气体分子比作排球,每个排球运动员手中拿一个排球,运动员把排球向墙上扣杀,球弹回来后又被其他运动员接住并接着向墙上扣杀,这样墙就不断地受到球的撞击,这种撞击产生的平均效果就是墙所受到的压强。这个比喻就不够确切,要想说明气体压强的微观机制,重点应该说明的是大量分子对某个面积持续碰撞的统计平均效果。而排球运动员向墙面扣球,墙面所受到的撞击只是有限的点,在时间和空间上都不连续,学生对平均效果理解起来就不是很清楚。[1] 如果教师可以用雨点打在雨伞上作比,就能帮助学生更恰当地认识气体压强。

(二) 新颖性原则

本体与喻体必须在某些方面极其相似,但是他们却在质上完全不同,这才能构成比喻。尽管注重本体与喻体之间的相似性更能充分地解释说明教学内容,但是如果在喻体的选择上独具匠心,看似风马牛不相及的事物经过教师的解释能够建立一定的联系,便能给学生一种新奇感,吸引学生探究两者之间的内在关系。现代心理学的"差异理论"表明:能够引起人们注意的,不是司空见惯、规圆矩方、与日常内心图式雷同的形象,也不是深奥难解、混沌迷蒙、与日常内心图式

---

[1] 李光晨. 中学物理教学中的比喻和类比 [M]. 石家庄:河北教育出版社,1989:19.

毫不相干的形象,而是与欣赏者内心图式相似而又有一定差异的形象。[①] 因此,教师在选择喻体时既要兼顾教学内容与所选喻体的相似性,同时也要尽量地选择新颖的喻体。这样不仅可以有效地使知识点变得简单,还可以极大地吸引学生的注意力,让人记忆深刻。比如把电荷比作法国香水——敷上它就能够吸引异性。电荷与香水在质上属于两种完全不同的事物,但是通过奇妙的想象将二者联系起来,就在本体与喻体之间产生一种张力,给学生留下深刻的印象。

(三) 审美性原则

教师采用比喻的形式是为了让深奥的内容浅显些,让抽象的知识形象些,采用的比喻首先要服务于教学的目标。但是教学过程不仅仅是传授知识,同时也具有教育的功能,在教学的过程中培养着学生的品质和素养。而这个过程有时是外显的,而有时就体现在潜移默化的过程中。巴班斯基曾说过:"教师上课的语言之所以要有趣味性,并非为了引起笑声而消耗精力,而是为了使课上所学习的知识和掌握的材料积极化。"教师不能为了活跃课堂而哗众取宠,用一些低级庸俗的比喻,只为赢得学生一时的欢笑。优美的比喻能给人带来一种悠远的意境,给学生带来想象的空间。比如地理课上教师在讲到极光时,把变幻无穷、色彩缤纷的极光比作随风飘舞的万匹彩缎,流向天际的绚丽巨伞。学生从教师的这个比喻中,眼前似乎就出现了极地上空美丽的极光,同时也感受到比喻的形象美与贴切美。

(四) 生活性原则

在一个比喻中,通常喻体是熟悉的、具象的、浅显的,而本体是陌生的、抽象的、深奥的。建构主义认为学习不是被动接收信息刺激的过程,意义是学习者通过新旧知识经验间的反复的、双向的相互作用过程而建构成的。因此,学生原有的知识经验对于接受理解新知识具有重要的作用。教师只有选用了学生经验之内的事物才能帮助学生理解新知。如果教师选择的喻体离学生的生活很远,即使与本体有再多的相似点也是失败的。喻体超出学生经验之外,不仅不能很好地说明问题,有可能还会造成新的疑惑。比如生物老师在讲解关节腔、胸膜腔的负压时,如果只是说负压就是低于大气压,学生理解不会很深刻,将它比喻成两块平

---

① 徐秀芝. 远程比喻的生成理念和心理机制 [J]. 东北师大学报(哲学社会科学版), 2005, (3).

板玻璃之间加入少量水的状态,在未加水之前,两块玻璃之间可以任意分开,而在加水将空气赶走,使之成为负压状态后,平行分离很容易,但若要将两块玻璃垂直分开是十分困难的。① 这个比喻能够很好地说明负压,但是如果学生没有两块平板玻璃加上少量水之后很难垂直分开的生活经验,就会对这个例子产生怀疑,不仅不能达到解释负压的目标,还造成了新的问题。因此,教师要了解学生的生活背景,不要选择学生不熟悉的或者涉及过多背景知识的事物来作比喻。

(五) 有限性原则

比喻可以起到活跃课堂、化繁为简的作用,一般情况下,教师在讲到知识内容的重点或难点时,学生对抽象的概念或者深奥的原理难以弄明白时,可以运用比喻的形式使得知识简化。而且比喻的作用也是有限的,本体与喻体毕竟只是在某些方面具有相似性,不可能吻合得天衣无缝。它可以帮助学生更加容易地理解一些抽象的或者深奥的概念,但是它不能完全替代对这些概念、原理的正面阐述。教学比喻,并不是以粗浅的事例代替科学精准的理论,更不是用随便的玩笑代替细致准确的讲解,而是要紧扣教学目标和要求,把握概念的本质和特点。根据具体问题,做到言之有物,言之有理,言之有据。② 因此,教师不仅在运用比喻时要解释清楚两者之间的具体的相似点,还要在比喻用完后,趁热打铁,强调概念或者原理的本质并注意把学生的思想引向更高的境界,发展学生的抽象思维。运用比喻在说明问题后就应该适可而止,不能大加渲染,否则就会喧宾夺主,分散学生的注意力,反而收不到预期的效果。

巧妙的比喻是一种智慧,像一只神奇的魔术棒,将艰涩的知识变得那么有趣;巧妙的比喻是一种智慧,像美丽的织锦,给学生呈现生动的画面;巧妙的比喻是一种智慧,像瑰丽的花朵,给我们带来美的享受;巧妙的比喻是一种智慧,像睿智的哲人,引起我们的不断反思。在课堂教学中运用比喻的方式,可以活跃课堂气氛,调动学生的积极性,提高教学效果。但是教师要想在课堂中巧妙地运用比喻,发挥比喻在课堂中的作用,首先老师对所讲内容有深刻的理解,只有对教学内容有透彻的认识,才能把握其本质,选择的喻体才说明本体的性质或特点。其次,老师要不断提高文学修养,所选取的喻体才更加新颖,具有审美性。

---

① 曹世民,文诗琪. 解剖生理教学中比喻的运用 [J]. 卫生职业教育,2005,(13).
② 王启乐. 教学比喻在课堂中的使用 [J]. 新课程研究,2007,(11).

最后，老师还要热爱生活，用心体悟生活的细节，等到教学运用比喻时才能信手拈来，而不至于苦思冥想找不到素材。教师在课堂教学中要善用比喻，巧用比喻，绽放课堂比喻艺术的魅力之花。

第十二章　课堂教学隐喻艺术

课堂教学是知识生成和理解的关键场所，师生在其中发挥着自主能动性。隐喻既是一种修辞方式，更是一种认知思维方式。教师在课堂教学中巧妙运用隐喻艺术，可使课堂教学朝着学生更易接受和更加喜爱的方向发展。本文拟对课堂教学隐喻艺术进行探讨，以丰富教师对课堂教学艺术的认识，并有助于提升其课堂教学艺术的水平。

一、课堂教学隐喻艺术的内涵

隐喻是一种极为常见的语言形式，在日常生活中普遍存在，无论是平时交流，还是学者著作，常常可见隐喻的影响。对于隐喻的内涵，《辞海》将其解释为"比喻的一种。本体与喻体的关系，比之明喻更为紧切。明喻在形式上只是相类的关系，隐喻在形式上却是相合的关系。本体和喻体两个成分之间一般用'是''也'等比喻词"。[1] 传统的隐喻观正如《辞海》所释，认为隐喻仅是一种修辞手法，即比喻的一种，"根据联想，抓住本质不同事物之间的相似点，用一事物来描写所要表现的另一事物的修辞形式"。[2] 亚里士多德对其所作定义是"隐喻通过把属于别的事物的词给予另一个事物而构成"。[3] 因此，中外传统意义上的隐喻观都是将其作为语言层面的修辞手法，将两两事物之间的相似性作为隐喻存在的基础，强调借用一物来形象地说明另一物。

---

[1] 转引自束定芳. 隐喻学研究 [M]. 上海：上海外语教育出版社，2000：21.
[2] 骆小所. 现代修辞学 [M]. 昆明：云南人民出版社，1994：121.
[3] 束定芳. 隐喻学研究 [M]. 上海：上海外语教育出版社，2000：22.

现代隐喻理论则明确地把隐喻看作一种认知现象,认为隐喻不仅是一种修辞活动,更是人类的思维认知活动,同时必须是存在于一定的语境中才有意义。理查兹(Richards)指出,"传统的隐喻理论最大的缺陷就是忽视了隐喻从根本上讲是一种思想之间的交流,是语境之间的互相作用。人的思维是隐喻性的,它通过对比而进行,语言中的隐喻由此而来"。[①] 人们日常生活中充满着隐喻,隐喻于我们无处不在,是人们思维的基本形态之一。因此,现代隐喻观将隐喻定义为"在彼事物的暗示之下认知此事物的语言行为、心理行为和文化行为"。[②]

作为学生基本学习活动的课堂教学,也同样存在着大量的隐喻现象,无论是作为客观存在的课程文本,还是活生生的师生在教学活动中你来我往,皆是隐喻存在的基础。而课堂教学中的隐喻经过教师的巧妙发挥,抑或教师根据教学情境的发展创设隐喻,或隐或显地对教学产生积极作用,便可称之为隐喻艺术。因此可将课堂教学中的隐喻艺术定义为,在课堂教学中,教师将其中已存在的隐喻进行巧妙发挥或创设符合情境的隐喻,让学生在彼事物的暗示之下认知和感悟此事物,从而或隐或显地对学习产生积极作用的教学活动。

二、课堂教学隐喻艺术的特征

关于教学隐喻的一般特征,已有研究者将之归纳为"情感与理智的统一"、"存在的广泛性"、"价值的多样性"等。[③] 而作为课堂教学特殊存在的隐喻艺术,则具有如下鲜明的特征:

(一)生动形象性

在彼事物的暗示之下认知和感悟此事物,是课堂教学隐喻艺术对于学习产生作用的基本形式。在课堂教学中会有许多取自自然和生活的隐喻,使追求抽象和逻辑的知识课堂同时具有了生命活力和个性化体验,令人倍感亲切。

可以说,生动形象性是课堂教学隐喻艺术诸多特征中最重要的一个,这是因为使用隐喻艺术的目的在于创造形象化表达,新奇的形象性往往让人难忘,进而

---

① 束定芳. 隐喻学研究 [M]. 上海:上海外语教育出版社,2000:27.
② 转引自王秀国. 语文课程中教学隐喻的探索 [D]. 济南:山东师范大学,2009.
③ 高维. 教学理论中的教学隐喻研究 [D]. 南京:南京师范大学,2010.

达到一种吸引学生注意、同时引起学生联想的目的。许多晦涩抽象的道理在隐喻化的表达下，会让人有种豁然开朗的感觉。在课堂教学中，教师可用取自自然和生活之中他们业已熟知的事物与课堂教学中初次接触的知识和理论相联系，由此及彼，层层递进。

课堂教学中的隐喻艺术具有的生动形象性，既表现在由已知事物的形象中认识未知事物，也表现在用隐喻这种修辞手段、诗性化的语言，塑造出灵活的课堂教学。因此，生动形象是课堂教学中隐喻艺术的一个基本特征，不仅可以从熟悉的事物中感悟深刻的道理，也可以在感悟道理的同时体会到一种乐趣。

(二) 情境生成性

隐喻只有在情境中才能生成意义，离开了具体情境，隐喻的理解可谓千差万别。"隐喻的意义通过基本语义与特定语境发生作用时才会出现，否则，会出现语法上的语病或表达上的错误"。[①] 一般来说，隐喻是通过一事物来谈论另一事物的，每一个隐喻要涉及两个或两个以上的事物，而这两个或两个以上的事物并不是任意存在的，而是在特定的情境之中通过并置呈现出来的。

课堂教学的隐喻艺术是在具体的课堂教学情境中，教师与学生之间达到了彼此间的共鸣，课堂教学进行中的情境是隐喻艺术生成的温室。而对于隐喻的理解，也往往依存于具体的情境，那些脱离了情境的隐喻就容易让人产生误解。

因此，从课堂教学隐喻艺术的生成与解读两方面来看，隐喻都不是一种静态的现象，而是一个具体情境中动态的意义生成过程。教师和学生对于教学内容的理解都是在具体的课堂情境之中，离开具体情境的隐喻无法让师生达到共鸣，同样学生也不会在其中由此事物认知和感悟彼事物，从而以促进自己的学习。

(三) 复杂模糊性

课堂教学中存在大量的隐喻，其情形是异常复杂的。首先，师生个人和群体在使用和理解隐喻艺术时情况有所不同，此中的差异必然造成隐喻艺术的生成与理解的千差万别。其次，对隐喻艺术的理解与特定的语境有关，每一种语境都会塑造出不同的意义。再者，语言中也存在着一词多义现象，即从一个词的中心意义出发，通过隐喻不断地扩展词义，从而使得一个词的意义变得相对模糊起来。

[①] 转引自王秀国. 语文课程中教学隐喻的探索 [D]. 济南：山东师范大学，2009.

同时，对于隐喻艺术所创设的一个意象世界，学生可以根据自己的经验和情感做出多重解释，一个象征的世界里有着无限的可能性。每个学生的家庭背景、成长经历等等造就了各自经验和情感的差异，在此基础之上的隐喻理解自然有着更多个人感悟，也就让课堂教学隐喻艺术有着更多的复杂模糊性。

课堂教学中隐喻艺术生成与解读的动态过程中，主体因素以及对语境的依赖因素都融入到这一过程里面，其动态生成的特点也造就了隐喻艺术的复杂模糊性。种种情况使得课堂教学的隐喻艺术具有复杂模糊的特性。因此，课堂教学隐喻艺术中的教师和学生之间存在的各种差异，决定着对隐喻意义的解读不可能是一劳永逸的。

（四）富于联想性

正是课堂教学隐喻艺术有着复杂模糊性，使得人们对它的理解有了不同寻常的广阔空间。在课堂教学中，教师利用某种熟知的事物作为"透镜"来洞察、发现和解释另一种未知的或不甚了解的事物。这"透镜"给我们的仅仅是一个中心，从中心处发散出更为深远和丰富的一层层外圈，使得我们接触的事物远远不止这一层理解，透过隐喻的中心，促使学生的思维空间得以扩大，产生丰富的联想。

同样，隐喻艺术思维既不同于从特殊到一般的归纳思维，也不同于从一般到特殊的演绎思维，它的思维具有跳跃性和发散性特质，决定了它可以从一种事物推及另一种完全不同的事物，这就给联想创造了更为宽松的条件。凭着隐喻艺术这一媒介，可以超越事实设置的藩篱，改变传统的思维定式而另辟蹊径。它能帮助我们发现新知，创造出新领域的概念和知识。隐喻语言的运用，引导学生借助已知的概念和概念体系，推及其他未知领域，由此及彼、由表及里地进行推论和表述，从而在发现中体验乐趣，在联想中感受快乐。

三、课堂教学隐喻艺术的功能

在课堂教学过程中隐喻艺术的存在和巧妙运用，会使课堂更具生动活跃的气氛，用含蓄的话语对学生进行暗示引导，激发学生深入思考的魔力，进而有效促进旨在引发学生想象、开拓学生思维的创新教育的发展。

（一）有助于打造深入浅出、形象生动的课堂教学

"平淡的言谈在本质上是不准确的,只有运用新颖的隐喻……才能使其准确"。① 诚然,隐喻作为一种人性化的语言,它能够弥补理论语言那种枯燥冰冷的缺憾,把深奥的理论和抽象的概念生动、直观地呈现在人们的面前,给人以亲近感,从而使那些枯燥的逻辑、概念让人容易感悟和理解,这正是隐喻艺术的魅力所在。

教师在课堂教学中巧妙运用隐喻艺术,那些看起来晦涩难懂的知识就会在隐喻的指引下,通过从熟悉事物到不熟悉事物的递进认识,由浅入深,令人豁然开朗。如在教授三年级上册"认识分数各部分的名称"时,教师就这样对学生们说:"大家看 1/2 这个分数,横线刚好把上下两个数分开,所以叫它分数线。它表示平均分。分数线下面的 2 表示把一个整体平均分成 2 份,就好像一个养育了 2 个孩子的母亲,所以我们叫它分母。它表示要分的份数。分数线上的 1 表示其中的一份,也就像其中的一个孩子,所以叫它分子,你们看,这分数像不像母亲托着自己的孩子呀?"在教学"分数的加减法"时,教师又以这个隐喻来帮助学生理解"同分母相加,分母不变,分子相加减"的道理,告诉学生:"妈妈只有一个,是不能变的,而孩子可以有几个,因此,只能用分子来相加减,分母不变。"这样,学生就再也不会把分母拿来相加减了,因为"妈妈只有一个,是不能变的"。教师在课堂教学中如此精心设计的隐喻,可谓是深入浅出,生动形象,不仅帮助学生对新知识理解认识,同时也使课堂气氛生动活泼,此为课堂教学隐喻艺术的一举两得。

(二)有利于用含蓄的方式对学生进行暗示引导

由于隐喻是通过此事物来说明彼事物,因此具有表达的间接性特征。中国传统文化讲究说话的委婉与高雅,表示敬谦或避讳。课堂教学具有教育性,同样课堂教学隐喻艺术也是蕴含着教育性,对于学生来说,它无疑是一种含蓄委婉却深刻的暗示和引导。

教师的一句话或许会影响学生的一生,蕴含隐喻艺术的课堂教学用一种委婉含蓄的方式对学生的成长进行指引:如在学生自卑失意时的一句鼓励,在学生茫然无措时的一句点醒,在学生深陷错误时告知悬崖勒马,在学生得意忘形时的谨

---

① [美]泰伦斯·霍克斯. 隐喻 [M]. 穆南译. 太原:北岳文艺出版社,1990:189.

慎提点等，均能收到奇妙的教育效应。课堂教学隐喻艺术，会让其教育性在无形之中得到充分的发挥。如一位管理专家给学生讲课，先拿出一个宽瓶口，然后把一堆拳头大小的石头一块块放进去，直到一块也放不下。他问："瓶子满了吗？"然后，专家拎出一桶小石子，将石子倒进瓶里，塞满空隙，再问学生是否满了，随后，他又拎出一桶沙倒进瓶子塞满空隙，告诉同学们，其实还没有满，接着又拿出一罐水倒进了瓶子，直到溢满瓶口。专家告诉学生："这个例子告诉我们很多道理，如果不是先把大石头放进瓶子，以后再怎么努力，也放不下去！什么是我们生活的和工作的大石头呢？优先放进你的瓶子里吧！"[1] 这样一种利用游戏的方式，让学生对于自己的学习和生活有了更多新的看法，教师并不是明确地向学生说出我们的生活如何，而是通过小小游戏的隐喻，让他们自己去发掘生活的道理，每个人的感悟可能并不相同，但是对于他们的常规思维都会是一种冲击，对于他们的成长也会是一次小小的指引。

可见，课堂教学的隐喻艺术，正是通过一种间接委婉的方式给予学生巨大成长力量的。

（三）能够促进引发想象、开拓思维的创新教育

根据现代隐喻观，隐喻不仅是一种修辞现象，更是一种认知现象，是我们认识世界发生变化的重要手段之一。因为我们要认识和描述陌生的事物，必须依赖我们已经知道和懂得的概念及其语言表达方式，由此及彼，由表及里，有时还要发挥惊人的联想和创造力。这个认识过程正是隐喻的核心，它把熟悉的和不熟悉的事物作不寻常的联系，从而加深了我们对不熟悉的事物的认识。课堂教学的隐喻艺术，正是向学生们展现这样从不同角度和视角，通过发现原来没有任何联系的事物之间的相似性，使学生获得对某一事物新的观察角度或新的认识。

Bart McCandless 指出，利用隐喻去组织教学问题是一种有效的方法，同时在这些问题之中，贯穿着学生思维，这也正是抓住了教育的本质。[2] 隐喻可以让学生在所营造的问题之中，发挥自己的想象，积极地参与到课堂教学之中。

在蕴含隐喻艺术的课堂教学中，学生们可以充分发挥自己的想象，开拓自己

---

[1] 李如密. 教学艺术论 [M]. 北京：人民教育出版社，2001：231.
[2] McCANDLESS, BART. The Use and Misuse of Metaphor in Education and Education Reform [J]. Education. 2012，(3)：538—547.

的思维，由已知事物引申到未知事物，甚至大胆地跳跃到更广阔的空间，在教师的话语隐喻所营造的世界里，任意驰骋。另外，课堂教学的隐喻艺术思维，对于学生也是一种可以学习的资源。学生可以学习隐喻思维艺术，隐喻性地表达自己的观点，给别人和自己都留下可供想象的空间。

在课堂教学中运用隐喻艺术和学生创造潜能的激发之间，是唇齿相依的连带关系。前者是因，后者是果。因此，对于学生引发想象、开拓思维的创新教育，课堂教学的隐喻艺术可谓举足轻重。

三、课堂教学隐喻艺术运用的注意事项

课堂教学隐喻艺术有着多方面的重要价值，因此教师要善于运用并发挥这种妙趣横生的艺术，促使课堂教学成为学生思维发展的"乐园"。笔者认为，教师在运用课堂教学隐喻艺术时应注意以下几点：

(一) 言语与情境的搭配

捷克教育家夸美纽斯说过："教师的语言是一个源泉，从那里可以产生知识的溪流。"[①] 言语表达是课堂教学的直接体现，是教师使用最广泛和最基本的信息载体。在整个课堂教学过程中，隐喻艺术表现在教学知识的传递、学生接受知识情况的反馈、师生间的情感交流等等环节之中，都必须依靠教学之中的言语表达。

因为情境生成性是课堂教学隐喻艺术的基本特点，所以注重情境之中言语的适切就是课堂教学隐喻艺术极为重要的一个方面。教师在精巧运用课堂教学隐喻时，首先不能脱离教学时的具体情境，其次就是使用适合的言语表达。

课堂教学隐喻艺术是随着教学情境的发展逐步演变的，在特定的教学情境中隐喻艺术才能生成教学意义。因此，一方面教师要根据现时的教学内容和学生的学习情况谨慎地使用话语隐喻，若脱离情境，则适得其反。另一方面，教师可以创设富含隐喻的教学情境，以有利于隐喻艺术的发挥。例如历史教师在教授维新变法时，把维新派希望顽固派同意变法比喻成"与虎谋皮"；依靠没有实权的皇帝去推动变法比喻成"蚂蚁撼树"；维新变法运动前后 3 年时间，不算长，但也在当时和对以后产生了很大的影响，与虎谋皮不成，只有"杀虎取皮"——革命

---

① 转引自洪柳. 教师教学语言艺术探析 [J]. 教学与管理，2011，(12).

了。当课堂教学言语与教学情境相协调时,课堂教学隐喻艺术意义才能得以充分发挥。

(二) 主体与内容的协调

课堂教学隐喻艺术的意义主要指向学生,所以隐喻的创设与精巧阐释,一定要针对不同的学生而有所变化。不是每一个学生都适用于同一个隐喻,也不是每一个学生对隐喻的理解都相同。隐喻的内容一定要与课堂教学的主体——学生相协调。

首先体现在针对全体的学生。因为特定年龄阶段的学生有其独特的阶段特征,对隐喻的理解能力有着相应的区别,所以教师要对课堂教学中学生整体发展特征有所把握,进而能够创设出与学生相合的隐喻。其次体现在针对个别学生。因为每个学生都是独立的个体,有着不同的个性,他们所擅长的方面也各有千秋。因此,课堂教学隐喻艺术也要考虑到主体与内容的适切,所提的问题,所需掌握的知识,会因学生的自身条件的不同而提出相应的要求。

(三) 诠释与布白的平衡

课堂教学隐喻艺术旨在启发引导学生在彼事物的暗示之下认知和感悟此事物,从而或隐或显地对教学产生积极作用。教师通过创设生动形象的情境,让此与彼有了理解的可能性,从而激发出学生学习的兴趣和探究的欲望。那么,从学生角度看,要真正明白课堂教学中的隐喻艺术,需要教师辩证地诠释隐喻,使其避免因复杂模糊所带来的不确定阻碍教学意义的表达。

但是,隐喻艺术同时为课堂教学创设了一个引人入胜的想象空间,想象成为课堂教学隐喻艺术中一个不可或缺的重要因素,它实现了从已知到未知的联结。很多时候,学生不喜欢那种完完全全被教师话语霸占而不留一点余地的教学。因此,课堂教学隐喻艺术也需要一些"布白",就是指把国画中的布白艺术手法用于课堂教学中,为了更好地启迪学生的思维,激发学生的想象,培养其个性,教师需要留给学生一定的想象和话语的空间。

第十三章 课堂教学动情艺术

俗话说"晓之以理,动之以情",情感作为非智力因素中非常重要的成分对学生的学习起着发动、维持、促进的功能,忽略学生的情感会使学习成为无本之木、无源之水。目前国内对情感的探讨大都停留在经验性的描述上,我们认为这是远远不够的,在课堂教学中只有调动、激发起学生的积极情感才能起到事半功倍的效果,才能将道德情感、智力情感和审美情感合为一体,以培养学生理智的诚实和健全的人格,而这不仅是一条途径,更是一门艺术。

一、课堂教学动情艺术的内涵界定

《礼记·中庸》中说:"明则动",其中动乃"动人心"之意。《说文》中对情的解释为"人之阴气有欲者也"。动情即为打动他人的情感。课堂教学中的动情是指教师调动各种手段,以教师的人格和道德力量为后盾,用教师之情、教材之情唤起学生之情以达到三位一体的艺术。这一界定中包括了五个方面的内涵:其一,教师用来调动学生的各种手段必须具有真、善、美的特质。教师的情感必须真诚,意图必须善良,所教授的内容必须科学,也只有真、善、美的东西才能触及学生的心灵深处,才能让学生在"情融融,意切切"中完成知识、情感和能力的多重升华。其二,正直的人格和高尚的道德是动情艺术的前提。教师正直的人格和高尚的道德是一块磁铁,它所形成的巨大磁场将学生吸引过来,给学生强烈的感染,教师的道德和人格规定了动情艺术使用的方向。其三,良好的师生关系是动情艺术使用的保证。苏霍姆林斯基曾说:"没有爱,没有信任,教育就会成为一场发生在师生之间的、严酷的、旷日持久的、疲惫不堪的战争。"师生之间没有良好的沟通和感情基础就不会有动情艺术的产生,师生之间的关系既要真诚又要真实。有关研究表明：真诚是学生最喜爱的教师品质之一。教师的真诚赢得的是学生的真诚和爱戴，相反教师的虚假和伪善只能让学生厌恶和远离。所谓教师对学生的真实并非是指教师毫无顾忌地将自己的消极情感发泄给学生，也非是指教师对学生动辄命令、指使、控制或惩罚，而是指教师对学生真实无欺的尊重、关爱和理解。① 其四，动情艺术要求教师用己之情体悟教材之情，点燃学生之情。要做到教师之情、教材之情、学生之情三者合一，教师需要深刻了解学生的个别差异、了解学生的个人背景、走进学生的生活实际、寻找并把握打动学生的动情点。除此之外，教师还需深挖教材中的情感因素，认真领会作者的意图、作品中每个角色的音容笑貌、思想情感，即教师要想感动学生必须先感动自己。其五，课堂教学中的动情不只是目的，还是手段，不可为动情而动情，而是要借助动情艺术的催化力量实现师生之间思维的共振、情感的共鸣，在不知不觉中完成知识与技能、过程与方法、情感、态度、价值观的共同提升。

二、课堂教学动情艺术的理论基础

要解决动情艺术的理论基础首先必须弄清情感的理论基础，然后再探讨课堂教学中动情艺术的可能性问题。什么是情感？哲学和心理学是怎样看待这一问题的？这似乎是个难以界定问题，然而哲学家和心理学家却向我们提供了审视这一问题的不同视角。

（一）情感的哲学基础

情感和理智向来是哲学家们关心的问题，按照蒙培元先生的观点，中国哲学是以情感哲学为主线的。以儒、道、佛为主体的中国哲学皆以研究人的存在为发端，而讲人的存在就不能不涉及人的情感：道家讲"天地之情"，佛家讲"普度众生"的宗教之情，儒家讲"道德之情"。西方哲学主要是理性哲学，情感只是被作为哲学的一个分支或一部分来处理，其中具有划时代意义的是哲学家休谟，他将情感和伦理学联系起来提出"事实"和"应当"的区分，并认为前者是认识问题，

---

① Patterson, C. H. (1977). Foundations for a Theory of Instruction and Educational Psychology. New York: Harper & Row.

后者是价值问题。另有一些以康德为代表的哲学家则将情感归之为美学问题。①以血缘为纽带的中国文化也正是在"老吾老以及人之老,幼吾幼以及人之幼"的情感推转中完成文化的承接和社会的更替。西方哲学尽管以理智哲学为主流,但是文艺复兴的出现和人文主义的兴起终究说明其哲学也无法逃出"情感的纠缠"。

(二)情感的心理学基础

中国大百科全书心理卷把情感定义为:人对事物的态度的体验,是人的需要得到满足与否的反映。与情绪相比,人们把稳定而持久的、具有深沉体验的感情反应看作是情感。② 但是心理学研究情感的任务最终要落实到情感与学习的关系上,情感是学习适应性过程不可分割的一部分,它以需要为基础并赋予目标和事件以价值。因此情感被看作是与目标相关的评价性反应,当目标进展顺利时,情感处于积极的状态,当目标进展受阻时,情感处于消极状态。③ 具体而言情感是通过影响刺激和行为反应之间连接作用于学习的。人们常说要用理智控制情感,这是因为人们认为理智或逻辑推理只有避开情感的阻碍下才能提供对某一问题最合理的解决办法。最新的神经生物学的研究表明:情感决定着大脑对处理信息的选择,为人们的愿望和信念设计出实施方案,情感决定着我们如何看待世界,并为人的推理过程导航。④ 所有这些研究都揭示这样一个事实:情感和理智并非传统意义上的等级关系,只有二者并重才能发挥大脑整体的和最佳的功能,才能使学习者以一个完整的人的身份参与到学习中来。

(三)情感的感染性理论

情感的感染性理论最初由海特菲尔曼(Hatfield)等人提出,其基本思想是人与人之间会捕捉到彼此间的情感,一个人的情感唤起会作用于另一个人或更多的

---

① 蒙培元. 漫谈感情哲学 [J]. 新视野, 2001, (1).
② 魏庆安, 孟昭兰. 情绪和情感 [K/CD]. 中国大百科全书(图文数据光盘 cd4). 北京:中国大百科全书出版社 & 中国东方鼎电子有限公司, 1996.
③ Oatley, K. (2003). Emotion. Entry in The MIT Encyclopedia of Cognitive Sciences, Retrieved 20. October, 2003. from http://cognet.mit.edu/library/erefs/mitecs/psychology.html.
④ Johnson-Laird N. and Oatley, K. (1992) Basic Emotions, Rationality, and Folk Theory. Cognition and Emotion, 6, 201—223.

人，并在这些人中产生相应的或补充性的情感。[1] 美国西南得克萨斯州立大学的 T. 莫泰特（T. Mottet）博士和比伯（Steven A. Beebe）教授用实验的方法对课堂教学中的情感感染进行了研究，证实了三个理论假设：[2]（1）教师和学生课堂中的非言语行为密切相关。(2) 随着学生非言语行为的增加，其情感程度增大。(3) 学生和教师的情感反应相关。另外，实验还证明学生的非言语行为比教师的非言语行为对学生的情感反应更具有预测性。这一理论的提出不仅为课堂教学的动情艺术找到了直接的理论基础，而且也为动情艺术的操作策略找到了坚实的支撑。我国课堂教学中动情艺术的研究还相当薄弱，目前的相关文章大都在经验层面上论述情感的重要性，但对如何有效利用学生的情感还不成体系，缺乏实证，这不仅在于我们对情感的重视不够，还在于情感的不确定性增大了对其研究的难度。我国传统的师道尊严的教育观一方面要保持师生有别，另一方面又常常"谈情色变"，这也同样阻碍了对情感进行科学研究的进展。

三、课堂教学动情艺术的特点和功能

一般而言，有什么样的特点就要什么样的功能。从情感的构成成分来看，情感可分为原型情感事件和核心情感两大类。[3] 前者是指在大跨度的时间纬度上展开的、与偶然性事件相关的、复杂的情感活动，这种情感活动可以找到明确的归因，比如说恐惧、生气、爱恋等，它们都有明确的对象性；后者是指最原始的情感，它们并不指向特定对象，如快乐、莫名的忧伤、紧张、放松等。从情感的这些构成要素中可以看出动情艺术具有情景性和原发性等特征，由此也决定了情感

---

[1] Hatfied, E., Cacioppo, J. T., & Rapson, R. L. (1992). Emotional Contagion. In M. S. Clark(Ed), Review of Personality and Social Psychology: Vol. 14. Emotion and social Behavior, pp. 151—177. Newbury Park, CA: Sage.

[2] Mottet, Timothy P., Beebe, Steven A. (2000). Emotional Contagion in the Classroom: An Examination of How Teacher and Student Emotions are Related. Paper presented at the Annual Meeting of the National Communication Association (86th, Seattle, WA, November 9—12, 2000).

[3] Russell, J. A., & Barrett, L. F. (1999). Core Affect, Prototypical Emotional Episodes, and Other Things Called Emotion: Dissecting the Elephant, Journal of personality and Social Psychology, 76, 805—819.

功能的特殊性。

(一) 课堂教学动情艺术的特点

1. 情景性

所谓动情艺术的情景性是指动情艺术的动态生成性。动情艺术的应用依赖于特定情景的创设、特定事件的刺激和特定情感的唤醒。比如教师在讲《第一场雪》一课时，假如正值大雪，对于情景的创设来说当然很好，学生不但能直接感受雪的存在，而且下雪给学生带来的兴奋和愉悦已经满足了情感唤醒的条件，然而动情艺术所依赖的情景具有不确定性，特定事件的出现与否也是难以预料的，教师不同、时空不同、对象不同、内容不同所产生的情感效果是不一样的。动情艺术的情景性特征要求教师改变以往按照教案生搬硬套、照本宣科、墨守成规的教学方式，只有把精心的教学设计和动态的情景生成结合起来才能产生充满生机的课堂，否则教学只能成为一潭死水。

2. 适度性

现代心理学研究表明有利于学习情感的唤起水平既不能太低也不能太高。太低无法赋予目标足够的价值和动机驱动，太高会对认知起阻碍作用。动情艺术的适度性特点正是基于这样一种考虑。把握动情艺术的适度性特点才能避免把课堂教学搞成"煽情"之嫌，适度性不但要求教师要动学生的真情，而且也要动自己的真情。按照情感的感染性理论，虚假情感是无法打动学生的，只能招致厌恶和敷衍的情感。教学内容作为师生之间相互作用的平台需要教师对其中的情感因素进行适度地把握，比如悲不可伤心欲绝，乐不可乐极生悲，愤不可怒不可遏。动情艺术中的适度不仅是一种标准，还是一种教学美。

3. 个别性

动情艺术的使用不可千人一面，每位教师都有自己独特的个人经历、教育背景、教学专长和个人风格，所以对动情艺术而言没有一个统一的模式。个别性特点主要是指教师教学风格的独特性、对教学内容处理方式的差异性和教学对象的变化性等。个别性特点要求教师以动态的、生成的方式去把握教学，以独特的方式来探索教学并找到师生之间能够"心有灵犀"的那根心弦，以便在适当的时候加以拨动。

(二) 课堂教学动情艺术的功能

1. 陶冶情操，学习增效

列宁曾说:"缺乏情感的认识便失去了认识的深入,人的思想只有被情感渗透时,才能得到力量,引起积极的注意、记忆和思考。"情感对学习起到增效的作用,脑科学的研究者指出情感在三方面影响着学习:其一,注意力的集中;其二,意义的构建;其三,信息的储存和提取。更确切地说,情感对信息的组织和分类尤为重要,并且信息和经验起到整合和评价的功能。只要想一想我们生活中记忆犹新的事无一不是伴随着某种情感涌上心头,可以肯定,情感参与了这些信息的最初存储。课堂教学中假如能有效利用情感和特定的情景来进行教学,学习就一定能成为一件令人愉悦、陶冶心志的乐事,学生健康个性的形成正依赖于这种情理交融的过程。

2. 增加师生交流,改善师生关系

师生关系隐藏着教学的一切秘密,良好的师生关系是当前新基础教育改革必须踏过的第一个门槛。良好的师生关系的建立必须从交流开始,而交流首先是情感的沟通,因此课堂中动情艺术的运用可以化解矛盾,消除误解,拉近师生间的距离。动情艺术只要用得恰到好处就能在师生之间产生思维共振、情感共鸣的效果,产生尊师爱生之情。

3. 关注学生个性差异,改善教学方式

新课改下的教育理念要求教师关注学生的个性差异,改变教师讲,学生听的满堂灌的教学方式,而课堂教学动情艺术正是以个性影响个性、平等交流、教学相长的艺术。动情艺术的生命力建立在情感唤醒和交流上,这不仅指教师要打动学生的情感,也指学生对教师情绪和情感的唤醒和催化。当教师看到一双双渴求知识的期待的眼睛,教师生活中的疲惫一下子跑到九霄云外,教学的热情也一下子冲破了闸门。事实上这正是建立在情感感染基础上的个性交往,它以交往、合作为特征。

四、课堂教学动情艺术操作

要研究动情艺术的操作策略有必要从研究影响动情艺术的构成要素开始,我们认为影响动情艺术实施的因素包括语言行为、非语言行为、教师情感、学生情感、教材中的情感、情感赖以生成的情景。以下我们将以平面解析的方式来论述这些因素。

(一) 动情艺术中语言与非言语的运用

苏霍姆林斯基在《公民的诞生》一书中说:"如果不能用对人的教育中的最精细的工具——语言去触及人的心灵的最敏感的角落,那么这种教育力量将是沉睡的壮士。"① 教学语言是教师最主要的教学手段,没有语言的应用教学动情艺术几乎无法展开。事实上,任何一种教学语言都或隐或显地包含着特定的情感,依照教学语言的表达方式来看,动情艺术中的语言主要是指抒情式语言。教师将饱满的情感通过音声讯道直接传达给学生,在学生心中激荡起相应的情感,或如沐春风,或心潮澎湃,整个人因为情感的参与而全部融入到学习中。语言的背后是一个人的人格、品行和修养,动情艺术的运用需要教师语言功底深厚、表达能力强、品位高雅又不失对语言的敏感性。抒情语言在操作上的把握要注意其具体的表现形式:(1) 直露倾诉性抒情;(2) 潜蕴事理式抒情。② 直露倾诉性抒情是指教师将自己的情感直接表露、倾诉给学生,字字句句中浸透着情感的音符,掷地有声又真诚坦率。中国文化中对情感有隐性表达的传统,新的课程改革要求师生建立平等交往的关系,教师可以用直露倾诉式抒情来分明地表达爱憎,提出对学生的期望,增进彼此的了解。潜蕴事理式抒情是指情感依托于一定的事理,借助叙述、议论或描述的方式进行抒情。潜蕴事理式抒情能起到"润物无声"的效果,让学生在不知不觉中受到陶冶。

动情艺术中的非言语表达是指教师的副语言(音质、音量、声调、语速、节奏等)、手势、面部表情、眼神、体态、距离等系统所传递的情感。③ 莫泰特(Mottet Timothy)等人的相关实验研究表明:课堂中非言语表达对学生情感的影响是通过模仿为中介的,即教师的非言语行为首先被学生感知效仿,然后引起学生内心相应的情感体验的产生和增加。④ 非言语表达具有持续性和不可隐藏性等

---

① [苏] B. A. 苏霍姆林斯基著. 公民的诞生 [M]. 黄之瑞等译. 北京:教育科学出版社,2002:299—230.

② 李如密. 教学艺术论 [M]. 济南:山东教育出版社,1995:268.

③ 李如密. 教学艺术论 [M]. 济南:山东教育出版社,1995:279—289.

④ Mottet, Timothy P., Beebe, Steven A. (2000). Emotional Contagion in the Classroom: An Examination of How Teacher and Student Emotions are Related. Paper presented at the Annual Meeting of the National Communication Association (86th, Seattle, WA, November 9—12, 2000).

特征，由其所传达的情感往往是真实的，因此教师举手投足之间无不向学生传递着情感的信号、教育的信息。非言语表达总是伴随着语言表达，二者是不可分割的，教学中教师只有二者并用才能产生出春风化雨和无声胜有声的两重效果。

（二）教师之情和学生之情的互动

运用动情艺术的课堂不仅指教师动学生之情，而且亦指学生动教师之情、学生动学生之情。动情艺术实质上是生命感受与生命感受的对话与交流。每个人的生命感受无论是快乐还是忧伤都是其真实生活和经验中不可缺少的一部分，而它的真实性在动情艺术中的作用胜过任何一种臆造的情感。中国传统课堂教学中，教师不苟言笑，不露真情，恐失尊严；与此相比，美式课堂教学中教师善于利用个人的生活经历和情感体验来进行教学，甚至有一位美籍教师把自己的个人信息当作随堂测验的内容。笔者在从事英语教学的过程中常现身说法，与学生畅谈英语学习的甘苦，启发他们探求适合自己的方法。有一年夏天，笔者去一个县城负责一个班的英语培训，课程快要结束时的一天下午，有一个学生慌慌张张地跑过来说："我们班的王艳有难处，她委托我把这封信交给你！"读完信后我的内心久久不能平静，原来这位学生家住农村，经济困难，她得知暑期英语学习班的事后在家苦苦央求了一个多星期，最后父母给了她学费来报名，为了争得这次学习的机会，她对父母说学校负责住宿，其实是无此规定的，刚报完名后没几天父亲生病住院了，她凭着仅有的 50 元钱在校内租了个住所，每天只靠吃馒头为生，夜里自己一个人不敢睡，常常靠看一夜书熬到天亮。在班上她的进步特别大，而课程结束时同学都说她瘦了一大圈。她的学校提前开学，在与房东结算时因无法交付电费而滞留，这才有了刚开始的一幕。我去帮她把问题处理妥当，第二天上课时我把王艳求学的经历告诉了全班同学，教室里都鸦雀无声，我知道我们的内心都在翻腾，她促使我们反思，反思我们自己为应该实现的目标付出了多少努力。动情艺术在课堂实践中绝不是抽象的学理分析。我们的课堂在很多时候因为教师无视学生的情感而日渐枯竭，教学内容严重脱离学生的生活实际。课堂教学中的师生之间的真情互动正如源头活水给课堂注入生机。

（三）教材中情感的挖掘

比起课堂生成性事件中的情感而言，教材中的情感具有较为稳定的特征。对于大部分具有显性情感的文科教材，教师要深刻挖掘教材内容中各种人物的情感，更要深刻体会和揭示作者的情感。作者的情感总是与其生活经历密切相关。

《许国璋电视英语》教材中有一篇从小说《简·爱》第一章改写而成的课文"Life at Gateshead Hall",教师在讲解这一课时可先从勃朗特三姐妹的生平简介开始——皆才华横溢,又都英年早逝,她们的故事是英国文学史上最悲惨的一页。《简·爱》是夏绿蒂·勃朗特的成名作。作品中倾注着作者早年的成长血泪和为女性平等的社会地位而抗争的困顿和勇毅。这种引领式入情方式将学生带回那年、那月、那人、那事,与作者一同去体验情感的悲苦沉浮。教师可借助动情的朗读、《简·爱》的电影或录音剪辑来推波助澜,将学生融入文章中的情感世界,最后可让学生把课文改编成短剧来加深体验。我们必须指出这种在做中学、在做中悟、在做中感受的教材处理方法对情感的挖掘是极其重要的。尽管对教材中情感的处理没有统一的模式,但是只有学生的情感和行动的双重参与才能产生感受深、记得牢、爱之切,形成生命体验的自然沉淀。

(四)动情艺术的情景创设

走进庙宇自然生虔诚之心,望见纪念碑自然生缅怀之情,情景对人的情感的唤起无处不在,无时不在。人总是要在一定的时空背景下进行各种活动,教学也不例外。教学赖以存在的空间就是课堂情景,但是并不是所有的课堂情景都有利于动情艺术的运用和教学目标的达成,因此还存在着一个情景创设的问题。动情艺术的情景必须以情谊目标为导向,浙江省嘉兴市教师王晓红在讲《荷塘月色》一课时,准备了民乐曲《平湖秋月》和《出水莲》、《三六》、《楚歌》三首对比乐曲来营造教学所要情景。由于现代化教学手段的运用使得情景创设更加完美,江苏省教师郑逸农在讲《胡同文化》一课时,打开多媒体,屏幕上马上映出古朴幽静的北京胡同,高亢热烈、韵味醇厚的京腔歌曲《故乡是北京》在京韵大鼓的伴奏下袅袅而起、响彻教室。我们认为只要教师愿意去做,几乎一切课堂教学的情景创设都是可能的,美式课堂教学中教师总是不遗余力地创造教学所需要的情景,而在中式课堂中的教师常常怕麻烦、嫌费事而忽略了情景使学生情感油然而生的功效。

我国对课堂教学动情艺术的科学研究才刚刚起步,教师对动情艺术的把握非简单几条规则所能达成,教师课堂艺术的修养也非朝夕,课堂是教师的舞台,学生是教师倾毕生精力去完成的作品,课堂教学中的动情艺术源于教师对教学、对课堂、对学生无限的爱——爱到深处,情自动,动情艺术的完善和发展有待广大教师的共同努力。

第十四章 课堂教学移情艺术

课堂教学是师生情感交流和自然流露的过程,所谓"情者,性之端也,循情而可以定性也"①,可见情感在课堂教学中的作用。移情作为心理学术语,是由人本主义心理学家罗杰斯所使用的。如何利用移情来促进师生之间的情感交流,达到促进学生身心和谐发展的目的呢?笔者认为,教学移情艺术可以为我们提供一个很好的思考视角。

一、教学移情艺术的内涵

移情(empathy),又译作同理心、共情、共感等,是指"把我们自己置于他人的位置,并以那个人的方式体验事件和情绪(例如快乐和悲伤)的能力"。② 教学移情具有移情的共性,但更有其自身独特之处。首先,教学移情的主体是教师。教师是课堂教学活动的主导者。在课堂教学中,教师从学生的角度出发,用学生的眼光分析教学,审视教学,并反思教学;在与学生的教学交往中,能感学生之所思,察学生之所需,及时感知学生各种不同的需求,真正做到以学生为本。其次,教学移情的对象是学生。教学的对象是人,是充满朝气与活力的学生。在课堂教学中,师生之间的关系不仅仅是知识的授受,更是一种情感的交流、灵魂的对话。每个学生从内心深处都渴望与教师进行互动,渴望得到教师更多的关注。教师适时地对学生进行移情,对学生的身心发展会产生深远影响。最

---

① [清] 王夫之. 诗广传(卷二)[M]. 北京:中华书局,1964:25.
② [美] Elliot Aronson, Timothy D. Wilson, Robin M. Akert. 社会心理学(第五版,中文第二版)[M]. 侯玉波等译. 北京:中国轻工业出版社,2007:308.

后,教学移情的旨归是促进学生身心的和谐发展。教师在教学中对某个学生或全体学生进行移情,其目的就是能保证教学互动的良性开展,以建立和谐的师生关系,促进学生的情感体验,最终实现学生身心的和谐发展。在这个层次上说,教学移情是一种积极的移情。但是,如何将教学移情提升到艺术的高度,则需要我们对教学移情内涵和价值进行不断审视和深入探讨。

在此,我们尝试给出教学移情艺术的定义。所谓教学移情艺术,是指在课堂教学中,教师恰到好处地运用移情技术,设身处地地从学生角度出发,感知学生的各种需要和不同的情感状态,及时调整教学策略,以促进教学活动顺利进行,最终促进学生身心和谐发展的教学活动。从定义中我们不难发现,教学移情艺术具有以下几个特点:一是适时性。课堂教学并不需要时时刻刻都进行移情,进行教学移情时,要把握好恰当的时机,才能取得良好的效果。二是适度性。教学移情之所以达到艺术的高度,把握好"度"很重要,防止对学生的移情"过度"或"不及"。移情"过度"或"不及"都可能对学生的需要产生误解,无法达到移情的准确性,反而会起到负面效果。教学移情包括两个方面:一是对准确移情的体悟;二是对移情体悟的传达。只有在准确移情体悟基础上才能进行移情的传达,但并不是有了移情体悟就能进行移情传达,这需要一定的技巧和艺术性的手段。

二、教学移情艺术的价值

教学移情艺术对课堂教学活动来说具有重要作用,是当代课堂教学活动的内在要求。它对于促进师生关系的和谐发展,丰富学生的情感体验,培养学生健全人格都具有重要的意义和价值。

(一)课堂教学本身包含了移情的内在要求

基础教育课程改革强调学生要具有良好的心理素质,养成健康的审美情趣和生活方式。因此,要想促进学生的发展就必须要首先了解学生。康布斯(Combs)说过,"要想了解人的行为,必得先了解人如何从他的观点去知觉他所处的世界。每当你根据一项'事实'去处理某人的行为时,就必须考虑到该事实对你和他而言可能产生的不同意义"。① 将移情引入课堂教学,意味着教师要时常提醒自己用学生的眼光看教学,反思教学。无论是教学内容的准备,还是教学方法的运用,都要同感学生的需求和体验。② 教师在确定教学内容时,不应只是单纯地根据教学大纲和课程标准来确定教授的知识,更要将学生的需求纳入到自己的思考范围之内,选择一些学生认为有意义的知识进行讲授,激发学生的学习积极性。"当教学能配合学生的知、情、意等方面的诸多需求,教学势必激发学生学习的自主动力。这一切的实现离不开教师,离不开施教者对学生'设身处地'的了解。这恰恰是教师移情的功能之所在"。③ 教学活动的对象是活生生的人,是具有个性差异的学生个体。要实现较好的教学效果,教师就必须时时"将心比心","以心换心",时时关心学生的不同需求,并把学生的需求、情感、体验等适时、适度地与学生分享,使学生体会到教师对自己的关注,产生情感的相互作用。心理学家马斯洛(Maslow)将人的需求由低到高分为五种,分别为:生理需求、安全需求、情感和归属需求、尊重需求、自我实现需求。并指出只有当较低层次的需求获得一定满足后,较高层次的需求才会产生。教学移情把学生的情感需求纳入到课堂教学中,对满足学生的情感需求具有积极的作用,更能促进学生人格的全面发展,使学生成为一个"自我实现"的人。此外,这种移情不是建立在传统的"师道尊严"基础上的,而是建立在师生之间相互平等、相互尊重的基础之上,教师不再是高高在上的权威者,而是与学生地位平等的指导者。在这种平等、民主的环境基础上,教学才能达到促进学生发展的目的。

(二)促进师生关系和谐发展

师生关系从本质上说是教师和学生在情感上的联系,这种情感联系越密切,双方所共有的心理范围就越宽广,师生关系也就越亲密。④ 移情恰恰是沟通教师和学生之间情感的纽带和桥梁。教师要想更好地促进学生的发展,必须要了解学生,了解学生的前提和手段则是移情。教师通过移情,设身处地从学生角度思考

---

① 张春兴. 教育心理学——三化取向的理论与实践 [M]. 杭州:浙江教育出版社,2000:262.
② 陈陈. 移情在高校教学中的运用 [J]. 江苏高教,2004,(5).
③ 陈陈. 移情在高校教学中的运用 [J]. 江苏高教,2004,(5).
④ 万慧. 学会"移情"[J]. 中国职业技术教育,2011,(16).

问题，不仅仅感受学生话语中所表达的内容，更能听懂学生话语中的"弦外之音"，使学生感到真正地被理解和接纳，实现彼此心灵的碰撞，建立相互信任的师生关系。下面我们可以看一个利用共情处理课堂教学"意外"的案例。在一堂英语课上，有个女孩整节课都沉浸在小说动人的情节中，当老师提问时，她手握厚厚的爱情小说，神色惶恐地站着，答非所问，惹得大家一阵哄笑。这位女孩满脸通红，局促不安，此时，这位女老师却没有责备她，而是朝她走去，拍拍女孩的肩膀，示意她坐下，接着女老师向同学们讲起自己当年的秘密："在我向你们这么大的时候，也是一个狂热的文学爱好者，我当时看小说是用牛皮纸包上书面，书皮写上'语文'，也是小心翼翼地翻动书页，为主人公的坎坷命运暗自流泪……"讲着讲着，全班同学都会心地笑了，想必学生当中也有人采用过这种方法。这时，那个偷看小说的女同学感激地看了看老师。这位老师也朝她温柔地一笑，问到："你还看过哪些小说？哪本给你的印象最为深刻？"老师亲切的态度使女孩放松了下来，向老师讲述了她课外阅读的一些情况，课堂的气氛一下活跃了起来，同学们争先恐后地讨论了起来……最后老师说道："虽然我和在座的很多同学一样都有过这样的经历，但我想大家应该也都能意识到这样做并不明智，不仅不能获取学科知识，同时由于害怕老师发现或提问，看课外书时也提心吊胆，不能细细品味书中的意境。因此，我建议同学们在正确的时间做正确的事，这样收获更大哦！"① 以上案例中，当女教师发现学生在课堂看小说时，并没有一味地批评、指责学生，而是设身处地从学生角度启发思考，促进了师生之间的理解，避免了师生之间的冲突。

当代的学校教育中存在着师生情感交流缺失的弊端。笔者之一在去某小学听课（总计八节课）时发现，教师在进行教学时，面部表情冰冷，说话语气生硬，讲课完全是依赖于自己的此前备课，与学生之间的情感沟通交流严重缺失（仅以一次课的互动简图为例，如下图所示）。从图中不难发现，该班共有学生37人，本节课中教师共对学生提问23次。但在这23次中，完全是通过点名方式回答知识点，而非情感交流，并且，与学生的互动范围较为集中，一半以上的学生没有机会与教师进行互动，存在较为严重的不公平、不对等现象。这种不公平的背

---

① 宋亚杰. 共情——师生沟通的润滑剂 [J]. 教学与管理, 2010, (3).

后，正是由于师生之间情感交流的匮乏，源于教师对学生的不了解，源于教师角色转换的失当。因此，培养教师的移情能力，对于促进师生之间的情感交流，建立和谐的师生关系具有重要的现实意义。

讲 台

排\列	1	2	3	4	5	6	7	8
一		√√	√		√√	√√		√
二				√√ √√				
三			√	√	√	√√		√
四	√√	√	√					
五	√	○	○		○			

注：其中每个方框代表一名学生。√表示教师与该学生的互动次数；○表示空位

（三）促进学生的发展，培养其健全人格

个体的品德发展与移情发展有着密切的关系。人之所以产生移情就是为了能更好地理解他人，同时能更好地被他人所理解。由于移情，人既能善于依据环境的不同，适时适地地表达出自己的喜怒哀乐，同时又能敏于感受和理解周围环境中他人的情绪变化，并能作出恰当的反馈，从而使人与人之间处于一种和谐的状态。[①] 教学活动中，教师对学生的影响是多方面的，既有言传，又有身教。教师在教学中通过对学生的准确移情，了解学生在品德发展中存在的问题，及时通过各种措施对学生进行积极地干预和指导，促进学生品德的健康发展。同时，教学移情能更好地丰富学生的情感，促进学生情感体验的发展。教师与学生之间的移情是相互的。教师以学生的角度看待问题，思考问题，并把这种移情体悟传达给学生的时候，学生也在对教师进行移情，尽管这种移情的水平可能会比较低，但是这在促进学生情感发展上具有很重要的作用。通过师生间相互之间的移情传达，能更好地帮助学生学会从别人的视角看问题，摆脱"以自我为中心"思考问

---

① 刘野. 移情在品德形成中的作用与训练 [J]. 教育科学，2010，(12).

题的束缚，学会关心他人，帮助他人，形成利他主义的人格，促进其健全人格的发展。

三、教师运用教学移情艺术的自主之路

如何才能使教师更好地掌握移情技术，达到艺术的高度？笔者认为，可以通过以下几个途径，帮助教师更好地掌握教学移情技术，达到艺术的高度。

（一）教师要跳出"自我为中心"的牢笼，以学生为本

从对移情的定义中我们不难发现，要进行移情，就必须从学生的角度出发，以学生的眼光观察问题，思考问题。传统的师生关系中，教师是课堂教学活动的主导者，是教学活动的主体，学生只不过是被灌输的对象，毫无主动性可言，更不要提教师对学生进行移情，从学生角度思考问题了。因此，为更好地促进教学活动的顺利进行，教师应积极转变观念，树立"以学生为本"的理念。《基础教学课程改革纲要（试行）》指出："教师在教学过程中应与学生积极互动、共同发展，要处理好传授知识与培养能力的关系，注重培养学生的独立性和自主性，引导学生质疑、调查、探究，在实践中学习，促进学生在教师指导下主动地、富有个性地学习。教师应尊重学生的人格，关注个体差异，满足不同学生的学习需要，创设能引导学生主动参与的教育环境，激发学生的学习积极性，培养学生掌握和运用知识的态度和能力，使每个学生都能得到充分的发展。"[1] 在具体的课堂教学活动中，首先，教师必须改变原有价值观念，平等而非居高临下地看待学生；教师必须放下自己的价值判断，设身处地从学生的价值标准看待问题，将自己放在学生的处境和关系中感受学生的各种需求，体会学生的喜怒哀乐；全心经历学生当下的各种体验，并体会学生在日常生活和学习中之所以出现各种问题的原因。其次，教师还应多多注意学生的言语表达和非言语表达中所蕴含的深层信息。不仅需要对学生的言语中所表达信息达到理解，更要把握学生言语中所隐含的情感、态度和价值观，即从学生的说话中体悟到言语背后所蕴含的意义。最后，教

---

[1] 基础课程改革纲要（试行） [EB/OL]. http://www.edu.cn/20010926/3002911.shtml.

师必须要不断反省,澄清自己的内心感受。① 其实,真正地达到移情是很难的,并非一蹴而就的过程,需要教师在此过程中不断地进行自我反思与澄清感受。这里有一个寓言能很好地说明问题:南风与北风比威力,看谁能把行人身上的大衣脱掉。北风首先发威,拼命刮,寒风刺骨,行人为了抵御北风的侵袭,大衣越裹越紧。而南风则是徐徐吹动,行人觉得温暖,继而觉得太热,开始脱掉衣服。南风取得了胜利。不难理解,教学移情艺术也是一个如南风般徐徐吹动的过程,是一个在尊重、民主、放松的情境中逐渐进行的过程,是一个教师不断鼓励学生、支持学生的过程。教师在教学中应更多地运用"南风效应",创设一种体验式的心理场,在这个场中实现一种心灵与心灵的沟通,建立人际间相互信任、相互帮助的友爱关系,营造一种人性化教育的浓浓氛围。② 我们往往习惯于从自己的视角出发去看待问题,往往习惯于从自己的经验和感受出发评价事物,以至于与学生的想法产生冲突。教师与学生由于在年龄、社会经历、教育程度等方面存在很大差异,对同一问题往往会产生截然不同的观点和看法。因此教师必须不断地反躬自省,以达到对自身的理解,在对学生进行移情时,更多利用"南风效应",才可以达到较好的自我控制。

(二) 用心倾听,理解学生

倾听是产生移情的重要基础。这种倾听不是单纯意义上的听,而是教师用心对学生内心世界的一种感知。"教师通过倾听了解到学生的各种欲望、需求、价值观、所思所想,触摸到学生的思想脉搏,探悉到学生潜藏在心底不愿为人所知的秘密;学生通过倾听,了解到教师对世界的观点、对人生的看法、对言语的理解以及教师对他们所思所想的所感所悟。也就是说,教学倾听使师生探究彼此的心灵世界,走进彼此的内心世界,相互之间增进了解"。③ 教师在倾听学生的时候,一定要以平等的身份进行,聆听学生的倾诉,与学生产生情感的共鸣。在倾听中,教师可以运用"嗯"、"哦"、"我理解"、"我明白"等词语,表达对学生的倾听、理解,同时配合目光注视、点头示意、面部表情、身体姿势、语音语调、相隔距离等非言语动作,更好地促进对学生的理解。在不断地倾听中,教师与学

---

① 张雄. 个案社会工作 [M]. 上海:华东理工大学出版社,1999:90—93.
② 蔡腊梅. 营造心理活动课的"南风效应" [J]. 中小学心理健康教育,2011,(2).
③ 李如密,宋立华. 课堂教学倾听艺术探微 [J]. 课程·教材·教法,2009,(11).

生之间的心理距离逐步缩短,学生逐渐感受到教师的关心,放下心里的戒备,向教师敞开心扉,诉说内心真实的想法,从而与教师建立相互信任、相互尊重的良性互动关系,促进了相互之间的理解。倾听和移情是相互联系,相互统一的。教师的倾听需要恰当的教学移情。倾听不仅是听对方的言语信息,而是要教师"将心比心",从学生角度感同身受,倾听学生的所思所想。移情是在教师用心倾听学生的基础之上进行的,没有对学生的倾听与理解,移情根本无法进行,即使有移情,也会是负面的、消极的。

(三)创设与教学内容相关的情境,促进移情的发展

教学总是在一定的情境中展开,教师对学生的移情也离不开具体的情境。德国一位学者有过一个精辟的比喻:"将 15 克盐放在你的面前,无论如何你也难以下咽。但当将 15 克盐放入一碗美味可口的汤中,你在享用佳肴时,就将 15 克盐全部吸收了。情境之于知识,犹如汤之于盐。盐溶于汤中,才能被吸收;知识需要溶于情境之中,才能显示出活力和美感。"[①] 教学移情也需要在一定的情境中进行。教师应时时刻刻保持对教学的敏感性,根据不同的教学内容创设不同的教学情境,以促进学生不同情感体验的产生。例如,《小橘灯》中小姑娘由于险恶的环境造成了她对陌生人的充分戒备心理。那么"我"(作者)是采取哪些方式消除小姑娘的戒备,使她对我万分感激和信任,根本原因是什么?同时引导学生谈谈同学之间如何消除隔阂,共同进步。这样与生活自然联系起来了。既提高了学生探究语文的兴趣,又引导学生学会认识和判断他人情绪,从而正确处理人际关系、社会关系。[②] 在上面的例子中,教师根据具体的教学内容,结合学生的实际,创设出了这样一种教学情境,引导学生对课文中的小姑娘产生移情,即从小姑娘的角度来思考问题,思考"根本原因是什么"。同时,教师在创设教学情境时,应注意结合学生的生理和心理特征,在学生的"最近发展区"内,避免造成学生不能理解教学情境的不良效果。如教师创设一个情境,使小学生理解"正义和公平"可能产生消极的效果。只有控制在学生"跳一跳才能够到"的范围内,才能激发学生的积极性和移情,更好地和教师所讲授的内容结合起来,情境交融,促进学生的发展。

[①] 王晓玉. 关于教学情境创设的再思考 [J]. 教学与管理,2011,(8).
[②] 何安明. 移情艺术在小学语文课堂教学中的应用 [J]. 小学教育研究,2007,(2).

第十五章　课堂教学激励艺术

众所周知，学生学习积极性的高低是课堂教学成功与否的一个重要标志。夸美纽斯指出"应该用一切可能的方式把孩子们的求知与求学的欲望激发起来"。在课堂教学中，如何有效激发学生的学习积极性，是教师必须掌握的一门艺术。

一、课堂教学激励艺术的内涵与机制

（一）内涵

德国教育家第斯多惠曾经说过："教学艺术的本质不在于传授的本领，而在于激励、唤醒、鼓舞。"学生的学习与发展依赖于内在的需要与动力。课堂教学激励，是指教师在课堂教学活动中，通过采取一定的教育方式和教学行为，从外部给学生以适度的正刺激，激发学生的学习兴趣和动机，使学生把教学的目标要求内化为个体的自觉行动，并朝着外界和自身所期望的目标奋斗的过程。

"课堂教学激励是一门艺术"的教育观念由来已久，在古今中外教学思想发展史中可谓源远流长。我国古代著名教育家孔子提出"不愤不启，不悱不发，举一隅不以三隅反，则不复也"的著名论题，以及古希腊著名教育家苏格拉底的"产婆术"方法，通过激发学生积极的思维和求知的好奇心，使之主动追求答案，均是教学激励艺术的典范。近现代教育家们对课堂教学激励也有独到见解，如我国人民教育家陶行知先生指出教学在于"引起学生的兴味"，"学生有了兴味，就肯用全副精力去做事体，所以'学'与'乐'是不可分离的"。[①] 有效的课堂教学激励不仅能激发学生学习的积极性，还可以帮助学生建立对本门课程的兴趣，甚

---

① 陶行知全集（第1卷）[M]. 长沙：湖南教育出版社，1984：125.

至使学生在这门科学的道路上越走越远,对学生的终生都产生巨大的影响。

(二) 机制

教学激励在提高教学质量、促进学生发展方面具有举足轻重的作用。"行为科学"的实验证明:一个人在没有受到激励的情况下,其能力仅能发挥到20%～30%,而如果受到正确而充分的激励,能力就有可能发挥到80%～90%,乃至更多。① 教学激励作用的发挥有其独特的内在机制,这反映在人的生理和心理两个方面。

1. 生理机制。认知神经心理学证明:人的学习和记忆是有一定规律的。学习和活动产生的感知信息送到大脑,会对大脑产生一定的刺激,当刺激达到一定的强度(称阈值)后,大脑细胞就会合成一种核糖核酸(RHA)的物质来编码信息,并储存在大脑中,这就是记忆的生理机制。阈值高时编码困难,信息就难以记忆;阈值低时编码容易,易于记忆。大脑记忆信息的阈值随着人的情绪变化而变化,当大脑处于积极活跃的兴奋状态时,信息记忆的阈值随着降低,记忆信息就又快又牢。而人的兴趣、爱好、愿望和热情都会使大脑处于活跃的状态,此时进行学习和记忆,不仅记忆牢固,还会使人沉浸于学习和记忆事物的乐趣中,产生幸福愉快的感觉。② 据此可知,在课堂教学激励中,激发学生的学习兴趣和学习热情对于学生而言,不仅能减少记忆知识所需的时间,还能增强对知识记忆的牢固程度。学生在收到激励的积极效果之后,会对这门科目产生更加强烈的兴趣和热情,久而久之就会形成良性循环,这正是课堂教学激励的目的所在。

2. 心理机制。在心理学中有一个很著名的理论——马斯洛需求层次论。该理论认为每个人都有五个层次的需求:物质需求,包括食物、水、性和其他的身体需求;安全需求,包括人身安全和心理安全;社会需求,包括友谊、归属感等;被尊重的需求,包括地位、认同感、自治等;自我实现的需求,包括实现自身的潜力、自我满足等。需求是人的行为最根本的动力源。需求产生动机,动机转化为行为,通过行为实现既定目标。③ 上述需求在每个学生的身上都有充分的体现,而在课堂学习中主要表现为自我实现的需求。每个学生在学习中都渴望能充分发

---

① 杨光泉. 新课程课堂教学艺术 [M]. 成都:四川教育出版社,2006:30.
② 陈志阳. 浅谈激励教育法 [J]. 中国职业技术教育,2002,(9).
③ 张桂芳. 激励教育探究 [J]. 太原理工大学学报(社会科学版),2006,(12).

挥自己的智慧，领会和掌握教师讲授的知识内容，获得学习上的成就感。实施课堂教学激励就是要正确激发学生的学习动机，调动学生的学习兴趣，使学生把渴望成功的需求转化为努力学习的动力，从而产生积极学习的行为，最终取得学习上的成功，满足自我实现的需求。

二、课堂教学激励艺术的类型及技巧

学习积极性是指学生在学习活动中所具有的认真与勤奋、主动与顽强的心理状态，其基本组成部分是学习需要、学习动机、学习态度与学习兴趣。① 课堂教学激励旨在通过激活学生的上述心理因素、活跃课堂氛围、鼓舞学生学习激情，达到课堂教学的最佳效果。教学激励作为课堂教学的重要组成部分，不仅要讲求激励的科学性，做到准确激励，更要讲求激励的艺术性，做到合理激励。根据教师对学生施加影响的侧重方面的不同，课堂教学激励主要分为以下四种类型。

（一）目标激励：照亮学生前方的一盏明灯

英国有句谚语：无目标的努力，犹如在黑暗中远征！目标激励也称为远景激励，是指通过帮助学生确立明确的目标，利用目标这一强大吸引力来激发学生向之靠拢的动力、动机或愿望的方法。目标和现实的差距可以使学生产生方向感、使命感和探索感，使学生产生创造性张力，从而激励学生朝着既定目标前进。② 当代著名数学家陈景润的成才及其在数学研究领域中取得的辉煌成就，与他的中学数学老师沈元有直接关系。沈老师在课堂教学中把"哥德巴赫猜想"介绍给他们，并满怀激情地预言："真的，昨天晚上我做了个梦。梦见你们中间的一位同学，了不得了，他证明了哥德巴赫猜想。"正是在沈老师的激励下，陈景润奋力探索，摘取了这颗数学王冠上的明珠。

任何一个优秀的教师，都会设法为学生们设置一个甚或几个适度的目标。目标有大小之分、长远和短期之分。不同的目标所起的激励作用也不尽相同。微不足道的目标是最无用的，学生只要稍微努力就可以将之实现，它没有使学生热血沸腾的魅力。太过长远的、实现可能性过于渺茫的目标又让学生感到高不可即，

---

① 杜德栎. 教学激励性原则探析 [J]. 教育探索, 2004, (3).
② 冯晓江. 新课程要求下的教学激励策略 [J]. 教育探索, 2007, (2).

也很难让学生产生跃跃欲试的动力。只有那些既给予学生无限期待又可以经过一番努力而实现的目标最能激发学生的学习积极性,这也就是维果茨基所论及的"最近发展区"。

(二) 情感激励:温暖学生心田的一抹阳光

现代心理学的研究证明:情感不只是人类实践活动中所产生的一种态度体验,而且能对人类行为动力施以直接影响。在教学过程中,训斥乃至辱骂学生,只能使学生产生自卑、逆反心理。而情感激励则可以产生"磁场效应",不仅使学生热爱本门课程的学习,由苦学变为乐学,而且可以密切师生关系。[1] 所以在课堂教学激励中,通过师生之间的相互作用、情感交流,能达到激励的有效目的。

教师对学生的情感激励,首先体现为爱学生。爱是教育的灵魂,爱是一种极大的信任,爱是一种温暖的关怀和鞭策的力量。让爱成为课堂教学激励的主旋律,可以让学生真切感受教师的关怀,享受教学的温暖,拉近师生之间的距离。有爱做铺垫,教师的教学激励将更富说服力。有个学生因为学习不太好,对老师的提问常常不能回答。在课堂上他不敢举手,但又怕同学们说他笨,往往举了手却回答不出来。他为此感到压抑和自卑。老师了解了他的情况,和他秘密约定:"以后回答问题,要是你不能回答就举右手,能回答就高高地举起你的左手,怎么样?"学生信心大增,慢慢地,他举起左手的时候越来越多,学习也赶了上来。[2] 这位老师对学生的一片春风化雨般的爱心,增强了学生的自信心,也激发了学生的学习积极性,为学生走向成功奠定了基石。

其次,尊重并信任学生。美国心理学家威廉·杰姆士曾说过,在人的所有情绪中,最强烈的莫过于渴望被人尊重,被人重视。学生有强烈的自尊心,他们希望得到教师的重视和尊重,因此,教师要尊重学生的人格,在课堂中的任何情况都应该以"平等中的首席"的身份与学生相处,创造一种平等融洽、和谐民主的课堂气氛,让学生感到自己是学习的主人,在自主自愿的情境下产生学习的积极性。同时,信任学生是一种特殊的尊重,对学生有着特殊的教育功能。学生往往从教师的信任中体验到人的尊严,激励自己不断进取。因此,信任是催人向上的力量,是激励学生的一种特殊手段。

---

[1] 黄新宇. 课堂教学的激励原则 [J]. 江西教育科研,2000,(11).
[2] 杨光泉. 新课程课堂教学艺术 [M]. 成都:四川教育出版社,2006:20.

(三)赏识激励:开启学生自信的一把钥匙

赏识激励是指教师通过肯定、赞美等方式对学生的学习或者行为表示认同与欣赏,从而使学生发现自己的优点与长处,进而产生自我肯定和自我认同的情感,增强对自己学习的信心的一种激励方式。当自信心被建立起来之后,学习的积极性和热情也必将随之被激发。苏霍姆林斯基告诉我们:"教育的全部技巧在于如何欣赏和爱护儿童。"每位学生都希望自己是成功者,都渴望得到肯定与赞扬。教师适时恰当的赞扬,不仅能够满足学生内心深处的需求,也能够激发学生的自信心,给予学生前进的巨大推动力。日本的一位幼儿园女教师在介绍本班孩子的美术作品时,举起了一幅图画,那上面除了一些不规则的横竖之外,什么都没有。这位教师微笑着向大家介绍:"我数过了,这位小朋友的画中一共用了24种颜色,是我们班里用颜色最多的小朋友。我为他在这方面先行一步而高兴。"[1]这位女教师非但没有因那位小朋友的画乱七八糟而批评他,反而赞美他使用的颜色最多。可以预见,这样的赞美之辞不仅会鼓舞这位小朋友继续画画的信心,也必将激发全班小朋友画画的积极性和热情。

赏识激励常常通过表扬、信心激励、成功激励等策略进行。在运用赏识激励的时候应当注意以下几点:首先,表扬与赞美等方式只是教学激励的手段,激励的目的是引导学生充分展现自己的优点。因此,教师的表扬与赞美应该本着实事求是的原则,不能天马行空不着边际,更不能无中生有。其次,激励应该引导学生寻找自己的最佳位置,让学生认识到自己在什么样的位子上是最合适的,在什么位子上能够发挥出自己的最佳优势,创造出最优异的成绩。再次,教师在教学过程当中,应该给学生创造能充分展示自己才华和智慧的舞台,并一定程度上降低成功的门槛,使学生体验到成功后的成就感从而实现自我赏识,并以此作为激励自己下一次成功的动力。

(四)期望激励:引领学生前行的一缕馨香

教师的期望会对学生产生重要的影响。教师对学生的不同期望影响教师对学生的态度和行为,这种态度和行为有意或无意地影响学生的成就动机和归因方式,从而影响学生的学习积极性和学业成绩,使学生朝着教师期望的方向发展,

---

[1] 杨光泉. 新课程课堂教学艺术 [M]. 成都:四川教育出版社,2006:26.

这就是著名的罗森塔尔效应，也称皮格马利翁效应或者教师期望效应。教师期望分显性和隐性两种。显性期望激励指教师帮助学生树立榜样，即所谓的榜样激励。隐性期望激励即指教师暗示激励。

英国著名作家与批评家塞·约翰逊说："榜样具有良好的感染力。"美国心理学家班杜拉提出的观察学习理论认为，除了学习者对刺激做出反应后并予以直接强化，从而使学习者掌握行为反应的直接学习外，还有一种间接学习，这就是学习者在社会交往中，通过对榜样人物的示范行为进行观察而无需予以直接强化的学习，这种学习又称为替代性学习。在学习中，学生对榜样及其先进事迹有一种崇拜的心理，而且会在实际的学习中去模仿，如果榜样的某种行为得到奖励或惩罚，那么就会使学生的模仿行为发生强化或削弱。因此，在教学过程中，树立可供学生模仿的榜样，用榜样激发学生的学习动力，会使教学取得事半功倍的成效。榜样分为教师自身的榜样、学生中的榜样以及其他榜样三种。首先，教师自身应该以身作则，"己所不欲，勿施于人"，教师的言传身教对学生而言更具有说服力。其次，树立学生中的榜样应该注意榜样的真实性，不能人为地将其拔高，否则将不能被学生接受。再次，树立其他的榜样，如社会中某方面的专家精英，应寻找大家都比较熟悉的典型，而且其品质中应有勤奋刻苦的一面，使学生朝向这样的方向努力，也不失为激发学生学习积极性的一个有效方法。

暗示是一种强烈的牵引力。暗示激励是指教师有意识地运用暗示原理，以含蓄间接的方式激发学生的学习动机和学习潜力，促使学生产生学习动力和提高学习效率的一种教学激励方式。教师巧妙地运用暗示激励手段，能收到比直言不讳的正面激励更佳的教育效果。以课堂教学的提问举例，当学生回答问题正确时，给予赞许的暗示、如一个肯定的微笑、一个欣赏的眼神等，都能给学生以无穷的信心和动力；当学生回答不正确时，给予鼓励的暗示如一句委婉的肯定"这个问题的难度比较大，能考虑到这些已经很难得了"，"你是第一个站起来回答这个难题的同学，勇气可嘉，但是离准确答案还差一点"等，既鼓励他们积极思维、踊跃发言，也使他们不至于因为这一微小挫折影响学习的情绪和信心。

三、课堂教学激励的条件

课堂教学激励的运用并非无限制和无约束，而是应当遵循教育教学规律以及教学原则和方法，否则可能导致过犹不及甚至事与愿违。在实施课堂教学激励的过程中，教师应当注意以下条件的规约。

（一）课堂教学激励的前提：承认学生拥有发展的潜力

学生是发展中的人。在课堂教学激励实施过程中，教师应当树立一种教育信念，即承认每一个学生都有发展的潜能、有成功的愿望和需要。只有在这一前提下，教师的激励才有发挥作用的可能，课堂教学激励也才能真正发挥应有的效果。同时，教师应当根据学生的心理特点和发展特征，创设有利于学生发展的机会和教育情境，促使不同水平的学生都能主动参与到教育教学活动当中，同时教师应适当降低成功的"门槛"，使学生在参与的过程中体验到成功的乐趣，激发主动学习的积极性。

（二）课堂教学激励的目的：激发学生的内在学习动机

苏霍姆林斯基指出："我十分坚信，能激发出自我教育的教育，才是真正的教育。"[①] 激发学生的内在学习动机是课堂教学激励的根本目的，激励方式只是激发学生学习的内在动机的手段和途径，并不是激励的根本目的。在课堂教学激励的过程当中，一定不能为激励而激励，否则将本末倒置。

（三）课堂教学激励的保障：激励者应当具备一定的素质

首先，教师应当尊重和信任学生。在教学活动中，教师与学生之间是一种民主平等的关系，不能人为地在教师与学生之间设立屏障，阻碍他们之间的交流。充分地尊重和信任是对学生人格和能力的尊重和认可，这可以使学生把教师的这种情感转化为学习的内部力量，并以极大的积极性投入学习。在实际教学中，对那些暂时处于后进的学生给予尊重和信任，激发他们的学习热情，促进他们发生根本性的转变，就更显得必要了。[②]

其次，教师应当树立在学生心目中的威信。尽管教师和学生应当建立民主平等和相互信任的关系，但是威信也是教师不可或缺的一种素质。教师只有在学生中树立威信，学生才能产生对教师的课堂教学激励的信任感，教学激励才能真正落到实处，否则，教学激励只是教师头脑里的美丽泡沫。

（四）课堂教学激励的关键：激励要因人因事因时而异

[①] 苏霍姆林斯基选集（第5卷）[M]. 北京：教育科学出版社，2001：334.
[②] 冯晓江. 新课程要求下的教学激励策略 [J]. 教育探索，2007，(2).

首先，教师在进行课堂教学激励的时候应当注意激励的对象，根据学生的性格特点，学生的现实情况和实际条件，采用恰当的方式和适当的方法，做到因人而异，因情况而异。

其次，教学激励要根据具体的教学情境和具体的教学事件进行。针对同一个学生，在不同的教学情境下就要采取不同的教学激励，比如某个学生同样在课堂表现不活跃，但是由于原因不同就要采取不同的激励策略。如果是精力分散没有认真听讲，就要激发学生的学习兴趣；如果是学习缺乏信心，感到对老师讲授的内容不能消化理解，就要激发学生的学习自信心；如果是因为受到别的事情干扰情绪不稳定而影响学习，就要进行情感激励。

再次，教师应有意识地捕捉有利的教育时机。如参加某一项活动学生有好的表现、某知识点的学习学生有收获、回答问题正确等等时机，教师都应抓住不放，及时给予肯定或表扬，激励其向好的方向发展。同样，当学生对学习失去了信心而自卑势头出现的时候，教师应该及时给予一定的暗示和期望或者指定相应的适当目标，对学生给予激励，否则，当学生彻底丧失了学习的动力的时候，问题就会加重。

第十六章 课堂教学激将艺术

成功的教学在很大程度上都依赖于学生的积极性和主动性，如何调动学生的积极性是教师面临的一个主要问题。在很多情况下，学生的主动性不是自己所具有的，或者不是主动表现出来，而是靠教师用智慧"挖掘"出来的，教师运用激将艺术可以有效地增强学生的自主性，从而优化教学效果。

一、教学激将艺术的概念

俗话说"请将不如激将"，指用话语刺激别人去干事要比正面请他去干事来得好。我国最早的兵书《孙子兵法》中就包含了激将法的思想。所谓"能而示之不能"、"用而示之不用"、"近而示之远"、"远而示之近"、"卑而骄之"、"怒而挠之"等，都含有激将的意思。其中的"怒而挠之"就是说对于易怒的敌将，要用挑逗的方法来激怒他（使其失去理智，轻举妄动），这就是激将法。激将法最先用于军事上，在战争中巧妙地使用激将法往往可以克敌制胜。后来便广泛运用于社会生活的各个领域。在教学中同样可以使用这种"怒而挠之"的策略来"激"学生，使其向教师期望的方向发展。这种对激将法的熟练应用即教学中的激将艺术，具体指在教学中，根据学生自尊心、自信心、学习状态等因素，教师为激发他们学习的主动性和创造性，有意用语言否定学生的行为，使其在认知上发生变化，进而改变自己的行为，从而达到良好的教学效果的一种教学艺术。教学中的激将艺术是激将法在教学中的应用，也是"教育激励"的一种方式。

课堂教学激将艺术是教育激励的一种方法和技巧，并不等同于教育激励。教育激励的过程，就是教育者为了满足学生的需要而创设各种激发学生动机的条件，调动其积极性和创造性，使其朝着所期望的目标努力前进的过程。① 一般来讲，根据不同的情境，教育中的激励主要包括目标激励、信任激励、典型激励。而根据手段的不同，激励又可以分为语言激励、情感激励、典型激励。课堂激将艺术正是语言激励的一种。教师针对不同的学生和情境，可以采用比较激烈的语言，也可以采用比较温和的话语；可以是口头来表达，也可以用书面的评语来实现。

二、教学激将艺术的心理学依据和心理机制

教师使用激将艺术是运用了个体的心理代偿功能。"每个人都有自尊心、荣誉心，但有时由于某种原因，自尊心受到了自我压抑，出现自卑、气馁的状态，此时，正面开导与说服往往不能使之振奋，如果有意识地运用反面的刺激性语言，'将'他一军，反而可以使其自尊心从自我压抑中解脱出来，达到新的心理平衡以改变原有的状态"。② 激将艺术之所以能取得好的效果，是因为它有其心理学依据和特定的心理机制。具体表现为：

（一）心理学依据：需要层次理论

美国人本主义心理学家马斯洛（A. H. Maslow）认为，动机和需要实际上是一回事，人类所有的行为都是由一定的需要所驱使的。人类的基本需要包括生理需要、安全需要、归属和爱的需要、尊重需要、认知需要、审美需要和自我实现的需要。七种需要是从低级到高级有层次地排列着。③ 由此可见，被人尊重是人的一种比较高级的需要。所以一旦自尊心遭到贬低或者有被贬低的可能，被人尊重的需要就会增强，从而就会产生改变现状的动机，进而采取措施，积极应对。

（二）课堂教学激将艺术的心理机制

激将艺术的有效运用是以其特有的心理机制为基础的。心理机制的发生过程就是学生对教师刺激的反应过程。其发生过程由以下步骤组成：1. 逆势。逆势是课堂教学中应用激将艺术的条件。尽管在教学之前，教师做了充分的准备，但

---

① 李祖超. 教育激励刍议 [J]. 中国教育学刊, 2003, (5).
② 阿芳. 激将法中的学问 [J]. 交际与口才, 1990, (3).
③ 莫雷. 教育心理学 [M]. 广州：广东高等教育出版社, 2002.

实际教学中，学生的行为还是不可能完全符合老师的意愿，甚至和老师的希望大相径庭。正所谓"背逆"老师的期望，也即"逆势"产生，这时教师就可以根据情况来运用激将艺术了。2. 刺激。课堂教学中的激将艺术一般由教师提供刺激。这里的刺激是指教师根据学生的差异，用不同的语言对学生进行触动和启发，使其产生被尊重的需要。3. 逆转。这个过程是学生被尊重的需要导致的认知变化过程，也是课堂教学激将艺术奏效的决定性一环。因为学生的进步不仅仅是表现出来的行为变化，更应该是指导行为的认知的升华。受到老师刺激之后，在自尊心、好胜心的驱使下，学生产生了内驱力并在认知水平上有所改善，产生改变现状的信心和决心。4. 行为。在上述条件具备之后，学生调整状态并做出计划，进而改变自己的行为。这种行为是教师所期望的，或是接近教师所期望的。这样，"激将艺术"的效果就达到了。基于以上的分析，我们可以用下图来表示激将艺术的心理机制。

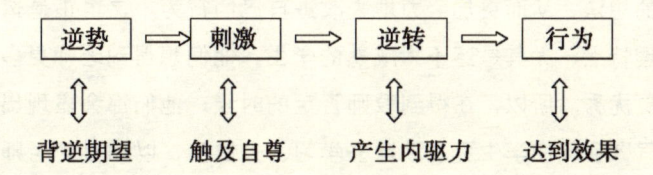

逆势 ⇒ 刺激 ⇒ 逆转 ⇒ 行为
⇕　　　⇕　　　⇕　　　⇕
背逆期望　触及自尊　产生内驱力　达到效果

三、教学激将艺术的运用策略

激将艺术在教学中的应用是多种多样的。可以因人而激，因境而激；可以在导课中运用，也可以在教学高潮设计中、在结课中运用；可以针对全体学生激励，也可以针对个别同学使用；可以激发学生对学习本身的主动性，也可以使其对人生有更多的思考。根据运用激将法时是否直接刺激学生的自尊心，我们可以将其分为明激和暗激两种类型。教师在运用的时候要讲求方法技巧，做到娴熟到位。

（一）直截了当"教训"学生，谓之"明激"

所谓明激法，是指针对自尊心和自信心都很强的学生，教师用刺激性的语言直接贬低和否定学生，刺痛之、激怒之，使之"跳起来"，以达到改变现状的目的。正所谓"水激石则鸣，人激志则宏"。这里的"直接贬低和否定"指教师根据实际情况"威胁"学生的自尊和自信，使学生感觉到自尊被伤害或有被伤害的可能，使其产生一种维护自己尊严的需要，从而采取对策。小明是班里一个"特殊"学生，上数学课能听五分钟就算不错了，可每次考试却名列前茅，而且他很自信，考试从来不检查。课上的绝大多数时间他都没事做，只能无端生些是非来招惹别人。于是，教师对这个课堂中"吃不饱"还影响教学秩序的学生说："你以为自己很了不起吗？只学会书本上的知识算什么本事？我这有些很难的书你敢看吗？"学生果然"中计"，很勇敢地接过老师手中事先做过选择的课外读物和高年级的课本。以后的课堂中，小明就专心致志地阅读资料。一年下来，他的进步果然神速。[1]

（二）用"言外之意"启发学生，谓之"暗激"

暗激法是指教师不用激烈的言辞直接刺激学生，而是采用迂回的手段，用暗示的语言来激励学生，使其自发地改变现在的状况。

暗激法主要是指教师故意褒扬第三者，间接地贬低学生，使之产生一种立志超过第三者的想法，从而更加努力地去改进自己的行为。这里正是运用了学生争强好胜的心理特点，尤其是还不太成熟的学生，他们想得到老师更多的赞赏，表现得比他人更优秀。所以，在得到教师否定的时候，他们都会表现出不服气，而这种"不服气"会促使学生更主动地去学习、去进步，以期得到老师更多的表扬和肯定。其巧妙之处在于不用明言刺激，而是用"言外之意"来启发学生，传递刺激信息。例如，有位教师在教《变色龙》一课时，诱导学生画出了警官奥楚蔑洛夫对狗态度变化的心理曲线。此时，教师眉头一皱说："这条曲线很多参考书上都有，看来是被行家里手所肯定了的，大概再也不可能画出更好的了。"[2] 很明显，教师巧妙地运用了激将策略。他说这种画法无法被超越实际上是装作没把学生放在眼里，是在否定学生。这下子，学生中了老师的计，真的被"激"动了，有的脱口而出："那不见得！"教师喜形于色："说得好，好在有志气，好在想创新。"接着，在她的鼓励和引导下，学生不仅画出了文中原告的心理曲线，还成功地勾勒出了警官对人、对狗的综合的心理结构图。

"自激"是"暗激"的一个特例，即教师用学生过去好的表现和他现在欠佳

---

[1] 傅建明主编. 教育原理案例教材[M]. 杭州：浙江大学出版社，2007：229.
[2] 李如密，孙元涛. 新世纪教师教学艺术策略[M]. 北京：中国青年出版社，2001：75.

的行为作对比,让学生因自己没有进步甚至倒退而感到羞愧,从而产生改变现状的决心。第斯多惠曾说过:"要给予儿童真知,更要引导他们主动寻求真知。"前苏联的苏霍姆林斯基也曾说:"只有能够激发学生去进行自我教育的教育,才是真正的教育。"①"自激法"就是这样一种方法。它旨在引起学生的自我反思和批评。通过反省,产生内部动机来改变行为,这种效果会更持久。一般来讲,这种方法对于思想上、学习上曾有过"辉煌成绩"的人来说效果更加明显。这种激将的艺术性就是通过"循循善诱",使学生自己思考和规划自己的学习,在不知不觉中提高了学习的自觉性,这是激将艺术运用的最高境界。

随着新课程的不断推进,"尊重学生"的观念也更加深入人心,所以课堂中运用激将艺术时候也更多地使用"暗激",把"明激"作为它的补充。因此运用哪种艺术要依情况而定。

四、教学中运用激将艺术的注意事项

教学中的激将法之所以称为教学激将艺术,就是要求教师能恰如其分地运用激将法。如同所有的事物具有两面性一样,激将法也不是万能的,在表现出其优越性的同时也会因运用得不恰当而被质疑,所以教师一定要谙熟其运用策略,尽量做到圆满。

(一) 深入了解学生,因人而激

教学中运用激将艺术,首先要对学生有个全面细致的了解。要了解学生的能力、个性,以便自己能针对不同学生的水平和性格采取不同的激将方式。首先,要了解学生的现有水平,一方面使得自己的"激将语言"可以被学生所理解,另一方面要看学生是否能达到教师所期望的水平,假若学生的能力有限,教师一定要避免使用激将法来刺激学生,否则会适得其反。其次,教师要善于观察,了解学生的个性特点,因为并不是所有的学生都适合运用激将法。教师使用此方法,主要针对自尊心很强的、容易骄傲的、有一定心理调节能力的学生,也就是"抗激"的学生。而对于那些本身自信心就不高,甚至有自卑心理的学生,教师就要

---

① 转引自:李燕. 让学生主动说心里话——名师最有效的沟通艺术 [M]. 北京:九州出版社,2006:74.

采用正面鼓励的方法来对待了。而对于可以用激将法的学生来讲,还要看其适合用哪种激将法。学生个性开朗活泼,可以用明激法,倘若学生内向、不多言语,则要采用暗激法。而对于一个学生集体也要慎用激将法,因为要是运用不妥,一个集体作为整体所产生的负效应是相当棘手的。

(二) 提高自己语言修养,激将有度

课堂教学激将艺术也是教学中的一种语言艺术,所以教师使用激将艺术的时候要慎用语言,正所谓"言之有度"。旨在刺激学生却又不动声色,不让学生识破自己的意图。尤其是使用"明激法"的时候,要掌握好言辞的激烈程度,如果火候不到则收不到激将效果,但若激将过头,不仅不会收到预期结果,还可能给学生带来伤害,甚至导致悲剧的发生。这里就有一个例子:某同学期中考有三门成绩亮了"红灯",班主任用"激将法"批评他:"看你那么大个脑袋,应该挺聪明的,却偏偏一点不争气;我要是像你这样……"满心期望这个学生能卧薪尝胆,奋发图强,不料他竟一气之下喝了农药。幸亏抢救及时,才未酿成悲剧。[①]所以,教师在"激将"的过程中,要把握好分寸,既能使学生产生强烈的求知欲,又能接受老师的言语。当教师一旦发现自己的言语非但没有让学生有更强的动机反而使其受到伤害时,要主动地、诚恳地向学生道歉并说明自己的初衷,保护学生的心灵。

(三) 激将中指出目标,激中有导

激将的目的并不是简单地否定学生,而是要让学生的认知和行为向教师所期望的方向发展。有的学生在遭到老师的"否定"之后,虽知道要发奋,但不一定明确方向和方法,会事倍功半。所以激将法的艺术应用是在"激"的同时能给学生以方向上的指导,使学生有目标,比较顺利地实现其计划,也有人称之为"导激"。例如:某学校有一位调皮出了名的学生,学习成绩很差。一次,他打了一位同学还自夸自己是拳击能手。老师叫住他说:"打架算什么英雄?有本事你跟他比学习。你期末考试如果赶上人家,那才是真正的英雄呢!"一句话激得他发愤学习,在期末考试的时候成绩果然有了显著进步。

(四) 及时强化激将成果,使激励效果持久

---

① 王之纲. 慎用"激将法"[J]. 人民教育, 1994, (5).

著名的心理学家斯金纳认为：对个体实行强化可以增加行为在情境中出现的频率。他将强化分为正强化和负强化，"建立操作反应时，在有机体做出一个操作反应后，如果呈现某一后继的刺激物，有机体的操作反应概率增加，那么该刺激产生的作用成为正强化"。① 要在有机体做出操作性反应后，如果撤走某一刺激物，有机体的操作反应概率增加，这种强化是负强化。运用这一原理在激将法实施成功后，教师要及时地给予肯定和鼓励，使得教师期望的学生行为出现频率增加。另一方面，教师要注意"激将"次数，减少负强化，同样使学生增加优秀行为的表现机会。这样，激将艺术和强化技术相结合，让学生表现出更多、更持久的教师所期望的行为。

---

① 莫雷. 教育心理学 [M]. 广州：广东高等教育出版社，2002.

第十七章　课堂教学等待艺术

45 分钟的课堂是教学的主阵地，如何在这规定的时间内完成教向学的转化，是每个教师需要思考的问题。有的教师为了抢时间、赶进度，在课堂教学中迫不及待地将教学内容和盘托出，知识点一波又一波地涌向学生而没有好好地被消化。有的教师一味追求正确答案，学生一回答不出就马上换人回答，学生一出现错误回答就粗暴打断。殊不知，他们"美其名曰"的"节约时间"，实际上并没有考虑到"学"的真正含义。"学"依靠的是学生自我的生成。学生无法接受的一味灌输并不能节约时间，反而是一种浪费。而当学生有了独立自主的思考和消化的时间，教对学的转化将会变得更容易。这就需要教师耐心而恰当地等待学生的生成。那么，缘何等待、如何等待就成了值得思考的问题。据此，我们提出"课堂教学等待艺术"。

一、课堂教学等待艺术的内涵

"等待"一词在《现代汉语词典》中的解释是：不采取行动，直到所期望的人、事物或情况出现。[①] 教学中的"等待"（指具备教学意义的等待，暂且称之为教学等待）与之类似，但也有其特殊性。首先，教学等待是有目的的，是为了期望中符合教学目标的现象、情况、效果等出现。其次，教学等待的行为发出者是教师或以教师为主。由于教师在教学中的主导地位和对教学的掌控作用，教学等待作为一种教学行为一般由教师有意识地直接发出，有时也可以是教师指令学生

[①] 中国社会科学院语言研究所词典编辑室. 现代汉语词典（2002 年增补本）[Z]. 北京：商务印书馆，2002：265.

发出。教学等待的对象是学生,依据被等待学生的数量可将教学等待分为指向全体学生的教学等待和指向部分或单个学生的教学等待。指向全体学生的教学等待需要教师直接发出,指向部分或单个学生的教学等待不仅需要教师直接发出,还需要教师通过一定的语言、非语言方式来指示其他学生发出。最后,教学等待不同于一般意义上的等待,而是一种积极意义的等候,需要伴随一定的其他教学行为,而非不采取任何行动的观望。若将教学等待上升到艺术化的高度,成为教学等待艺术,则需要教师在对其目的与价值深入理解的基础上进行娴熟掌握与灵活运用。

由此,我们可以尝试对"课堂教学等待艺术"做一个初步的定义:课堂教学等待艺术,就是课堂教学中教师有意识且灵活恰当地运用技能技巧,直接发出或指令学生发出等待的行为,以显现期望中的教学效果,达成一定的教学目标。

二、课堂教学等待艺术的提出依据

(一) 学生的发展需要"等待"

学生的发展是一个过程,需要一步一步地进行。人的成长是一个由不成熟到成熟的过程。学生作为还未成熟的个体,对世界和自身的认识是比较缓慢且有待加深的,其思想、行为也更容易出现偏差,而其认识到这种偏差也更慢一些。因此,教育要遵循学生的这一成长规律,用等待来更多地给予学生认识和发展自我的时间和空间。"人的成熟和成长是个过程,过程的快慢有其内在规律,而且这个快慢因人而异,因时而异,尊重这个差异,学会等待,自然会瓜熟蒂落、水到渠成,无视这个规律急于求成,容易拔苗助长、欲速不达"。[①] 从这个意义上来说,等待学生,是人的发展规律的要求。

(二) 教学贵在"生成"

"教育世界中的人不是本质先定的'现成性存在',而是一种自我建构的'生成性存在'","人的本质在于生成"。[②] 人的生成,需要自我建构和自我超越。这

[①] 钱雅芳. 有效调控节奏,学会教学等待 [J]. 文学教育,2010,(5).
[②] 岳伟. 教育过程的不确定性与教育计划、教育预测的限度 [J]. 教育发展研究,2006,(9A).

种建构和超越需要时间和空间的保证，需要安全感的支撑。因此，教育教学中，学生的生成与教师创造的宽松而和谐的氛围是分不开的。教学等待伴随着的是教师的期待，期待学生的自我发挥与创造。在耐心而充满着期待的教学等待中，学生不会紧张，没有紧迫感。这种富有安全感且宽松的环境，更能激发学生自我实现的需要。

（三）教学等待艺术是"不确定性"在教学中的体现

教育过程并不是严格按照因果关系进行的，而是具有不确定性。也正是由于学生的生成性，教育更增加了不确定性。有学生的生成，教学将不会完全按照教师的预设来进行，教学中将出现更多的"节外生枝"。但正是这些"节外之枝"，使得教学焕发出生命活力和光彩。这种不确定性为师生在教学中的发挥创造了空间。要关注学生的生成，就需要给予这些"枝"以生发的机会，就需要给学生更多的等待。课堂教学的不确定性有其积极的一面，也有其消极的一面。教学等待中的不确定性也可能表现为信息的阻塞和异化，表现为学生情意的消极发展。那么，在教学等待中，教学过程的良性发展就有赖于教师有目的的、艺术化的处理。这种艺术化的行为正是为了在保证学生良好"生发"的同时尽可能地避免等待的不确定性所带来的风险，以呈现积极的教学效果。

三、课堂教学等待艺术的功能

（一）课堂教学等待艺术有利于教师控制课堂教学节奏

课堂教学等待艺术对教师控制教学节奏有重要意义。课堂教学等待艺术是课堂教学艺术节奏的组成部分之一。它对调节课堂教学的信息密度和学生的外部表现有重要功用，是达到动静相生、疏密相间、整体和谐的教学艺术节奏的途径之一。

一节课所蕴含的信息量很大。对学生来说，有些信息是已知的，有些信息是未知。课堂教学中，对于包含已知信息的教学内容，教师可以一带而过，而包含未知信息的教学内容通常是教学的重点和难点。没有足够的时间保证，重点就难以突出，难点就难以化解。在呈现这些信息时，也需要更多的时间来减小信息的密度，以利于学生的理解和内化。适当的教学等待，能够有效地稀释信息，让学生及时将新信息消化而不至于出现"思路凝结"。①

课堂教学中,学生的外部表现有动有静,有时高谈阔论、眉飞色舞,有时安静专注、凝神沉思。当学生急于表达时,耐心的等待能使学生将想说的全部表达出来;当学生忙于思考时,耐心的等待能使学生把问题尽可能地想透。而当课堂气氛热烈紧张到影响学生的情绪时,等待一下就能够使学生平静下来,把课堂节奏由紧张热烈引向轻松舒缓。

(二)课堂教学等待艺术有利于学生的发展

运用课堂教学等待艺术,不仅能促进学生思维的发展,而且可以树立学生的自信。恰当的教学等待能疏学生思维之流,扬学生自信之帆。

心理学的研究表明,人的短时记忆中,信息保持的时间很短,如果学习者作了内部的复述,信息在短时记忆里就可以保持长一点时间,但也不超过一分钟。经过复述、精加工和组织等编码,信息被转移到长时记忆中进行储存。② 教师若一味猛讲猛灌,大量信息快速地涌向学生,会让学生一时来不及处理信息,思维通道堵塞。结果只能是一团乱,学生所得有限。有了一定时间的等待,学生就能够对信息进行一些梳理储存,通过充分的思考,将自己的思维理顺。课堂提问是课堂教学的一种十分常见的方法。由于学生的认知风格有差异,在提问中,沉思型的学生由于没有足够的时间思考,常常跟不上教师的教学节奏。即使是思维活跃的学生,也可能因为缺少思考时间,对问题的回答趋于一种固定的模式,难以有创新和突破。而当学生对教师提出的问题有充分的时间思考,就能让自己的所思所想条理化、清晰化、全面化,能更好地组织和表达语言。学生有充足的机会开动脑筋,思维自然能够得到发展。

学生在经过深入思考、细细品味后能解决难题,对其自信心的增长是相当有利的。苏霍姆林斯基说过:"成功的欢乐是一种巨大的情绪力量,是继续学习的一种动力。"教师留给学生足够的时间充分思考,也会给学生一种没有压迫感的心理氛围。著名教师窦桂梅在教《秋天的怀念》一课时,为了让学生深切体会"母亲的爱与忍"这一文章主题,向学生提问"母亲忍住的还有什么"。在学生回

---

① 王增祥. 教学艺术 [M]. 北京:蓝天出版社,1991:85.
② 陈琦、刘儒德. 当代教育心理学(修订版)[M]. 北京:北京师范大学出版社,2007:172—173.

答的过程中,她的一句"继续谈,我可不评价",① 表现出了她耐心的等待和深切的期待。在她的等待和期待中,学生能够感受到老师的肯定和鼓励,能够体验到安全的气氛。在这样的安全感及成功的体验中,学生能够扬起自信的风帆,养成乐于尝试、不怕困难的学习品质。

四、课堂教学等待艺术的原则

(一) 适时性原则

教学等待要把握时机,并不是任何时候都需要教学等待。在不必要的时候等待,反而会浪费宝贵的教学时间。教学等待的时机主要有以下几个:(1)讲授中学生品味消化时。学生从接收教师传来的信息到理解、领会这些信息,需要一定的时间。在一些涉及情感的教学中,学生酝酿、品味情感,达到共鸣也是需要时间的。因此,教师讲授中要有适当的等待,保证学生能够将信息由短时记忆转移到长时记忆,为新信息的接纳腾出空间。教师切不可滔滔不绝,只顾自己讲得痛快,而忽略了学生的领会。(2)提问中学生深思熟虑时。当一些深层次的问题抛出时,应当有充足的时间供学生思考。经过较长时间的思考,学生能够将某些"灵光一闪"升华为"真知灼见"。而对一些沉思型思维风格的学生来说,缺乏等待极有可能使他们因缺少思考时间而丧失独立发现和表达观点的机会。(3)讨论中学生谈兴正浓时。课堂教学中,有些讨论并不会在短时间内完成。有充足的等待时间,可以使讨论更加深入,让学生尽抒己见。在讨论中,教师若能耐心等待而不急于评判,学生的思维就能够发散和深入,讨论也能够收到更好的效果。

(二) 适度性原则

教学等待的时间长短要合适。等待时间过短,学生的思维不能很好地激发,所学知识不能很好地消化。等待时间过长,则学生无事可做,可能会导致学生思维缓慢,学习行为迟钝。过长时间的等待还可能让学生误以为老师卡壳、能力不行、故意拖延时间,给师生间的信任带来伤害。教学等待的时长通常可以依据教学内容的难易、学生的学习基础、教学环境(上、下午或者是不同季节)等来确

---

① 教育部师范教育司. 窦桂梅与主题教学 [M]. 北京:北京师范大学出版社,2006:210.

定和调整。一般来说，教学内容难度越大，学生的学习基础越薄弱，需要等待的时间就越长。对于大多数的学生来说，在一天中，上午时思维的速度和清晰程度要明显优于下午，而夏季午后的一段时间更是学生最不能提起精神的时间段。因此，在学生思维速度较慢、清晰度不高的时段，教师更应注意适当延长教学等待的时间。

（三）伴随性原则

等待并不意味着什么事都不做。教师在等待时应伴随适当的教学行为。教师在课堂教学中的等待不是让自己无所作为，成为课堂教学的旁观者，也不能包办代替学生的思考过程，成为知识和真理的灌输者；而是要密切关注学生的动向，寻找学生的认知障碍，充分开动脑筋去启发学生思维，引导学生自主探索，自主建构知识，成为学生成长道路上的指导者。[①] 教师应当在充分了解学生的基础上，在耐心等待的同时通过语言或非语言的方式向学生传达各种有利于学生学习的信息。学生沉思时，教师应启发引导，给学生的思维以前进的方向和深化的空间；学生发言时，无论正确还是错误、流畅还是吞吐，教师都应认真倾听、适当鼓励，可以适时点拨提示，但不可随意打断；学生的学习遇到困难时，教师应在等待的同时给予积极的心理暗示，鼓励学生及时解决困难。

五、课堂教学等待艺术对教师的要求

（一）教师应树立积极的教学理念

教师应当树立积极的教学理念，这是课堂教学等待艺术的观念支撑。具体说来，教师需要真正地领会"学生主体"的含义，并且在课堂教学中切实体现学生的主体地位，给予学生独立思考的时间、畅所欲言的机会。学生主体性的发挥，不是建立在被掌控的基础上的，而是需要思考和表达的自由。教师不能惧怕课堂"乱套"，总想着时时掌控课堂。那就等于时时控制学生的思想和行动，学生的思维和情感就很可能在这种控制中被"套死了"。教师不应该一见学生苦思冥想就心急如焚，意欲"及时"点拨，这样做一则削弱了学生的主体意识，二则容易使

---

① 钱雅芳. 有效调控节奏，学会教学等待［J］. 文学教育，2010，（5）.

学生产生依赖心理。① 教师在观念中应当将"及时"变为"适时"。

另外，教师要不惧怕"冷场"，甚至要有在必要时"制造冷场"的意识。热热闹闹不一定是可喜的，那也许只是表面充实内里空虚；静寂无声的场面也不一定是可怕的，那或许已经产生了学生深入思考、积极探索的丰硕成果。往往深层次的学习更多地需要学生的静心思考。因而教师要有直面静寂的勇气，有创造静心思考氛围的意识。

（二）教师要保持清晰的教学思路

教师要保持清晰的教学思路，这是课堂教学等待艺术的前提。教师对教学的准备要充分，对课堂教学的各个具体环节应该了然于心，准确把握教学的重点难点。教师在备课的过程中要做好对教学内容的处理，清楚地知晓何处应该快、何处应该留给学生充足的时间，知晓等待的时间控制在什么样的长度比较合适，知晓等待中需要伴随哪些教学行为，等等。教师对于学生情况的了解也是十分必要的。对于不同学习水平、学习能力、认知风格、情感类型的学生，在教学等待中要分别采取什么样的方法来促进学生的知识吸收、能力生成，这些教师都要在课前做好充分的准备。

（三）教师应具备良好的教学预测和调控能力

教师应具备良好的教学预测和调控能力，这是课堂教学等待艺术的实施保障。教师要有预测教学中的不确定性的能力，能够预测到教学等待中，学生可能的发展方向。有些学生可能在教学等待中顺利理清自己的思路，完善自己的表达，有些学生虽然经过教学等待，但还是无法做出教师期望中的反应，还有些学生也许会在教师的等待中感觉到羞怯、不安甚至是难堪，等等。这些不确定的情况，教师都要能够充分地预测到。而这种预测是建立在教师对教学内容及学生的熟知和理解的基础上的。当教学等待中，出现不利于教学继续进行或学生的身心发展的情况时，教师还需要有敏锐的课堂洞察力来发现情况，并能够及时地做出调控。艺术化的调控能够有效地将教学引向期望的方向，能迅速地安抚学生的情绪，保护学生的情感。这种调控是一种机动的反应，是教学机智的表现，更是需要建立在教师对学生深切的爱的基础上的。

---

① 邢成云. 学会"等待"[J]. 教学与管理（理论版），2006，(17).

第十八章 课堂教学答问艺术

哈佛大学师生中流传着一句名言：教育的真正目的就是让人不断提出问题、思考问题。爱因斯坦也曾说："提出一个问题比解决一个问题更重要。"学生问题意识的培养是新课程改革所倡导的重要理念之一。然而面对课堂教学中数量越来越多、范围越来越广、形式越来越多样的提问，不少教师倍感不知所措。一概而答？似乎没有必要，教师也无力为之；避而不答？又有悖于新课改的精神甚至打击学生提问的信心。面对这样的困境教师该何去何从？课堂教学答问艺术的探讨可以给教师提供有益的帮助。

一、课堂教学答问艺术的内涵

（一）关于学生的"问"

学生的问题从不同的角度可以分成不同的类型。从内容维度可以分为与学习主题有关的问题和与学习主题无关的问题；从价值维度可以划分为可利用的有效问题和不可利用的无效问题。学生的问题通常有以下四类：（1）真实问题。即学生提出的与当前学习主题有关的寻求信息、解释或明确化的问题。这一类问题可以作为教师了解学生学习情况、诊断教学成败的重要参考，应被视为推进教学进程、将教学引入纵深的上好资源。如《落花生》一课中学生提出"老师，在我们家，父亲和我们一起吃饭是经常的事，为什么这家却很难得呢？"就是一个真实问题。（2）拓展问题。指那些看似偏离学习内容，但问题的解答对学生知识面的拓宽和思维训练大有裨益的一类问题。拓展问题是教学过程中非常有价值的可利用资源，特别需要教师处理的艺术性。如在《只有一个地球》的教学中有学生提出不明白为什么没有适合人类居住的第二个星球便是一个拓展问题。（3）偏离问题。是指由学习内容引出的偏离了教学目标的枝节问题,它的出现容易导致课堂教学的中断,阻碍教学活动的顺利进行。如《月光曲》一课中学生问"盲姑娘为什么那么喜欢音乐?"就是一个偏离问题。(4)虚无问题。是指课堂教学中与当前学习主题无关又无法成为教学可利用资源的问题。这类问题常常是个别学生为了表现自己、引起注意而提出的有捣乱嫌疑的问题。

以上问题分类可归纳为下表:

问题的价值＼与学习的关联	与学习主题有关的问题	与学习主题无关的问题
可利用的有效问题	真实问题	拓展问题
不可利用的无效问题	偏离问题	虚无问题

(二)关于教师的"答"

本文所指的"答",并非通常意义上所指的学生问、教师答,而应理解为广义上的"应对"。这是因为:首先,虽然回答是应对学生提问的方式之一,而且是一种最为简明直接的方式,但是在信息时代,传统的"传道、授业、解惑"的教师受到了前所未有的挑战。面对学生的问题,教师若想一概答之,已成不可能之事。其次,教育观念的变革要求尊重学生主体地位,鼓励学生自主探究,教师在此时的作用与其说是"答问",不如说是"导答",即引导学生去探索问题的解决方案。再次,作为一门艺术,教师的答问绝不仅仅是回答这么简单。

课堂教学答问艺术,就是在课堂教学中,教师能够准确判断学生提问的价值,运用不同的方式灵活、有效地予以解决和处理的艺术。课堂教学答问艺术的提出,对于学生问题意识的培养、问题解决能力的提高、生成性课堂的构建和有效教学都起着十分重要的作用。时代的发展、课程与教学的变革要求教师不但要科学地进行教学,更要艺术地处理课堂中出现的各种偶然情况,抓住每一次学生发展的契机。学生敢于提出问题是学生迈向自主学习的第一步,对内容不同、水平不一、价值各异的问题做出合理有效的答问才是推动学生进一步发展的助力。一个不知道如何处理学生问题的教师难以抓住学生思维的闪光,也就难以成为教学艺术大师。

二、课堂教学答问艺术的功能

在课堂教学过程中,讲究答问艺术非常重要。教师应充分运用答问艺术,促进课堂教学的顺利进行。课堂教学答问艺术具有以下功能。

(一)避免无关干扰,保证教学顺利进行

布鲁巴克认为,"最精湛的教学艺术,遵循的最高准则就是让学生自己提问题"。① 然而课堂教学中学生的偏离问题和虚无问题往往占据着很大的"市场"。如教学《将相和》一文,有学生提问"和氏璧是无价之宝,它现在应该在哪里呢?"又如教学《捞铁牛》,有学生提问"为什么怀丙不用吊车或者起重机去捞铁牛?"② 在出现这种偏离问题或虚无问题时,教师使用答问艺术可以巧妙地规避或者绕开这类问题,使宝贵的课堂教学时间不致因此而拖延浪费,也使原本流畅的教学过程不因这一偶然事件而中断,也就保证了课堂教学的顺利进行。

(二)抓住教学契机,将教学引向纵深

真实问题的提出给教师提供了一个了解学生学情的机会。真实问题可以分为两类:一类是学生要求得到更多信息、对已有信息进一步解释或确认的问题,它反映了学生渴望进一步了解学习内容的需求,教师艺术性地加以处理,有助于教学脱离表面,向更高一级目标迈进。另一类是由于学生误解了学习内容而产生的困惑和质疑,它所涉及的内容往往是教学中的重点和难点问题,它的出现反映了一部分学生在学习中遇到了困难。此时教师抓住这一机会,对这部分内容进行反复讲解和强调,能够加深学生对教学重难点的印象,有助于学习内容的深刻理解和消化吸收。因此教师在课堂教学中紧紧抓住学生的学习动向和心理特点,运用答问艺术,能够有针对性地对教学中的不足进行查缺补漏,引导学生一步步接近真相,还原真相,使教学更有效地渐向纵深推进。

(三)激发学习兴趣,启迪学生思维发展

学生之所以能够提出拓展问题,源于他内心产生的认知冲突,即学生的原有

---

① [美]布鲁巴克. 西方教学方法的历史发展. 转引自瞿葆奎. 教育学文集——教学(中)[M]. 北京:人民教育出版社,1998:421.
② 黄桂林. 阅读教学中的答问技巧[J]. 云南教育,2001,(17).

认知结构与所学新知识之间无法包容的矛盾。当学生原有的认知结构不足以解决他所遇见的新问题时，便产生了认知冲突。这种认知冲突一旦产生，便会引起学生认知心理上的不平衡，继而激发求知欲和好奇心，并产生解决这种认知矛盾以求得心理平衡的需要。课堂答问艺术能保护学生的问题意识，将他自身的学习需要转化为持久的学习兴趣，并能使教师准确地抓住教学中的宝贵资源，点燃学生思维的火花，引导他们进行自主探究，这对于学生的思维发展以及创新能力的培养都起着重要的作用。

三、课堂教学答问艺术的原则

课堂教学中对学生提问的处理是一种艺术，在答问的过程中要遵循以下原则。

（一）启发性原则

课堂教学答问艺术强调教学是教与学的交往活动，是师生双方相互交流、相互沟通、相互补充，实现教学相长和共同发展的活动。在教学中，运用答问艺术要求教师对学生的提问要坚持"道而弗牵，强而弗抑，开而弗达"，启发学生经过自己的独立思考，自己去寻求问题的解决方案。教学答问艺术的启发性原则，不仅使学生在课堂上敢问、会问和善问，更能挖掘学生问题的教育价值，以问题为契机调动学生学习的积极性，充分体现学生在学习过程中的主体作用。

（二）灵活性原则

课堂教学答问艺术可以使课堂教学生动活泼、趣味横生。它不是一种简单的应对方法或策略。教学是教师和学生之间信息交流、思维碰撞的过程。学生在学习过程中的心理活动十分活跃、瞬息万变，教师必须根据教学的具体情况灵活应对。单一的程式化的答问方法无法使学生感受到提问的乐趣，甚至会打击学生提问的积极性。只有以灵活巧妙的方式应对学生的提问，才能产生耐人寻味的效果。

（三）针对性原则

课堂教学答问艺术要求充分考虑学生在性别、能力、性格特征以及兴趣爱好等方面的差异，在答问的方式、策略的选择等方面做到因人而异，有针对性地应对不同学生的提问。对于学力较差学生的问题，教师要不厌其烦地讲解；对于思维较灵活的学生的问题，要给他们机会说明他的思路，使他们体会到被认可和成功的喜悦；对于缺乏自信的学生要鼓励，激发他们的信心；对于借提问"展示高明"的学生，要鼓励并提醒不要骄傲，还要给他们找更进一步的拔高题，使他们的才智充分调动起来。

四、课堂教学答问艺术的策略

（一）正面应对策略

学生提出的一部分真实问题反映了他在学习中遇到的困难和疑惑，教师可以直截了当地正面回答。可以正面应对的真实问题有两类。一类是学生提出的较为浅显的有关客观知识的问题。这时直接做出正面回答，可以使学生产生豁然开朗的感觉，体验到茅塞顿开的满足感和快乐，进而加深对所学内容的印象。如在语文教学中学生对某个已学汉字的读音拿不准，教师可以直接告知并重复强化这个字的读音，这样即节约了课堂时间，又解决了学生在学习中的疑难。另一类是反映了学生对所学内容存在严重误解的问题。遇到此类问题，教师要及时纠正学生的错误理解，并明确告知。这时教师的否定回答有如"当头棒喝"，会给学生留下深刻的印象，使其避免再犯此类错误。如霍懋征老师在《草船借箭》一课的教学结束后，有一位学生突然问："老师，为什么诸葛亮这么神？他是个天才吗？"这个问题课文中没有答案，霍懋征老师迅速回忆了自己所知道的关于诸葛亮的知识，做出了判断性的回答："诸葛亮不是个天才。他的智慧来自于善于观察、分析，有知人之明；也来自于他善于思考，有独立的见解。"[1] 精炼的几句话，使学生的疑问得到了明确的解答。诸葛亮近乎"神"的形象经教师的解释贴近了现实世界，也在一定程度上对学生起到了激励作用。

（二）幽默化解策略

教师要重视学生的问题，但是教师绝不能让学生牵着鼻子走。课堂中出现的偏离问题有时令教师难以回答。此时，教师如果灵机一动，借用幽默的手段或语言，使偏离问题在会意一笑中巧妙化解，既提升了教师在学生心目中的地位，又活跃了课堂气氛，使课堂教学在一种民主、融洽、和谐的氛围中得以继续进行。如在《捞铁牛》一课中，有学生提问："为什么怀丙不用吊车或起重机去捞铁牛？"

---

[1] 霍懋征. 小学语文教学经验谈 [M]. 上海：上海教育出版社，1985：69—70.

教师随即回答:"如果他在今天捞铁牛,我们会给他送去吊车的,是吗?"该生一边点头一边会意地微笑。① 这个学生从教师的"答问"中知道了事情的缘由,也正是由于教师巧妙幽默的答问艺术成就了这段精彩的插曲。

(三) 规避锋芒策略

教学中遇到学生提出的一些幼稚的、突兀的、刁钻的虚无问题,教师可以巧妙地转换话题,避开问题的锋芒,从而使由学生问题引起的尴尬得以化解。例如一位教师在进行情感性教学时,启发学生要学会爱人。不料这时候有一个顽皮的学生站起来向她提出了一个难堪的问题:"老师,你有爱人吗?"这位教师是位大龄未婚女青年,还没有对象,这个问题无疑有点刺痛教师。可是,她对这个问题回答得很巧妙:"这位同学问我有爱人吗,谢谢你的关心。我首先有你们这些学生,你们就是我所爱的人,其次,我将来会有一位家庭爱人,他会成为你们所喜欢的好叔叔。"学生听了高兴地笑了。② 这位教师在遇到令自己尴尬的问题时,并没有恼羞成怒,而是用自己的宽容坦然面对学生的提问,并巧妙地规避问题的锋芒,收到了良好的效果。

(四) 巧抛绣球策略

教学中讲究答问艺术的教师,遇到学生的问题,并不急于给出答案,而是善于肯定学生的提问,并将问题巧妙地抛给学生,让学生试着解答。于永正老师在教《我的伯父鲁迅先生》一文时,有一位同学问"饱经风霜"是什么意思。话音一落,个别学生就笑了起来。这笑显然带有嘲笑的性质。于老师灵机一动,说:"这个问题提得好。这位同学是想考考我们的理解力和想象力。请大家想象一下,这位车夫的'饱经风霜'的脸会是一张什么样的脸?然后写下来。"于是,抽象的词语在每个学生的脑海里形成了活的画面,然后又形成了一段段生动的文字。学生们对车夫"饱经风霜的脸"的刻画生动而深刻。③ 于永正老师正是使用了"抛绣球"的策略,将学生的问题巧妙地变换了形式,转交给学生来解答。这既保护了提问学生的自尊心,又使得学生对"饱经风霜"一词的理解更加深刻。

(五) 因势利导策略

---

① 黄桂林. 阅读教学中的答问技巧 [J]. 云南教育, 2001, (17).
② 张武升. 教学艺术论 [M]. 上海: 上海教育出版社, 1993: 115.
③ 雷玲. 小学语文名师教学艺术 [M]. 上海: 华东师范大学出版社, 2008: 6.

新课程提倡教学的生成和创造性,学生提出的拓展问题为教师的生成性教学提供了契机。教师借学生的提问因势利导,趁学生学习兴趣浓厚之机,将闪烁的火花燃成创新之焰,引导学生发现新知。一位教师教学鲁迅先生的《藤野先生》一课时,讲到"东京也无非是这样……实在标致极了"。突然有学生问道:"'标致'一词用得恰当吗?"一石激起千层浪,这一突如其来的新奇问题,引起了学生对这个问题追根究底的浓厚兴趣。教师立即改变原来的教学设计,让学生就这一问题展开讨论。各抒己见一番争论之后,学生发现这里是"褒词贬用"。教师及时给予鼓励并引导找一找还有没有这样的例子。学生此时非常兴奋,学习热情异常高涨,有同学又提出既然褒词可以贬用,那么贬词可否褒用呢?学生寻根究底的热情更高了,个个跃跃欲试。[1] 这节课中学生的大胆提问,教师的成功引导,使学生不仅理解了褒词贬用和贬词褒用这一知识,更掌握了一种思考问题、解决问题的方法。

(六) 以退激进策略

教师不是万能的,在课堂上常常会被学生问到难以解答或无法解答的真实问题或拓展问题。遇到连教师也无法解答的问题,教师首先要肯定学生的问题,实事求是地承认自己的不知,通过学习后再做解答,并鼓励学生和老师一起寻找问题的答案。特级教师于漪在教学《木兰诗》时学生兴趣盎然,口诵心记,十分喜爱。谁知要结束时有学生突然提出疑问,认为同行十二年不知木兰是女郎是根本不可能的,理由是木兰的一双小脚在晚上洗脚时会露出来。于老师解释说南北朝的时候妇女还不裹小脚。学生又问:"那是什么时候开始裹小脚的呢?"于漪老师很冷静,没有急着回答同学的问题,她对大家说:"老师明天给同学们一个正确的答案。"接着又开始进行下面的教学。这堂课如果是在信息技术高度发展的今天来上,相信于老师一定会鼓励学生们自己也回家查一查资料,下堂课的时候一起交流答案。有经验的教师有时会故意采取这种以退激进的方法,承认问题的答案自己也不知道,借而鼓励学生的自主探究。学生对把老师都难倒了的问题自然是好奇心十足,教学也就获得了以教师的"退"而激起学生的"进"之功效。

---

[1] 李玉萍. 一份特别教案——教育艺术案例与分析 [M]. 北京:中国人民大学出版社,2003:141-142.

第十九章　课堂教学理答艺术

随着社会的发展与教学改革的推行，教育的人文性和学生的主体性日益为人们所重视，以往教师"满堂灌"、"一言堂"的教学方式逐渐向注重师生互动与对话的教学方式转变，其中一个突出表现就是课堂提问的大量增加。提问作为教师"促进学生思维、评价教学效果以及推动学生实现预期目标的基本控制手段"（卡尔汉）[1]，在课堂教学中得以广泛运用。然而大部分教师在课堂教学中，往往更注重教学过程的设计，重视课堂提问的方式方法，对于如何回应与处理学生的回答却不太讲究。实际上，要想充分发挥课堂提问的功能、达到良好的教育教学效果，教师对于学生回答的有效回应与处理是必不可少的。

一、课堂教学理答艺术的内涵

所谓理答，是指"教师对学生回答问题后的反应和处理，是课堂问答的重要组成部分"。[2] 一般说来，课堂提问可以分为四个阶段，即发问、候答、叫答与理答。理答不仅是一种基本的教学行为，更重要的，它还是一种教学评价行为。学生可以从教师的理答中得到有关自己回答的反馈，从而对自己的学习情况有比较客观、准确的认识，思维得到启发与引导，表达能力得以增强。此外，在这个过程中，教师有时还会做出一定的修正性、发展性的引导，加深学生对教学内容的理解与掌握，甚至达到激发学生学习兴趣、强化学生学习动机的效果。

---

[1] 转引自李如密. 教学艺术论（第二版）[M]. 北京：人民教育出版社，2011：343.

[2] 朱文君. 课堂理答 ABC——华东师大崔允漷教授访谈录 [J]. 小学语文教师，2008，(4).

作为教学行为与评价行为的一种，理答除了拥有一般教学行为的一些共同点之外，还具有其自身的一些特点。首先，课堂理答具有情境性。学生的回答一般都是针对教师提出的问题而产生的，教师的提问和学生的回答都存在于具体的教学情境中，在不同的情境下，学生回答问题可能有不同的表现，相应地，对于学生的回答，随着教学情境的变化，教师的理答情况也会不同。其次，课堂理答具有即时性。通常在教师提出问题后，可有短暂的待答时间让学生思考与组织答案，而在学生回答问题后，为了保证教学的连续性和流畅性，也为了让学生可以获得相关反馈信息，教师应该要在很短时间内做出即时的回应与处理，而不会留待以后再进行。第三，课堂理答具有引导性。作为教学评价行为之一，教师的理答一般不止于对学生的回答作出简单的判定，更重要是在于对学生的知识理解、思维以及言语表达等方面进行启发与引导。第四，课堂理答具有示范性。教师在理答过程中的各种行为表现的受众不只是回答问题的同学，而是包括身处课堂中的全体学生。教师此时的倾听、理解与评价学生的态度和方式，自身的思维方式以及言语表达等等，这些都会对全体学生产生一定影响，除了教给学生知识外，更是通过自己的言传和身教让学生学会学习、学会思考、学会与人相处。第五，课堂理答的方式具有多样性。教师理答可以是对学生回答作出简单的判定（肯定或否定），或是对学生的回答的修正，也可以是对学生的回答进行归纳总结，还可以是对学生的回答的一种拓展与深化；在不同的情境中，教师的理答可以特别地针对学生回答的内容、学生回答问题的思路或是学生回答的语言语态，[1] 也可以是对学生的回答综合性的评价与反馈；在理答过程中，教师可以使用言语作出明确的反应与处理，也可以通过非言语方式如表情、动作等对学生的回答作出一定反应与指示。而要想将教师的课堂教学理答上升到艺术的高度，则需要教师综合考虑各教学要素的相关情况，针对具体情境灵活运用各种方式，使课堂理答的各种特点得到充分发挥，从而促进教学以及学生的全面发展。

由此，笔者尝试对"课堂教学理答艺术"下一个初步的定义：课堂教学理答艺术，是指在课堂教学过程中，教师针对具体的教学情境，通过有意识地运用恰当的方式方法，对学生回答问题的情况作出有效的反应与处理，以达成教学的效

---

[1] 张卓君. 高中语文课堂提问艺术探究 [D]. 苏州：苏州大学，2009.

果，促进学生的全面发展。

二、课堂教学理答艺术的功能

（一）有利于激发和引导学生思考，发展学生的思维能力

课堂提问的一个重要的功能就是启迪学生的思维，而学生对教师提出的问题进行回答，也就是将自己的相关想法与思考呈现出来。当然，因为学生之间不可否认的个体差异的存在，对于同样的问题，不同的学生会有不同的思考，因而课堂中也就会出现不同的回答，其中自然不乏对教师所提问题思考不够深入、不够准确等问题存在。此时，教师便能通过理答发挥其"舵手"的作用，为学生的思考把握方向，特别是在学生"心求通而未得"的时候，教师可通过灵活运用诸如探问、追问、转问等理答方式，将学生的思维引向正确的方向，从而实现课堂教学的基本目标，保证全体学生都能理解、掌握基本的知识与能力。在此基础上，尤其是在提出一些开放性问题的时候，教师更是可以通过激励性与引导性的理答方式激发和引导学生更多、更深入地思考，发展其各种思维能力。

（二）有利于优化学生的语言表达，提升学生回答的质量

完整的学习过程不仅包括学生将外在的知识内化为其个人知识，还应该包括学生通过自己的言语与行动将内在的个人知识呈现、作用于外在的世界。前苏联教育家沙塔洛夫指出，"掌握知识的标志之一，是学生能用自己的语言将所学材料转述出来，并能找到适应的例子说明相应的原理"。[①] 换句话说，思维是学生回答问题的核心，决定着其回答的合理性与方向，而语言却是学生回答的载体，其言语表达也在一定程度上决定了回答的质量。而在实际教学活动过程中，我们常常遇到这样的状况：对于某个问题，学生的思考是到位的，但是一旦让其用言语将自己的思考与见解表述出来的时候，却往往不太尽如人意。通常在这个时候，学生处于一种"口欲言而未能"的状态，而这也是学生学习的一个关键点。此时教师若能根据学生回答问题的情况运用教学理答艺术，比如请不同的学生做补充回答，使问题答案在语言表述上渐趋严密，或是教师做总结性的完整表述，不仅能提高学生回答的质量，还能对学生形成正确的语言表达习惯起到重要作用。

---

① 李如密. 教学艺术论（第二版）[M]. 北京：人民教育出版社，2011：349.

（三）有利于有效处理生成性问题，达到教学效果

生成性是课堂教学的一个重要特点，可以说教师如果忽视课堂教学的这一特点，其教学很难达到理想的效果，而课堂的生成绝大部分来自于学生在课堂中的参与和行为，尤其是对教师提出的问题的反应与回答。有经验的教师一般会将学生的回答作为一种重要的教学资源，以引出进一步的教学决策或行为，如对学生的回答给予肯定或否定，或是提供必要的解释与补充信息，或是转问他人，甚至对学生的回答进行再组织等等，这些伴随教师理答而生成的决策与行为对于学生学习的引导性、师生对话的流畅性以及教学的有效性都有着重要意义。比如一位教师讲《变色龙》，最后问学生："通过学习，你从奥楚蔑洛夫身上得到什么启发？"几个学生作了精彩的发言以后，教师都点头称是。可有一个学生却举手答道："我认为，奥楚蔑洛夫是个能随机应变的聪明人，因为社会是复杂的，要保住自己的位置，就要见不同的人说不同的话。"这是教师始料未及的，也正是文本作者所要批评的低俗思想和社会现象，然而却得到个别学生的附和。此时教师未置可否，而是探问道："奥楚蔑洛夫做得对吗？"大部分学生说不对，教师又连珠炮似地追问："为什么不对？""做人的准则是什么？""我们应该怎么做人？"学生展开了热烈的讨论，明确了做人的道理，心灵得到了净化和提升，就连唱反调的学生也心悦诚服地放弃了己见。从以上案例中，我们可以明显地看到教学中教师的理答艺术的运用不仅能解决教学中生成的问题，保证教学的顺畅性，甚至还有可能使学生的人格品质等得到进一步的发展。

（四）有利于激发学生学习的兴趣，调动学生参与的积极性

课堂问答是实现师生课堂交往与对话的一个主要途径，可以说，学生回答问题的情况是衡量课堂教学中学生参与度的一个重要标准，这也解释了为什么许多教师愿意采用课堂提问这一方式来作为调控课堂、集中学生注意力并促进学生参与教学活动的主要方式。但是，正如贝尔（Bell）所说："提出好的问题对教师来说是重要的，但更重要的是教师听取学生对问题的回答，并在做出反应之前，对这些回答进行分析和评价。"[①] 课堂提问固然能在短时间内集中学生的注意力，促进学生参与课堂教学活动，而要使学生对学习抱有强烈而持久的兴趣与积极性，

---

① 贝尔. 中学数学的教与学［M］. 许振声译. 北京：教育科学出版社，1990：146.

教师的及时有效的理答是必不可少的。教师的理答反应，直接关系到学生回答问题时的积极性，影响到课堂上学生的参与是否成功，最终影响师生互动的质量。有研究表明，有效理答与学生回答成正比关系，即教师的理答越是积极主动，越是持肯定、欣赏的态度，学生越是能主动、积极地参与到学习活动中。① 此外，教师对学生的成功与进步不断作出积极反馈，有利于学生在学习过程中获得积极的情感体验和产生持续的建构知识和意义的心理需要和浓厚兴趣。因此，教师有意识地运用教学理答艺术还能让学生感受和体验到学习的愉悦，使学生乐于学习。

三、课堂教学理答艺术对教师的要求

（一）课堂教学理答应该客观公正

教师的教学活动是面对全体学生的，教学中的问答也同样涉及教师与全体学生，在这个过程中，学生必然希望从教师那里得到公正的待遇。客观公正的理答能使学生体验到公平感，产生良好而积极的反应，从而巩固教师的权威形象。应当承认，教学活动中"晕轮效应"的普遍存在是影响教学评定公正性的主要障碍。② 所谓"晕轮效应"，是指在人际交往时看到他人某个突出的特点便认为他的其他方面也有与之相联系的特征。③ 当然，教学理答作为一种教学评价行为，其客观性与公正性也必然会受到"晕轮效应"影响。例如，有人通过调查研究发现，在课堂教学理答过程中，成绩较好、座位靠前、担任班干部、来自城镇的学生更容易受到老师的青睐和鼓励，教师对农村学生、差生和后座学生，无意识地给予了负向的、消极的理答；而教师的课堂理答方式又与初中生的学业情绪呈正相关。④ 一旦学生发现教师在理答时出现具有主观随意性和不公平的现象，便会产生反感情绪，形成对教师甚至是教师所教学科的消极印象甚至是逆反心理。因此，教师若想充分发挥课堂理答的积极作用、避免其负效应，就必须注意保持客观公正。

---

① 裴玲，廖文娟. 对话［M］. 上海：上海教育出版社，2004：140.
② 李如密. 教学艺术论（第二版）［M］. 北京：人民教育出版社，2011：427.
③ 卢家楣. 情感教学心理学［M］. 上海：上海教育出版社，2000：257.
④ 王俪嘉. 教师课堂理答方式对学生学业情绪的影响研究［D］. 西南大学，2010.

(二) 课堂教学理答应该具体而有针对性

教学理答要公正平等对待全体学生，但并不意味着对所有学生或是对同一学生回答问题的所有情况采取同样的理答方式或策略。理答的目的是要对学生回答问题的情况作出恰当的回应与处理，保证教学的有效性与持续性。不同的学生回答问题的水平与能力是有差异的，同一学生在回答不同问题时的表现也是有变化的。如有的学生回答问题的准确度可能较高，有的学生回答问题的积极性较高，还有的学生回答问题时的表达可能会比较流利……除此之外，教师在教学中提出的问题一般都是具有指向性的，例如，有少数问题的提出可能是为了集中学生的注意力，有部分问题的提出可能是为了帮助学生掌握教学中的难点或重点，还有部分问题的提出则是为了发散学生的思维……而教师如果在这种种不同的情境下理答时都一味采用诸如"对（错）""很好"、"真棒"等之类的比较模糊、空洞的言语，而不让学生了解对错的原因，就满足不了学生学习的需要，也无法给予学生具体有针对性的指导，更不用说启发学生的思维了。由此，教师在理答时，应该考虑问题的目的指向、针对学生回答的具体情况、并结合学生的个性等方面的特点再确定合适的理答方式与方法，作出较明确的、有针对性的反应。

(三) 课堂教学理答应尊重并满足学生的情感需要

在实际教学中，学生在回答教师提出的问题时，难免会出现答不上来或答错的情况，有时还会出现虽然心中隐约知道答案但是表达不出来的情况，在面对这些情况时，很多教师可能出于节约时间的考虑，往往会粗暴打断学生、代替学生回答或是直接转问其他同学，还有的教师在学生回答问题时背对学生、表情漠然或是忙于操作多媒体，在评价或补充学生的回答时刻板而严肃等等。教师的这些行为都是对学生不够尊重的表现，在教师出现以上理答行为的时候，就很难实现师生间的民主、平等的对话，也很难形成自由和谐的课堂氛围。正如相关研究所证实的，教师教学中如果缺乏对学生回答问题情况的有效与明确的回应，会降低学生回答问题的热情，挫伤其学习的积极性。[①] 而根据马斯洛的需要层次理论，学生只有在满足了安全、情感、尊重的需要之后，才能达到自我实现的层次；进

---

① Noriyuki Inoue & Sandy Buczynski. You Asked Open-Ended Questions, Now What? Understanding the Nature of Stumbling Blocks in Teaching Inquiry Lessons [J]. The Mathematics Educator, 2011, 20 (2): 10-23.

一步而言，教师要想自己的理答发挥理想的教育效果，其情感投入也是必不可少的。所以，教师在教学中要认真观察学生的表现，善于倾听学生的心声，**尊重学生的意见**，在学生回答问题出现困难时用眼神、微笑等方式鼓励和引导学生。

（四）课堂教学理答应该旨在激励并促进学生发展

德国教育家第斯多惠曾指出，"教学的艺术不在于传授，而在于激励、唤醒和鼓舞"。① 同样，教学理答作为一种重要的教学与评价行为，必须以激励学生学习、引导学生发展为最终指向。激励的力量是巨大的，它能使学生体验到成就感，增强学生的自我效能感，驱使学生将外在的要求转化为内在的学习动机，从而对学习产生浓厚兴趣。不仅如此，教师在理答时注意对学生进行鼓励还能增强学生的自信，促进其在人际交往方面的进步，实现人格上的全面发展。在激励性原则的指导下，教师在对学生的回答作出客观判断的基础上，应善于发现和赞扬学生的闪光点，而不是将精力集中于专挑学生的毛病。然后再针对学生的具体情况指出其有待努力与加强的地方，帮助学生准确把握教学内容。有时甚至还可以对学生的回答进行拓展与深化，通过巧妙的追问或活泼的讨论，引导全体学生发散思维、深入思考，将其当成拓宽学生知识面、引发思维碰撞的好时机，通过理答为学生在已有知识基础上建构新的知识提供机会。

四、课堂教学理答艺术的优化途径

（一）前提：增强理答意识

虽然课堂问答已成为教学中实现师生对话与互动的主要方式，但是在实际教学中，教师们更多关注到的是问题的设计与提出，而理答行为一般都比较随意，教师对于理答这一教学行为的重视还不够，对于理答作为一种教学评价的认识就更少了。因而，树立正确的教学观、增强理答意识是教师提升课堂教学理答艺术的前提条件。具体来说，教师只有真正认识到理答对于教学的效果、师生的交流以及学生全面发展的重要意义，才能有意识地加强对教学理答的预设和反思，才能注重对理答方法的学习与积累，才能在教学过程中注意对理答方式的灵活运用。而要想增强自身的理答意识，教师在教学中应该坚持"学生主体"、坚持教

---

① 王俪嘉. 教师课堂理答方式对学生学业情绪的影响研究［D］. 西南大学，2010.

学的教育性、将教学作为一个整体全面看待。

(二) 保障：做好理答预设

"凡事预则立，不预则废"的道理在《中庸》一书中早有阐发，行动之前做好准备工作往往能使我们在做事时达到事半功倍的效果，同样，在教师的教学过程中，必要的预设和准备是不可少的。有研究者指出，教师的理答预设是教学设计与准备的关键因素，"教师不能有效地预计学生的多样回答"是教学不能有效完成甚至偏离教学目标的重要原因之一。[1] 虽说理答具有很大的生成性，学生回答问题的可能性是多样的，教师确实难以对此做出完整的面面俱到的预设与反应。但是也正因为如此，教师更应该在课前备课的时候除了备教案，还得备学生，充分预设学生可能会怎样回答你的问题：如果学生这样答，我要如何应对；如果那样答，我要如何应对；如果学生答不到点子上，我又要如何应对等等。我们在听一些特级教师上课的时候，常常会为他们在课上信手拈来的理答技巧折服，那些巧妙的理答能使得一堂课如行云流水般流畅。可以肯定地说，这些信手拈来的潇洒必是由一遍遍地学习教材、了解学生、揣摩教法支撑着的。都说"台上一分钟，台下十年功"，要想在短短的一堂课上收获精彩，课前的预设是非常重要的，每一个环节，每一处提问，教师都要尽可能多地作出学生会如何表现的预设，这样在课堂教学中才能多一份应对自如的把握，无效的理答便会越来越少，而精彩的理答会越来越多。并且只要坚持下去，即使在课堂中出现课前没有预料到的生成性回答，教师的应付也能得心应手了。

(三) 核心：锤炼理答技巧

通过具体的教学实践来锤炼各种理答技巧，应该是教师优化其课堂教学理答艺术的最直接也最有效的途径了。在实践锻炼中，有几点尤其值得教师注意。首先，教师要善于观察学生在回答问题时的表现，认真倾听学生的回答。面对学生的"众多声音"，教师既要听出"杂音"，分辨出对与错；也要听出"高音"，分清认识水平的高与低；还要听出"奇音"，觉察出见解的独特与新颖。[2] 然后在此基

---

[1] Noriyuki Inoue & Sandy Buczynski. You Asked Open-Ended Questions, Now What? Understanding the Nature of Stumbling Blocks in Teaching Inquiry Lessons [J]. The Mathematics Educator, 2011, 20 (2): 10—23.

[2] 李一婷. 小学数学教师理答行为的研究 [D]. 南京师范大学, 2011.

础上对每种声音都做出恰当的反应与处理。其次,教师要根据具体情况灵活运用各种理答的方式方法。在理答时,如果能将言语表达与非言语表达相结合,会让学生更真切地感受到教师的用心、更认真地接受教师的建议与指导;此外,"探问"、"追问"、"转问"、"再组织"、"留白"等理答技巧的巧妙运用,也能更好地掘进教学的深度、拓宽课堂的宽度。再次,教师要机智地把握课堂中的生成性因素。教学过程中的生成性问题较多地出现于课堂问答过程中,因为在此过程中,学生拥有更多的自由,而往往在这些时候,也是学生"愤悱"状态较多的时候,教师如果能及时察觉到这些现象并有效把握时机,通过机智的理答帮助学生思考、解决问题,课堂定会增色不少。

(四) 提升:加强理答反思

反思 (reflective practice 或 reflection),是教师以自己的教学活动过程为思考对象,来对自己所做出的行为、决策以及由此所产生的结果进行审视和分析的过程,是一种通过提高参与者的自我觉察水平来促进能力发展的途径。[①] 反思能沟通教师"所倡导的理论"和他在教学中"所采用的理论",从而改进教师的教学。波斯纳(Posner)将教师的成长与其对自己经验的反思结合起来,提出了一个教师成长的公式:经验=反思+成长。可见,教师光有理答的实践经验是不够的,还须对自己的理答经验进行剖析和研究,总结自己理答时的成功和不足之处,促使自身理答水平发生质的变化。具体来说,教师的理答反思可以通过写教学日记、观看录像以及听取同行或学生提供的反馈信息,总结出自己的在理答时的优势与不足;也可以在观察他人教学的过程中,将其与自身的教学相结合,注意避免他人理答时出现的问题,学习他人理答过程中的优点,并采取相应措施扬长补短,以实现自身理答水平的质的飞跃。

---

① 张建伟. 反思——改进教学行为的新思路 [J]. 北京师范大学学报(社会科学版),1997,(4).

第二十章　课堂讨论结果的处理艺术

课堂讨论古已有之，在不同的时期它在教学中的地位是不一样的，到上个世纪 90 年代，课堂讨论又成为教学中的一个亮点。新课程改革以来，教育中提倡自主学习、合作学习、探究学习，课堂讨论也成为这些理念落实的一个载体、一种形式。大卫·布瑞基斯（David Bridge）认为由于讨论会对"参与者扩展知识面、增强理解力和判断力方面产生作用"，因而讨论不同于交谈或其他小组谈话的形式。① 但是要使讨论真正发挥其优点、收到好的效果并不是一件容易的事情。课堂讨论的成功与否，主要是看通过课堂讨论这种形式，是否让老师和学生在知识上有了更深的认识，在精神和情感上有了更多成功的体验。如果课堂讨论只是在于一种热闹的形式，这种讨论无疑是失败的。教师不仅要精心地设置讨论环境、慎重地选择讨论主题，还要合理地安排讨论时间、智慧地调节讨论气氛，更能够艺术地处理讨论结果。很多课堂讨论的失败，不是因为环境、内容、时间和气氛，而恰恰是由于教师不能够艺术性地处理讨论的结果。

一、课堂讨论及其结果

"课堂讨论"是指在教师的指导下，学生通过互相合作、主动参与学习、探究知识、实现教学目标的一种方法。② 从参与者来讲，课堂中教师和学生都是重要的主体。学生是讨论的实际参与者，而教师有时是讨论成员，却始终是讨论得

---

① （美）布鲁克菲尔德（Brookfield, S, D），（美）普瑞斯基尔（Preskill, S.）. 讨论式教学法：实现民主课堂的方法与技巧 [M]. 罗静，褚保堂译. 北京：中国轻工业出版社，2002：6.

② 张景辉. 浅谈课堂讨论的契机 [J]. 教育实践与研究，2006，（1）.

以顺利和有效进行的"调适器"。一般来讲，追求多方面发展是讨论教学的目标。但是在实际中由于年级不同、学生水平不同，讨论法的运用有不同的侧重：有时侧重学生情感方面的发展，如重在培养学生的合作意识、合作精神；有时侧重对所讨论知识本身有更多的、更深刻的理解。正如一位很有经验的小学二年级语文老师所说：不是所有的课都适合讨论，但有时我会刻意地让他们（指学生）去讨论，旨在培养学生的合作意识，让学生学会尊重他人，学会礼貌地、有条理地表达自己的观点。在刚刚打基础的时候，这些品质比知识本身更重要。另外，对讨论法的运用有时是课堂上一段时间的讨论，有时则是整节课、几节课的讨论。在中小学的课堂教学中，前者运用得比较多，后者用得则很少。

现代汉语中的"结果"指"一定阶段，事物发展所达到的最后状态"。所以，课堂讨论结果可以理解为在课堂讨论中，同学们针对主题讨论后在知识方面形成的观点、在情感上形成的认识等，不仅包括各小组讨论的结果，也包括之后在全班范围内交流中的各种"产品"。这些结果主要通过学生的表达和表现反映出来。在大部分课堂中，讨论教学法和其他方法结合在一起使用，讨论的时间相对较短，讨论结果比较容易捕捉到。而在整节课、几节课那样的讨论中，讨论不止一次，而且每次都在深入，每次的讨论结果都会作为以后讨论的资源。所以这里的讨论结果就不仅仅指讨论结束后的结果，还包括讨论过程中每一次的"收获"。课堂讨论结果是课堂讨论的重要组成部分，也是课堂讨论得以成功的重要条件。

二、现有的课堂讨论结果处理方式

由于讨论结果是讨论的实质内容，直接关系到讨论的效果，所以对其的处理方式尤显重要。虽然课堂讨论这种教学方式已经司空见惯，但是教师在实际的应用中却有着不同的方式与习惯，甚至是不当的、错误的处理方法。

（一）不处理

对课堂讨论结果的置之不理听起来不可思议，但在现实中确有其事，比如在一次法律基础课上，老师让同学讨论一个案例——张富有的婚事。同学们各抒己见，而从始至终老师竟然只是说了几句"还有哪位同学发言"等类似的话，那些启发性的、拓展思路的、对学生意见的看法等只字不提，以一句"下课"结束了讨论，也结束了此次课堂。像这种不珍惜讨论成果的做法虽然不多，但是足以引起老师的注意和反思，它不是直接由于老师的能力所导致的，更多的是因为老师没有很好地理解讨论的内涵和意义。

（二）机械处理

机械处理是指在课堂中教师对学生讨论的处理只是基于在课前备课时对可能出现状况的预设而准备的应对策略。如果在课堂中出现了老师预先没有想到的情况，老师便会措手不及。比如在一次小学数学的概率认识课上，教师设置了小组活动——摸彩球，想让学生通过具体操作来理解"可能性"的含义并讨论影响概率的因素。然而在摸球过程中，学生在每次放回球之后并没有把袋子里的球摇匀再开始下一次的实验，相反，把球放进去后就直接从中取，从而使取出的球的颜色比较单一，体现不出随机性。毋庸置疑，这次实验是失败的，而同学在讨论的时候也是基于这种错误的结果来进行的。而老师并没有在备课的时候考虑到这种情况的发生，从而在总结讨论结果的时候只是把预设到的结果说了一遍，并没有真正地扣住主题。这次课的结果可想而知，学生没有通过实验和讨论来理解可能性和概率。

（三）艺术化处理

在运用讨论这种形式教学的过程中，对讨论结果的处理也不乏一些出色的案例，笔者将其称其为"艺术化处理"。有一堂"课改"汇报课——《本命年的回想》（刘绍棠60岁时作），教者提出了这样一个主问题：一个60岁的老人回忆小时候过大年的情景有什么值得回忆的？学生在经过讨论以后，从课文中找出了十点内容，并在全班交流。教师又提出了这样一个问题：作者写这篇文章有什么用意呢？并作了提示：现在过大年和以前有什么不同？小组讨论以后，学生说：现在过年条件好了，有漂亮的新衣服，有许多好吃的，时兴电话拜年、发短信拜年、网上拜年、电视点歌拜年……说到这里，教者又一次向前推进，问道：就这些不同吗？讨论后，有一个男生说：物质在进步，精神在退步。应该说这个回答是十分精练的，有深度的。现场听课的有关专家以及上百位教师都相顾而乐，笑意盈盈。讨论取得了意想不到的成功，然而教者并没有就此罢手，继续提出了这样一个问题：让其他同学把这位同学的心里话说出来，请大家讨论。过了一会儿，一个女生发言说：电话拜年、发短信拜年、网上拜年、电视点歌拜年等，虽然表达了心意，但是人们之间的情感交流简单化了、程式化了，没有了亲热劲儿，少了亲和力，缺了深度和密度，人文关怀的精神正在退化。此言一出，会堂爆发出热烈的掌声。这样,学生自然明白了作者写这篇文章的目的所在了。这样一连四问,不断引申,层层深入,水到渠成,自然达到教学目标。①

三、课堂讨论结果的处理艺术及其技巧

巧妙地、艺术化地处理课堂讨论结果是我们所推崇的方法。但究竟什么是课堂讨论结果的处理艺术?怎样才能体现出艺术性呢?简言之,课堂讨论结果的处理艺术就是将讨论结果转化为讨论成果,并使这种成果非常丰富。在一定时间内,对某一议题的讨论告一段落后,教师对其所观察到的及通过学生自己表述所体现出来的学生在知识、态度、情感方面的状态所进行的巧妙的、高效的处理,使课堂讨论真正奏效。笔者将其称为课堂讨论结果的处理艺术。在这里,关键是要让"结果"成为"成果"。比如,经过小组讨论以及集体交流、反馈之后,学生对问题本身、对教学内容的理解已远远超出了其独立思考阶段的水平,甚至还会有一些新的观点。② 倘若老师能很好地抓住时机,智慧地将这些观点转化为课堂的成果,便不失为一种教学艺术。

常用而有效的课堂讨论结果处理技巧有如下几方面:

(一) 讨论结果的收集

在讨论告一段落之后,各个小组或者每个人对讨论主题都有了一定的看法,至少是进行了思考。倾听这些不同的声音,是有效处理讨论结果的必要基础。

1. 细心观察,认真倾听,尽可能收集全部信息

一个人表达自己思想的途径是很多的,有语言途径,还有非语言途径;可以用陈述的方式来表达肯定,也可以用反问来强调;可以用眼神,也可以用动作。所以,在收集信息的时候要采用小组汇报与个人补充相结合的方式。在通常的小组讨论中,在讨论基本结束的时候教师会要求每个小组选一个代表来陈述小组的观点。这种方式其实是有弊端的:代表陈述的观点不一定是小组的观点而是自己的观点,或者是小组内部分人的观点。而有的同学的观点却未被老师所了解。因此,教师应让尽可能多的观点呈现出来,一则可以给学生更多思考的素材,二则

---

① 樊康正. 谈课堂讨论中教师的引导策略 [J]. 宁夏教育科研, 2006, (3).
② 叶丽新. "瞻前""顾后"话"讨论" [J]. 上海教育科研, 2001, (4).

可以全面地了解学生的想法，为教学做准备。同时，教师要善于"察言观色"。由于学生的性格不同，表达自己想法的方式也有所区别。教师要留心学生的一举一动，尽可能从多种渠道来了解学生所想。

2. 关注全体学生

关注全体学生已经成为教育教学中的共识，但是在实际教学中，并不是全部学生都受到重视，在课堂讨论中或许体现得更明显。那些表现活跃的学生往往受到老师更多的重视，从而得到更多的表现机会。这对于另一部分内向型的、学习困难学生是不公平的。所以，在讨论时要求教师必须尊重每个同学的发言，特别是平时学习有困难的学生，更要让他们多几次发言的机会，从他们的意见中捕捉闪光点来引导，鼓励他们坦诚相见、互帮互学。[1] 我们会发现，坦诚地、平等地对待每一位学生，学生的积极性会更大，课堂也会更加活跃和充实。

（二）讨论成果的评价

讨论结果呈现出来后，教师要给予一定的评价，使学生明白自己的想法好在什么地方，什么地方有欠缺。

1. 慷慨赞美学生的闪光点

与一般的个体单独学习相比较，讨论课有其自身的优势条件和特点，不只是关注学生学业上的进步，正如有的学者所说的"仅仅在课堂上学会了一些知识，也只不过是在口袋里装上几枚铜板而已，这对学生一生的心智发展没有多大意义"。[2] 所以，教师要从多个角度来发现学生的闪光点，知识、方法、技能、情感都可以成为大家学习的榜样。同时，教师不能吝啬自己的语言，要如实地把赞美说给学生听。

2. 指导学生间的互相评价

班级中每个同学的差异本身就是一种课堂资源，而学生已不再是被权威控制的对象，他们逐渐地有了话语权，如果教师能认真地倾听和分析同学的意见、很好地组织学生进行同伴间的评价，将会收到意想不到的效果。

3. 对意外结果的评价

---

[1] 杨敏. 精心组织课堂讨论，提高课堂教学效率 [J]. 新课程, 2007, (7).
[2] 许贯中. "点拨"在讨论式教学法中的实践与探索 [J]. 徐州教育学院学报, 2004, (3).

讨论中可能出现的意外情况很多，这里的意外结果是指老师在备课时没有充分想到的状况或结果，有正面和负面之分。由于讨论法具有不可预测性和冒险性，因此它用于教育教学就像攀登高山或减缓危险急流一样有挑战性。由于我们无法确定在爬向峰顶或在下一个弯道处拐弯时会遇到的情况，因而我们必须保持高度的变通性和注意力。① 而对于这些意外结果，有的是教师备课的时候完全应该想到却没有想到的，有的是教师很难想到的。对于前者，教师要充分肯定学生的思考方法和能力；而那些教师难以想到的意外结果中，和课题有关的结果教师要及时地肯定学生思维的开阔，而与话题没有关系的内容要能有舍有取，甚至能巧妙避开。

（三）讨论结果的指导

教师不是讨论的旁观者，而是讨论的组织者、参与者、指导者。

1. 指导要有针对性

学生讨论后的结果往往凌乱无序，在处理这些结果的时候，教师要能很快地理清头绪、抓住重点、对症下药。教师根据学生的理解和回答判断学生对知识的理解程度，根据学生所采用的方法了解学生的思维方式和活跃程度，从而对于不同程度的学生给予不同的指导。可以明示，也可以暗示。总之，要让不同层次的学生有最大限度的发展。

2. 指导要有启发性

在讨论中，教师是不可少的，教师的地位也是不可忽视的。教师的作用不仅仅在于对学生讨论结果的总结，而是要以知识的整体性作为出发点，以开启学生的智慧之门为目的。如，在用分数来说明事物特征的讨论中，当学生举例中都用分母所含的数来说明时，教师便抓住这个重大发现，启发学生思考："有什么办法能知道每个分母中含有哪些的数呢？"这样"必须把分母分解质因数"就呼之而出，为下面让学生小组合作把几个有代表性的分数的分母分解质因数打下了基础。② 启发性不是个别化教学的专利，在群体性的教学当中更为重要。

---

① （美）布鲁克菲尔德（Brookfield, S, D），（美）普瑞斯基尔（Preskill, S.）. 讨论式教学法：实现民主课堂的方法与技巧［M］. 罗静，褚保堂译. 北京：中国轻工业出版社，2002：6.

② 吴瑜. 小学数学课堂讨论效率的提高［J］. 教育评论，2006,（5）.

（四）讨论结果的升华

对讨论结果处理的最高境界是将其转化为讨论成果、讨论果实，这也是讨论教学法运用的真正目的所在。

任何教学中，对知识本身的理解和掌握都是最基本的。谈到课堂讨论，大家都会想到其个体的差异性、观点的丰富性；都会想到讨论对学生的表达能力、合作能力等的影响。但是当讨论结果简单地呈现时，这些优势并不会体现出来，它同样依赖教师的"高瞻远瞩"和适时点拨。教师要意识到学生全面提高的重要性。要能看到学生的知识与技能、态度与情感、能力与方法等的必要性，看到它们对于个体发展的重要作用；同时，要给予有力点拨。对于知识，要引导学生走向纵深而非停留在表面；对于情感，要引导学生了解善恶，有自己的独立见解；对于方法，要能用创造性理念来支撑，并把这种理念贯穿在对学生的影响当中，提高他们的创新能力。

课堂讨论结果的处理艺术可以是局部的巧妙和高效，也可以是整体的协调和高效。总之，在利用课堂讨论这种教学形式的时候，教师要认识到讨论的目的和特点，不要忽视对讨论结果的处理，并不断地反思和总结，提高对讨论结果的处理技术，使之成为教学的一种习惯，成为一种艺术。

第二十一章　课堂教学沉默艺术

新课程改革要求教师改变传统的课堂教学模式，确立学生课堂教学的主体地位，倡导学生主动参与、乐于探究、勤于动手，培养学生搜集和处理信息的能力、获取新知识的能力、分析和解决问题的能力以及交流与合作的能力，使学生的身体、智慧、情感、态度、价值观和社会适应性都得到全面提高与和谐发展。在新课程的教学中，教师与学生之间不再是简单的给予、被动接受的关系，而是一种平等、民主、自由、宽容、鼓励和帮助的"伙伴"关系，学生通过与教师的交往和对话而成长，教师通过与学生相遇而充实，从而达到共享知识、共享智慧、共享人生的价值与意义。[①] 而在新课程的实施中，有些教师片面追求活跃的课堂气氛和师生互动，尤其是在一些公开课上，课堂气氛"热闹非凡"，学生对教师的提问"对答如流"。这种课堂貌似活跃而缺乏深思，有许多虚假浮躁的成分在里面，是不值得提倡的，以免对更多的教师产生消极的误导。课堂要经得起沉默，沉默的妙用在课堂中具有积极的意义和较强的艺术表现力，教师要善于运用沉默的教学艺术，提高课堂教学效果。

一、教学沉默的定义及分类

我们对沉默并不陌生，因为在日常交流中，我们经常碰到和应用沉默。沉默能够传递丰富的信息，它是人们交流的重要手段之一。根据现代汉语词典的解释，沉默是指"不说话"。根据语言学的解释，沉默分为广义和狭义：广义上，沉默包括所有的非言语交际形式，而狭义的沉默是副语言中的语空的一个分支，指

[①] 张天宝. 新课程与课堂教学改革 [M]. 北京：人民教育出版社，2003：129.

与言语相对的静默无语和超过一定时间限制的言语中断。一般而言，我们是从音量值为零这个角度谈论沉默的。

教学沉默是自我对话和个体意义生成的载体。根据沉默在教学中的作用，教学沉默可分为积极沉默和消极沉默；根据教学沉默的主体不同，教学沉默可分为教师沉默、学生沉默和师生沉默；根据沉默主体当时的动作行为，教学沉默可分为伴随体态语言的非静止沉默和不伴随其他行为的静止沉默；根据沉默在一个相对独立的话轮中出现的位置，教学沉默可分为话轮间沉默、话轮内沉默和沉默单独充当话轮的话轮沉默。

二、教学中沉默艺术的必要性

沉默在教学中既有积极作用又有消极作用，教师应该充分发挥沉默的积极作用，消除消极作用，像讲究其他教学艺术形式一样，讲究沉默的艺术，让学生的主体意识在教师留下的空白里得以充分发挥，从而激活学生的创新思维，提高教学效率。那么教学沉默艺术的必要性何在呢？

1. 从心理学角度而言，人的注意力不可能长时间集中于一点，大约每隔5—7分钟，人的注意力就要分散。回答被提问的问题，需要2—3分钟才可能有一个必要的思维活动时空。根据格式塔心理学派的"完形"理论，人的大脑中都有一个知识结构组成的"完形"，当人遇到未知的知识时，大脑中的"完形"就会产生空缺，这种空缺使人情不自禁地产生一种紧张的"内驱力"，促使大脑兴奋活动，去完善大脑的空缺，形成新的完形。教师应该恰当地导演一些沉默，促使学生主动思考，提高思维质量，唤起学生的注意力。

2. 从教学理论而言，教学乃是教师有目的地通过教授文化科学知识和技能指导学生学习，以使其身心获得全面发展的教育活动。[①] 学生是学习的主体，是教学活动的能动参与者，教师的教要适应学生的身心发展，学生的学是不能被教师的教所取代的。教师在教学中，恰如其分地应用沉默艺术，有利于学生消化、吸收所学的知识，使其更好地掌握知识。

3. 从教学目的来看，新课程改革的目的是使学生的身体、智慧、情感、态

---

① 李如密. 现代教学理论研究 [M]. 长春：吉林人民出版社，2003：10.

度、价值观和社会适应性都得到全面提高与和谐发展。教师在努力培养学生的合作交流能力的同时,更应该把学生的思维发展,作为最重要的核心培养目标。无论是德育还是情感教育,最终要把学生培养成德才兼备的个体的人。这种人的个性养成过程,正体现于其思维的独创性、灵活性和深广性的培养上。"我思故我在",所以,在课堂教学中,教师更应该通过对学生的启发和诱导,还"教"于"学"。[①] 教师给学生以恰当的时间和空间,让学生的思维充分展开。给学生安静思考的时间,老师往往可以从中发现学生们真正的迷惑和不解,从而更好地把握课堂,才能有效地提高学生学习的积极性和教学的有效性。这样既有利于培养学生的独立思考能力,又能在这种"沉默"中,潜在地建立起师生之间相互信任、相互支持的良好合作关系。

三、教学沉默艺术的功能

在教学过程中,讲究沉默艺术是非常必要的,教师应该充分发挥教学沉默艺术的功能,实现教学过程的最优化。教学沉默艺术具有以下的功能:

1. 管理功能

课堂管理是课堂教学艺术的重要组成部分,它贯穿于一堂课的始终,是课堂教学取得良好效果的基本保证,教学沉默艺术是课堂管理艺术中的一朵奇葩。当课堂秩序出现混乱时,教师可以应用沉默艺术,以静制动,给学生以心理上的压力,而维护正常的课堂秩序。朝鲜停战谈判中长达132分钟的沉默就充分说明了沉默的作用。在1951年8月10日下午1时30分开始的会议上,美方代表对中朝代表提出的建议漠然置之,拒不发言,会场上一片寂静。中朝方面代表尽管对美方这种做法十分愤怒、鄙视,但都很冷静沉着,他们也采取沉默的方法,以其人之道,还治其人之身。谈判双方沉默战一直僵持了132分钟。最后,美方代表终于开口说话了。在教室秩序混乱时,教师站在讲台上,沉默无语数十秒钟,课堂便会安静下来,师生的情绪均不会受到影响,教学得以正常进行。在教师讲课时,如果个别学生搞小动作,注意力分散,教师突然沉默一会儿,这些学生就会意识到自己的错误,马上进入学习状态。沉默的应用,在不影响师生情绪和不伤

---

① 胡明珍. 要经得起课堂上的"沉默"[N]. 中国教育报,2005—03—02 (3).

害学生自尊心的情况下，维护了正常的教学秩序，起到了课堂管理的作用。

2. 教育功能

特级教师于永正说过："当老师教育学生时，如果学生知道你在教育他，你的教育就失败了。"教育要做到润物细无声，教师要运用沉默艺术对学生进行教育。我们可以从教师的沉默和学生的沉默两方面来分析沉默的教育作用。

首先，教师的沉默对学生具有教育作用，下面的案例就是很好的例证。刘老师班上有一个学生叫王峰，是全校出名的淘气包，上课好动，课后打架，老师对他进行教育，收效甚微。一天，坐在王峰前面的小芳哭着找刘老师说，王峰把她的发卡弄坏了。刘老师看着小芳散乱的头发，便把自己的发卡解下来给小芳戴上，对王峰则采取沉默的态度。过了两天，刘老师意外地发现一只别致的发卡放在自己的办公桌上。下面压着一张纸条："刘老师，小芳戴的发卡是你的，我弄坏了她的，我应该赔，我给你挑了这只发卡。"刘老师深受感动，戴上这只发卡去上课，并且告诉学生，这是她所有发饰中最美的一个，因为它是一个孩子的心意，它像那个孩子美丽的心灵。一只发卡传递着师生的真诚和信任，从此，王峰变了，变得好了起来，期末被评为"进步最快奖"。刘老师把自己的发卡给学生，对王峰采取沉默的态度，使王峰在教师的沉默中接受自我教育，心灵上发生转变。[①] 这是刘老师教育艺术的成功所在。

其次，教师引导学生沉默，使学生在沉默中思考问题，受到教育。斯坦伯格讲述的案例，就是很好的例证。这是美国东部一所大学毕业考试的最后一天，在考试前，机械系大四的学生挤在一起，高兴地谈论即将开始的考试，他们脸上显示出对考试和未来的信心，因为他们怀着对大学四年教育的肯定，他们觉得心理上早有准备，能征服外面的世界。他们带着必备的资料高兴地走进教室。看到试卷，学生更加高兴，因为只有5个论述题。3个小时后，教授收完试卷，问道："有几个人把5个题全做完了？"没有人回答。"4个？3个？2个？1个？"全班学生保持沉默，考试之前的自信一扫而光。最后教授说："这是我预期的。我只是要加深你们的印象，在实际工作中，你们有许多问题不知道，大学毕业是你们教

---

① 李玉萍. 一份特别的教案：教育艺术案例与分析 [M]. 北京：中国人民大学出版社，2003：63—65.

育的开始。不过,你们这次考试都会及格。"① 教授通过询问学生做题的情况使学生沉默,学生在沉默中对自己的学业和未来进行思考,意识到学无止境,使学生在毕业时受到深刻的教育,学生们对教授的训诫终生难忘。

通过两则案例,我们可以看出:教师在教育学生的过程中,巧妙地运用沉默艺术,使学生的心灵受到震颤,在沉默中受到教育和自我教育。教育无痕,润物无声,于无声处听惊雷,在心与心的碰撞中,学生的思想升华了。

3. 启思功能

绘画艺术讲究"瞬间性",在这绘画作品中,若就其描绘对象之动作的贯穿线而言,被画家固化、定格化的某特定瞬间的描画对象的举止、姿态,可视为一种停顿,但这种静态只是暂时的,它体现(或预示)出动作的来踪去迹。譬如像隋朝的展子虔画马那样"作立马而有走势,其为卧马则腹有腾骧起跃势,若不可掩也"。戏剧有静场,又叫沉默、停顿、哑场等。它既是前一动作的结束,也是后一动作的开端,是对未来动作的一种引人入胜的预示。它处于心灵发生最激烈震动的关头,蕴含着丰富复杂的情感潜流。课堂教学中的沉默和戏剧艺术的沉默一样,并不是教学的中断,而是给学生足够的时间和空间去思考,让学生的思维充分展开,有效地提高学生学习的积极性和教学的有效性,促进学生的发展。教师要善于启发,耐心等待,相信学生,耐得住寂寞,引导学生思考探究,接受智力的挑战,在曲折的探索中体验成功。让学生享受深思的沉默,等待学生在沉默中爆发。

有位教师讲授百数表中被 3 整除的数。教师先引导学生圈出能被 2、5 整除的数,然后让学生找出被 3 整除的数。学生找出的是个位上是 3、6、9 的数,显然,学生受到"能被 2、5 整除的数的特征"的负面影响,从个位上的数去判断能否被 3 整除。学生对自己的答案也不满意,全班处于沉默状态。这时的沉默并不是教学的失败,也不是学生思维的终止。相反,恰恰表明学生的大脑处于极度兴奋状态,原来大脑中的认知结构不能同化新的知识,产生失衡,思维活跃。这位教师并没有急于打破沉默,自揭谜底,而是给学生足够的时间去分析思考。最后,学生在思考中获得了问题的答案,体验到成功的乐趣。

---

① 余文森. 基础教育课程改革的四大支柱 [M]. 福州:福建教育出版社,2002:83—84.

王圣民在《享受沉默》中讲了一个案例：在讲"亲情之爱"这节课时，他先问学生家长是怎样给自己过生日的，学生都幸福快乐地做了回答。当他问学生谁知道自己父母的生日时，全班沉默，老师和学生一起沉默着……在这沉默的下面，涌动着什么？萌动着什么？学生们心底最珍贵的东西，正慢慢地托出水面，结成珍珠。沉默了几分钟，他再问如何知道父母的生日时，学生们又活跃起来。这时的活跃和沉默前完全不一样了，他们在沉默中，懂得了自己要回报父母对自己的爱，这是他们迈向健康人生的第一步。①

4. 和谐功能

教学沉默艺术具有构建和谐课堂的功能。它可以调节课堂教学节奏，调节学生的心理，缓和师生关系，使每一个学生都得到发展。

教学艺术节奏是教师教学活动的组织富有美感的规律性变化。中国画有所谓"密不透风，疏可走马"的章法。这对课堂教学节奏具有借鉴意义。课堂教学不仅要快慢得宜、疏密相间、抑扬顿挫，而且要动静结合、起伏有致、整体和谐。让课堂有讲有停、有起有伏，构成和谐的乐章。这样，有助于学生消除疲劳，保持注意力，提高教学效率。

心理学研究表明，学生的认知积极性呈现一个波浪形。学生如果较长时间处于较高激动水平，对他们学习较困难的内容就有干扰。这就要求教师在一段紧张的教学活动之后，要给学生短暂的缓冲时间，使他们的思维由紧张转为松弛，甚至还可以留给他们一点自由支配的时间。学生们可以利用这种"间歇"充分咀嚼、消化、吸收所学的知识，或者去回忆、思考、联想，也可以进行实际训练。这对于学生能力的养成具有重要意义。同时，学生们通过这种有益的"小憩"为下面的学习做好心理上、精神上的准备。当然，具有调节功能的"沉默"绝不是简单地不说话、不出声，而是与课堂教学有机结合的一种教学技巧。②

现代人际交往心理学研究表明，在双方交谈中，如果甲方适时地沉默不语，让乙方演独角戏，乙方从甲方得不到任何反应，反而会被甲方的沉默所慑服，从而顺从甲方的意志。在课堂上，学生之间和师生之间难免发生矛盾，教师可以利用沉默艺术缓和气氛，化解矛盾，维护和谐的课堂。学生肯尼在作文课上激动起

---

① 王圣民. 享受沉默 [J]. 语文学习，1991，(7).
② 范亚林. "沉默"在课堂教学中的作用 [J]. 四川教育学院学报，1997，(10).

来,他匆匆写完作文,不但字体潦草,错字多,而且跳过几部分。老师不会接受没有达到肯尼写作水平的没有做完的作业,要求他继续修改。肯尼气愤地回到座位上,炫耀地拒绝继续做作业。他坐在那儿,做出挑衅的样子,两个手臂挽起来,合上书本,嘟囔着他已经受够了!但是,老师似乎对他不理不睬,将注意力转到其他同学那儿。老师知道,肯尼有一种自傲的性格和强烈的自尊心,不喜欢别人告诉他怎么做,如果正面交锋对肯尼不好,也不利于课堂气氛。老师保持着沉默,不理睬他的装腔作势。过了一会儿,肯尼才冷静下来,继续做作业了。①这位教师知道沉默的力量,也知道何时保持沉默。通过运用沉默艺术,维护了课堂的和谐气氛。

　　教学沉默艺术能够起到关注每个学生发展的作用。每个班学生的学习情况千差万别,教师要在教学中照顾到每位学生的发展。教师在讲解过程中要适当地沉默,给全班同学留下思考的空间,不要让程度好的学生抢走其他同学的思考机会。教师也要给所有学生沉默的权利,让他们自己思考问题,使学生都能够和谐发展。

　　教学沉默艺术需要教师在实践中不断地探索创新才能结出丰硕的成果。它既要合于教学规律,又要合于师生的个性特点和心理特点。教学沉默要有一定的目的性和针对性,沉默的时机和时间长度要恰到好处,并且方法要灵活和多元化。就让教学沉默艺术在春风化雨中滋润每个学生的心田,促进每个学生健康和谐的成长吧。

---

① [加]马克斯·范梅南. 教学机智:教学智慧的意蕴[M]. 李树英译. 北京:教育科学出版社,2006:231—232.

第二十二章　课堂模糊教学艺术

当前我国的课堂教学在科学主义影响下正倾力追求一种精确性，如有的教师把教学作为一种"工艺"过程对待，醉心于运用雕塑家的艺术对本该学生体悟的教学内容精雕细刻，或者把教学内容切碎成许多知识点并画成知识树要求学生机械地掌握。这使得学生只是在认知方面获得片面发展，其个性与情感却受到压抑，作为人的整体性和全面发展的丰富性丧失殆尽。耗散结构论、模糊数学及模糊美学的兴起，打破了经典科学以追求定性定量分析为唯一方法的垄断地位，为我们提供了新的非定性非定量的分析方法。课堂教学中的诸多模糊现象的存在，决定了它理应被置于模糊理论的观照视野中。因此，模糊教学艺术应受到足够的重视，以弥补精确性教学的不足，从而进一步拓展和完善教学艺术论的研究。

一、模糊教学艺术的涵义

（一）模糊

模糊是一意蕴丰富的美学范畴。所谓"模糊"，是指客观事物（包括人类的思维和语言）的不稳定、不精确、不清晰。它与糊里糊涂、模棱两可不可同日而语。德国哲学家康德于 1764 年提出"模糊"概念，认为"模糊概念比清晰概念更富于表现力"。[①] 1956 年美国加利福尼亚大学教授查德提出"模糊集"，并创立了模糊理论。模糊与精确是一对平行对等的概念，二者看似两极，实则相反相成、相互补充，并在一定条件下相互转化。当代文艺理论家鲁枢元说："模糊性实质上是基于作家艺术家深刻敏捷的感觉能力，是一种理性上渐趋明确、知性上朦胧

---

① 王明居．模糊美学 [M]．北京：中国文联出版公司，1998：92．

混沌的模糊,它以模糊的方式实现复杂的精神现象上的准确。"[1] 因此,模糊是一种智慧的体现,艺术的模糊手法并非让欣赏者糊涂,而是促使欣赏者更真切、更完美地理解和感受艺术品,更好地显示艺术辩证法的生命力。

诸多艺术形式如诗词、绘画、戏曲、书法等一直很注重模糊的艺术,并把它作为衡量艺术作品境界高低的重要标志。如古代诗词,其意境、语言皆有模糊性。又如在绘画艺术中,除界画、工笔等直白铺陈、精确描写技巧手法之外,还有模糊渲染、朦胧写意,如水墨画的泼墨渲染、淡淡皴擦那样的技巧手法。再如在戏曲艺术中,强调"要皆以若有若无为美"(汤显祖语),一出戏,用意十分,演出十分、十二分将索然无味。由此而论,模糊作为艺术创作的有机组成部分,亦是艺术家进行创作的一种技巧。

(二) 模糊教学艺术

教学作为一门特殊的艺术,理应像其他艺术形式那样着力追求"神余言外"的艺术"化境"。所谓模糊教学艺术,是指教师有意识地将模糊理论运用于教学并以其独特的艺术魅力在学生心领神会中提高教学艺术效果和水平的活动。教师进行模糊教学时应遵循"虚实相生"规律,在教学中创设知识、心理上的暂时性"模糊"状态,促使学生体悟、想象,以最终收到精确性的教学效果,并创造出一种深远幽微的艺术境界。

模糊教学艺术的特点主要表现为意念性与蕴藉性。意念性是指模糊教学艺术强调对教学内容进行意念分析,而不同于精确性教学注重的定性定量分析。意念分析是人的一种心意能力,它无法测量、不可验证,着重于对教学内容情状的整体把握,追求师生心灵的体验与感悟。蕴藉性是指模糊教学不同于精确性教学的明快直白,它强调含蓄蕴藉、意在言外,并讲求一种"悠悠心会,妙处难与君说"(张孝祥语)的味外之味。

模糊教学艺术功能也表现在诸多方面:其一,可使学生的主体性得以淋漓尽致地发挥。这是因为学生接受到教学中的模糊信息后,只有着意发挥主观世界的积极作用和能动性,在"大成若缺"的感觉里积极联想、细心体味,方能终有所悟。其二,有利于学生创新能力的培养。因为模糊教学艺术破除了"非此即彼"二值逻辑的思维定势,使学生对于教学内容在语言、情感、意义层面上有多种理

---

[1] 鲁枢元. 创作心理研究 [M]. 郑州:黄河文艺出版社,1985:90.

解方式，而这正是学生创造性的表现。

一些优秀教师在长期的教学艺术实践中，也总结出模糊教学艺术在一定教学情境中确实能收到比精确性教学更理想的教学效果。如杨润清老师对传统教学的精雕细刻、精讲多练大胆质疑，认为："不讲明白，少讲，师生花费精力和时间最少，收效最多，才是教学中'善之善'的方法"，"讲课时尽可能少讲，尽可能不'一语道破'，最大限度地调动学生的想象、思维，甚至制造矛盾、引起争论，在教学中搞'百花齐放，百家争鸣'"。① 杨润清老师的模糊教学的教学效果是异常显著的，并以其高度的审美品位在国内教学风格流派的百花园中独树一帜，蔚为大观。

二、模糊教学艺术的依据

关于模糊教学艺术的依据，我们可以从作为主体的人与作为客体的教学内容两个维度进行分析。

（一）师生模糊思维能力的存在是模糊教学艺术的主观条件

恩格斯指出："辩证的思维方法同样不知道什么严格的界限，不知道什么普遍绝对有效的'非此即彼'，它使固定的形而上学的差异互相转移，除了'非此即彼'，又在恰当的地方承认'亦此亦彼'，并使对立通过中介相联系；这样的辩证思维方法是唯一在最高程度上适合于自然观的这一发展阶段的思维方法。"②"亦此亦彼"与模糊同义。模糊思维是指人的大脑中进行的、与精确思维相对立的以模糊性为特征的思维。心理学家发现，模糊数学判断没有严密的逻辑推理，大脑中只是不断出现概念的跳跃和明暗的交叉，在无意识过程中对问题的情境进行论证，因此心理学家称其为模糊思维。它具有特殊的穿透力，艺术家通常称之为"眼力"，实际是感受力与理解力合二为一的综合判断力。模糊思维不以条分缕析地刻画事物和现象为目标，它着眼于事物与现象的整体特征和主要方面，而精确思维却追求条分缕析，最终得出非此即彼的结论。

（二）教学中大量模糊信息的存在是模糊教学艺术的客观基础

---

① 滕英超. 中学语文教坛风格流派录 [M]. 沈阳：辽宁教育出版社，1994：217.
② 马克思恩格斯选集（第3卷）[M]. 北京：人民教育出版社，1972：535.

我国民族思维方式基本上是一种混融型意向思维,与西方思辨型逻辑思维方式不同,不重视对事物细节作精确的科学分析,而倾向于对事物整体作朦胧的把握。含蓄性、朦胧性就成为我国民族审美的首要特征,崇虚、重味成为我国古代文学的宝贵传统。这决定了汉语词汇与作品有很强的模糊性和弹性,简约而多义,含蓄而丰富。作为教学内容的由诸多模糊词语组成的文学作品大多是一个个"模糊集"、"模糊块",如马致远的《天净沙》实际上是诗画完美结合的模糊美集合体。其意境深邃而独具个性,那封建社会小农村野的衰败景象,羁旅人的孤寂愁苦,均在这形神兼备的画面中得以描绘。文学作品由于运用夸张、比喻、双关、通感等模糊修辞手法从而构成了语言的模糊性。比如北宋宋祁《玉楼春》中"红杏枝头春意闹"一句,运用通感模糊修辞手法,"着一闹字而境界全出"(王国维语),既点出了枝头红杏深厚而活跃的背景,又让读者在视觉里仿佛获得听觉的感受,有"只可意会,不可言传"之妙。

三、模糊教学艺术的原则

教师巧妙自如地运用模糊教学艺术,能给学生以无穷美感和艺术上的享受,但这绝非只凭教师一时的灵感所能奏效,而必须增强模糊教学艺术的设计意识,并自觉遵循模糊教学艺术的实施原则,不断提高模糊教学艺术水平。

(一)互补性原则

模糊教学艺术技巧运用的时机、程度、频次等,均要依据教学内容的需要而定,切不可加以量化。教学中的模糊毕竟只是一种手段,其最终目的是指向精确。因此,模糊教学与精确教学应紧密结合,相互补充,方能取得相得益彰的教学艺术效果。教学中进行全模糊,学生不知所云,如坠五里雾中,教学就难有成效;进行全精确,一览无余,透彻见底,学生就难有回味与驰骋想象的空间。因此,"精确"的模糊性应作为教师着力追求的目标,即教学中的模糊不应是绝对模糊,而应是相对模糊,模糊中能呈现某种清晰性。在模糊中见到清晰或清晰中见到模糊,就是教师进行模糊教学艺术创作的最佳度。

(二)共意性原则

教学中运用的模糊艺术技巧要求师生都心中有数,方可取得预期的教学效果,进而达到"心有灵犀一点通"的境界。如同音乐的音色、频率、节奏只有与人的生命节奏保持一种和谐关系时,欣赏者才会有痛快淋漓的艺术享受;教师与学生的内心感受也只有相互沟通,教学才会产生思维共振、情感共鸣的艺术效果,因此,成功的模糊教学艺术应是师生共同创造出来的,也只有在师生密切配合下才能形成师生间认识和情感的双向交流。教师避实就虚地发出模糊信息,学生调动其模糊思维能力和审美意识积极参与,并采取意会、联想的方法不断品味、领悟,最终获得清晰的教学信息,师生由此共同享受由模糊教学艺术带来的精神上的无穷愉悦,并咀嚼潜伏于模糊中的美妙韵味。

(三)适度性原则

模糊教学作为一种教学艺术技巧是配合精确教学并为之服务的,它只能在一定条件和语境下使用并必须服从教学内容的需要,不应喧宾夺主,滥用模糊教学。如果因为适切的模糊可以诱发美感,增强课堂教学艺术魅力,便一味过度模糊,为模糊而模糊,其结果只能使学生一头雾水。因此,只有保持模糊教学艺术的适度性,即所设的"模糊"能引起学生的联想和想象,生出"精确"来,并收到含蓄隽永、耐人寻味的艺术效果,才是真正的模糊教学艺术。

四、模糊教学艺术的技巧

在教学实践中,教师掌握并运用一定的模糊教学艺术的有关技巧,可以增强模糊教学的艺术性,从而使模糊教学更富有成效。

(一)意境创生法

意境是我国古典美学的核心范畴,并成为我国不同时代的艺术家进行艺术创作的终极追求,因此,意境的有无便成为衡量诗词、绘画等艺术品位高低的标志。唐朝王昌龄首先使用这一词,他在《诗格》中写道:"诗有三境。一曰物境……二曰情境……三曰意境……"在文学作品意境的创造中,作者遵循虚实相生的艺术创作规律,从而造成了"境生于象外"的模糊多义性,这也决定了教师可运用意境创生法讲授文学作品。对于《荷塘月色》这样一篇文质优美的散文,有一位教师先运用生动形象的描述性语言,并配以适当的手势、表情,按照课文的节奏,把学生引入一个又一个奇丽的画境:那"淡淡的月光",那"明珠"、"星星"一般的荷花,那"梵婀玲上奏着的名曲似的光和影"……一切都"像笼着轻纱的梦";当学生的模糊思维能力在美的诱导下,激荡飞越,不知不觉进入课文情境时,以"文"激起"师"之情感染着学生,引导学生的思绪向更广阔更深远的天地拓展:"作者之所以创造出一种朦胧美的环境,因为'这几天心里颇不宁静'。在此,作者欣赏到了'无边的荷香月色',心里涌起几丝淡淡的喜悦,同时又有几丝淡淡的忧愁始终缠在胸间,这喜也朦胧忧也朦胧的心境,不正和月下荷塘朦朦胧胧的环境丝丝合拍么!"这样,学生走进了作者创作的意境之中,从而获得"韵外之致,味外之旨"的鉴赏效果,产生一种空松缥缈的模糊美感。

(二) 因景布画法

德国古典著名哲学家谢林说:"或许,个别的美也会感动他,但是真正的艺术作品个别的美是没有的——唯有整体才是美的。"① 完整性法则可谓艺术品产生和谐美感的关键所在。为实现对模糊美集合的整体把握,教师可运用因景布画法进行模糊教学,即让学生根据文学作品描绘的不同意象、意境,认真构思、想象或画出多种画面,并引导学生表达各自的构思过程。这样可使文学作品的诗情画意相互映发,从而汇成一种立体的艺术效果,给学生以无穷的回味。李吉林老师在教《暮江吟》一课时就运用了因景布画法,从而收到了良好的教学效果。她首先让学生抓住诗中主要的景物(残阳、江水、月、露)以明确空间,有明确时间(从日落到月出,从黄昏到夜晚)。接着让小朋友把自己当作诗人:此刻你就站在江边,眼前的景色美极了,仿佛置身于一幅画之中,那么,你想象下,你看到了什么,一名学生描述道:"黄昏时,我踏着夕阳的余晖,慢步来到江边,只见远处翠绿的江水微微颤动,在夕阳照耀下,一半江水被映得红红的。我爱这九月初三的夜呀,露水像珍珠,月亮像弯弓。"另一名学生描述道:"我站在江边,江水拍打着礁石;江水一半碧绿一半红。太阳渐渐地落下去,月亮颤颤地升出水面,熠熠发光。九月初三之夜多值得爱啊,因为露水像珍珠,月似弓呀!"在学生描述之后,李老师便根据学生描绘的意境,画出简易画,从而使学生对诗有了更深的理解。需说明的是,教师运用因景布画法这一技巧时,切勿对学生要求过高,因为目的仅在于激发学生对文学作品意境的领悟和对模糊美集合的整体把握。

(三) 巧引补白法

当代画家李可染指出:"空白,含蓄,是中国艺术的一门很大的学问。""布

---

① 转引自王长俊. 诗歌意象的不确定性与模糊审美 [J]. 南京师范大学学报(社会科学版), 1997, (1).

白",可谓我国艺术在处理空间问题方面的重要理论,它是指在艺术创作中为更充分地表现主题而有意识地留设空白。中国画家可谓深得个中三昧,文学创作也是如此。王船山在《诗绎》中说:"无字处皆其意也。""无字之处"的空白使文学作品呈现轻灵虚空之态,令"味之者无极,闻之者动心";按格式塔完形心理学理论,空白就如同一种"召唤结构",使人产生一种急于"填补"、"充实"并使之完美的趋向,从而产生一种极为愉悦的艺术享受。教师在教学中可借鉴我国文学艺术这一表现手法,根据教学内容的需要,引导学生解读"无字之处"的空白。《坐井观天》这篇寓言故事,运用拟人手法,描述了飞翔的小鸟和井底之蛙关于天的大小争论之后,末尾写到小鸟劝执拗的井蛙跳出井口便戛然而止,给读者留下了想象的余地。雨章老师有意识地引导学生补白,他问同学们:"后来,青蛙有没有跳出井口来看天呢?"问题一提出,便激起学生心中好奇的涟漪,荡起学生想象的浪花。有的说,青蛙露出自信的神色,半眯着眼睛,摇了摇手,仍然坐在井底,看到的天还是井口那么大。有的说,青蛙听了小鸟的话,狠狠地吸了一口气,撑起两只手,两脚猛地一蹬,跳出了井口,睁大眼睛一看,不禁"哎呀"了一声,惊奇地说:"小鸟姑娘,你说得对,天果然无边无际,大得很哪!我要是不跳出井底,怎么也不会相信你的话。"这种教学方法扩展了学生的想象空间,使学生获得了愉悦的审美感受。

(四)体验感悟法

体验是现代心理美学的重要范畴。较早把"体验"作为美学范畴并加以具体阐释的是德哲学家狄尔泰。我国古代美学家虽未使用这一概念,但"精骛八极,神游万仞"(陆机《文赋》)和"思理为妙,神与物游"(刘勰《文心雕龙》)等说法已含有体验之意。它是主体超越主客二分的一种洞察、直观与体悟,是主体与对象的浑然一体、物我两忘。"在体验中,一切客体都是生命化的,都充满着生命的意蕴和情调。"[1] 由于体验主要是通过想象、联想、情感等心理因素的参与而获得,从而表现出一定的模糊性。教师在教学中结合一定的语言情境,让学生进入"角色",深切体味教学内容的审美意蕴,就可以使学生对教学内容产生整体而又深切的感受,从而使教学过程成为其愉悦的审美体验过程。《燕子》一课将

---

[1] 童庆炳主编. 现代心理美学 [M]. 北京:中国社会科学出版社,1993:60.

春天里的美景写得非常精彩:"阳春三月,下过几阵蒙蒙细雨,微风吹拂着千万条才舒展开黄绿眉眼的柔柳。"句中由于形容词的运用而平添了几分模糊情韵。李吉林老师为让学生细细体味那春天的美景便采用"删"与原文相比的体验感悟法。师:"微风吹拂着柔柳"有什么感觉?生:我觉得柳枝好像在摆动。师:微风吹拂着什么样的柔柳?生:微风吹拂着才舒展开的柔柳。生:微风吹拂着才舒展开黄绿眉眼的柔柳。师:才舒展开黄绿眉眼的柔柳,好像柳树怎么样?生:好像柳树刚刚从梦中醒来,睁开了眼睛。生:这就把柳树写活了。生:好像柳树也长了眼睛和眉毛。师(加重语气,边说边画,用简易画再现春天杨柳万千条的情境):不是一条两条,而是千万条才舒展开黄绿眉眼的柔柳。最后,学生深情地朗诵着"微风/吹拂着/千万条/才舒展开黄绿眉眼的/柔柳"。其教学效果不言自明。试想一下,李吉林老师若只是让学生明白"舒展"、"柔"等字词是什么意思,理解作者运用的是什么手法,抑或把自己领会到作者的思想感情条分缕析式地讲解就算完事,师生之间就难有积极的情感交流,教学就难以获得理想的效果。

第二十三章 课堂教学暗示艺术

在心理学中，暗示是一种微妙的、能够影响思想的意念力量，它通过一种隐蔽的通道来连接人与世界。这种意念的力量可以是他人施加的，也可以是自己施加的，表面上是神秘的，其实是有科学依据的，它遵循了人之为人的一些特性，能够被认知和控制，在课堂教学中也有广泛的应用。但是，长期以来我们主要关注的是暗示在教学方法领域的应用，对其在教学艺术领域的应用关注不够，甚至混淆了两者之间的区别。

一、课堂教学暗示艺术的内在特质

（一）教学暗示艺术不等于暗示教学法

20世纪60年代，保加利亚临床心理医生乔治·洛扎诺夫（G. Lozanov）创立了一种把认知与情感、分析与综合、有意识与潜意识结合起来，配合音乐的背景，激发学习者的心理潜力，大幅度提高教学效果的暗示教学法。[①] 随着暗示教学法在全球范围内的推广并取得令人瞩目的成绩，教学论学者已经将其视为典型的教学方法之一。

教学暗示艺术和暗示教学法既有相似之处又有根本的不同。相似之处主要表现为两者都十分注重利用学生的无意识心理活动来组织教学，强调通过外部因素的影响来开发学生的心理潜力。由于暗示教学法在理论和实践两个层面都已经相对成熟，而针对教学暗示艺术的研究却一直比较薄弱，人们经常错误地用暗示教

---

① 李志厚. 暗示教学法研究：历史、现状与启示 [J]. 华南理工大学学报（社会科学版），2003，(1).

学法来解释教学暗示艺术,认为后者就是前者在课堂教学中的具体应用。这种看法混淆了教学暗示艺术作为教学艺术与暗示教学法作为教学方法之间的内在区别。教学艺术主要有三层含义:一是指在教学过程中综合运用教学方法体系的技能技巧;二是指遵循美的规律、贯彻美的原则而进行的创造性教学;三是指在教学过程中体现教师个性而独具特色的艺术创造活动。[①] 可见,教学暗示艺术需要综合运用多种教学方法而不仅仅局限于暗示教学法。另外,教学暗示艺术还有其作为教学艺术所独具的美的意蕴。

(二) 教学暗示艺术的内在特质

暗示学的研究认为:"即使最强烈的观念,除非和个人的无意识心理倾向结合,和他的态度、动机结合,和他对某一事物的期待结合,和他的需要、兴趣结合,并且和他个人的情绪、智能、意志以及要求等特性协调,否则是不可能产生暗示的效果。"[②] 所以,教学暗示艺术和提问、倾听等其他类型的教学艺术一样,都是围绕着学生的态度、动机、期待、需要、兴趣等情感心理来展开的。它们之间的不同更多地体现在所采用的方式上,即教学暗示艺术注重的是从侧面对学生的情感心理进行熏陶、点拨和诱发,而不是直接去干预,它走的是"曲径探幽"的路径,追求的是一种"润物细无声"的效果。它们之间的另一个不同之处是,教学暗示艺术更加看重学生的无意识活动对学习的影响,而不是能够直观感知的有意识活动。无意识活动是内隐的,没有通过言语和行动表达出来的一种心理活动,但是却直接地影响着学生的学习过程。正如洛扎诺夫所说,"一切意识活动都建立在无意识的组合上"[③]。因此,教学暗示艺术需要教师对学生的心理有一个全面细腻的把握,同时教师自身也要有敏锐的感知力,并能够灵活运用多种教学方法。

二、课堂教学暗示艺术中美的意蕴

我们知道,教学艺术是教师娴熟地运用综合的教学技能技巧,按照美的规律

---

① 李如密. 教学艺术论 [M]. 济南:山东教育出版社,1995:85.
② 李如密. 教学艺术论 [M]. 济南:山东教育出版社,1995:230.
③ 董畹倩. 暗示教学法浅议 [J]. 东北师范大学学报(哲学社会科学版),1983,(4).

而进行的独创性教学实践活动。① 美国学者克莱德·柯伦（Clyde. Colen）指出："当教师更多地懂得了美的素质怎样进入人的生活，当他们能够有意识地来完善、扩展这种美的体验方法时，他们也就踏上了教学艺术之路。"② 可见，美对教学艺术本身及其主体教师来说都是十分重要的，甚至可以说，离开了美，教学艺术就失去了飞翔的翅膀。美对课堂教学暗示艺术来说更为重要，因为它是指向学生的无意识心理活动的，而学生的这一心理活动主要是由外部能引起他们美感的事物、言语和行动来激发的。可以说，课堂教学暗示艺术具有丰富的美的意蕴。

（一）变单调为多样的组织美

人的官能可以接受声音、颜色、动作、质感等多种形式的刺激，单调的刺激只能束缚官能的感知力，而官能感知力的解放势必会带来美感的解放。在接受外部刺激的味、听、视、嗅等主要官能之间也是有区别的。从审美心理的总体来看，触觉、味觉、嗅觉和运动觉终究处于从属地位，而视觉和听觉对于审美活动的展开，特别是对于想象和理解活动的展开，却起着主导的、为其他感觉所不能替代的作用。③ 暗示艺术正是通过以各种潜隐的方式刺激主要的官能来达到传递某类信息或者激发学生缄默知识的目的，因此应该立足于"解放学生官能感知力"的需要去组织多样的师生间的互动活动，同时也要对教室的物理环境做多样化布置。需要注意的是，教学暗示艺术中的组织美并不能简单地定义为多样化。杂乱无章的多样化虽然绚丽多彩、气氛活跃，但只会起到混淆视听的暗示效果。在教学暗示艺术中真正的组织美是符合教育教学规律同时兼顾审美趣味的多样化。

（二）变冲突为和谐的机智美

教学过程中充满着各种冲突，有师生之间的，也有学生之间的，还有师生与教学内容之间的。传统的处理各种冲突的方式一般为直接干预，强行地消除显现出来的冲突，使教学组织按原来预设的轨迹进行。这种处理方式无法从根本上消除冲突，对潜隐的冲突也无能为力，它是"教师中心"教学观念的产物。在教学

---

① 李如密. 教学艺术论 [M]. 济南：山东教育出版社，1995：85.
② 柯伦·克莱德. 教学的美学 [J]. 周南照译. 教育研究，1985，(3).
③ 刘叔成，夏之放，楼昔勇. 美学基本原理 [M]. 上海：上海人民出版社，2001：328.

暗示艺术中，我们所追求的是利用教学机智通过自然轻松的方式来化解冲突。机智本身就体现着美的追求，渗透着教师的教学智慧。正如马克斯·范梅南（Max Van Manen）所说，"机智的行动就是智慧的化身"，"机智是无法计划的"，"机智没有规则，然而，也不是不能加以规范"。他还这样形象地描述教学机智："简单的一个触摸比千言万语更有意义。"[①] 比如，一位教师在讲《背影》时，因为窗外一个生病的同学在父亲的陪同下离校而吸引了学生的注意，这位教师并没有喝令望向窗外的学生，而是顺势问道："同学们，请看窗外，一个帮儿子拿着大包小包的父亲，他那日渐模糊的背影同朱自清的父亲是多么的一致。那么，在我们今天所讲的这篇课文中作者是怎么描述父亲的背影的呢？哪位同学可以回答一下？"学生的注意力马上集中到课本上来。可见，相对传统的直接干预，机智地化解冲突表现的是一种变冲突为和谐的、"润物细无声"的自然美，而和谐的教学过程所倡导的达到教学效果的途径正是引发师生之间心灵互通的感应力，是真正的内在的对话。

（三）变外化为内发的生命美

我们之所以在课堂教学中强调暗示艺术的运用，是因为无论是教师还是学生都是有情感体验的生命个体，他们能够根据外部变化来进行自我调节和建构。生命只有受到尊重才能展现出自身的美，而美的生命蕴含着丰富的情感、敏锐的感知和坚强的意志，是创造性活动的根本动力。教学暗示艺术尊重生命个体生理机制的生成与发展规律，依据心理学和脑科学的研究成果，对人脑潜意识的能量进行合理的开发和利用，使得教师和学生能够在整个教学过程中充分展示自身的生命体验，变被动的外在灌输为主动的内在生成，使教师与学生的关系趋向平等与祥和，使整个课堂充满积极的生命美。例如，著名教育家李吉林就善于通过营造积极的情境来唤起学生的生命体验。在要教授《采树种》时，她会事先让孩子找来很多树种，放在桌子上准备上课。

三、课堂教学暗示艺术的应用策略

学生在课堂上进行认知活动时会遇到各种各样的干扰，比如其他同学的说话

[①] 范梅南. 教学机智：教育智慧的意蕴 [M]. 李树英译. 北京：教育科学出版社，2001：188—195.

声、教师的语言或手势、知识本身的模糊性等。合理运用课堂教学艺术会减少学生学习过程中的干扰因素，有时还可以使消极的干扰因素转化为积极的促进因素。

(一) 巧妙布置，以境育人

设计好暗示的环境是教师运用教学暗示艺术时的要点之一。儿童教育作家尹建莉认为，"一间教室能给孩子们带来什么，取决于教室桌椅之外的空白处流动着什么。相同面积的教室，有的显得很小，让人感到局促和狭隘；有的显得很大，让人觉得有无限伸展的可能。是什么东西在决定教室的尺度——教师，尤其是小学教师。他的面貌，决定了教室的内容；他的气度，决定了教室的容量"，并特别强调"一间教室的容量可以是无限的"。① 教室在空间上是有限的，它的容量的无限是指通过有限的空间的布置来营造富有教育意义的情境。这需要教师在了解本班学生心理发展特点和兴趣爱好的基础上，对教学空间进行巧妙地布置，包括教室内的颜色搭配、挂画的选择、桌椅的调整等。按照视知觉原理，有关营造教学情境的布置是有规律可循的，比如，在艺术知觉看来，重力是由构图的位置决定的，位于构图上方的事物要比位于下方的重一些，位于构图右方的事物要比左方的重一些，红色要比蓝色重一些，等等。在宽松而又积极的情境中，教师和学生都会受到积极的心理暗示，尤其是学生，长期生活在这样的情境中，其思想、情感、趣味等各个方面都能得到很好的陶冶。

(二) 灵活沟通，以情动人

教学暗示艺术重视无意识的影响并不意味着排斥师生间的互相沟通，很多潜隐的信息正是通过相互沟通来发挥影响作用的。当然，这里的沟通并不仅仅局限于语言形式的对话活动，还包括非语言形式的动作、表情、穿着等沟通方式。在语言形式的对话活动中，教师说话的语气、语调、语句都蕴含着丰富的潜隐信息，它们将被学生敏锐的感知力捕捉到并潜移默化地影响到他们学习的态度和效果；在非语言的沟通方式中，教师的手势力度、眼神表情、衣服搭配同样蕴含着丰富的潜隐信息，并通过学生的视觉感知影响他们的学习态度和效果。大多时候，语言形式和非语言形式是共同发挥作用的，我们不能人为地将两者割裂开

---

① 艾思奎斯·雷夫. 第 56 号教室的奇迹 [M]. 卞娜娜译. 北京：中国城市出版社，2009：推荐序言.

来。另外，无论是语言形式还是非语言形式，它们都需要以友好、关心、爱护的情感为内核，这是师生间无意识沟通的润滑剂，能够使师生在沟通过程中保持轻松自然的心态。

（三）逆流激进，以气悟人

教学过程中总会不可避免地出现各种冲突事件，一旦处理不当，一次小的冲突就会演变成大的教学事故。教师在面对教学中的冲突时往往会出现两个极端：一是在面对冲突时束手无策而选择无为，二是面对冲突时利用教师权威粗暴干预。前者会纵容冲突的发展，后者虽然能够暂时平息冲突，却也留下了发生更大冲突的隐患。运用教学暗示艺术来处理冲突时，需要教师认真分析发生冲突的原因，了解冲突双方的性格特点，然后通过巧妙利用身边案例、手势、眼神等多种方式，短、快、准地点明冲突的症结所在，达到"一语点破梦中人"的效果。这其中，教师长期树立的权威形象起到十分重要的作用，因为教师权威本身就能够形成一种影响学生的气场，"以气悟人"的"气"便是在教师引导下所形成的班级气氛。

总之，在课堂中运用教学暗示艺术时，教师需要在四个方面引起注意：首先，暗示的目的必须明确，教师要有明确的意识，思维有特定的目标；其次，必须设计好暗示的环境，使学生在愉快而不紧张的气氛中展开无须进行强记的无意识活动；再次，必须选择好暗示的时机，使学生的无意识心理活动向有意识心理活动转化；最后，暗示的内容必须具体，要使学生的无意识心理活动能产生教师预期的效果。[1] 只有这样，教师才能在课堂上真正应用好教学暗示艺术，并从中体会到"拨云见日"的妙处。

---

[1] 商继宗. 中小学比较教育学 [M]. 北京：人民教育出版社，1989：145.

第二十四章 课堂教学"糊涂"艺术

在以知识为核心理念的文化价值观作用下,教师成为社会正统文化的化身,造成当前我国的课堂教学过多地凸显教师在教学过程中的主动性,更有甚者醉心于运用雕塑家的艺术对本该学生体悟的教学内容精雕细刻。教师的教学倾向是确保教学内容清晰、明确地流向学生,力图让学生在最短的时间内掌握最多的知识,从而造成学生学习主动权的失落,学生虽获得了知识而未习得方法与技巧。教学"糊涂"艺术可以有效地弥补这种不足,使学生重握学习主动权,让教师成长为课堂教学的艺术大师。

一、教学"糊涂"艺术的内涵及其提出依据

笛卡尔说过:"不知道在适当时候糊涂的人就是一个不清醒的人。"[1] 同样在教学中一个不知道在适当时候"糊涂"的教师也就难以跨越教学中的门槛,成长为一名优秀的教师。教学不止是科学,更是艺术,正如当代著名教育家苏霍姆林斯基曾说的,"你将在自己整个的教育生涯中当一名教育者,而教育,如果没有美,没有艺术,那是不可思议的。"[2] 时代发展、课程和教学改革要求教师应该更新观念,重视教学"糊涂"艺术,并在教学中加以艺术地运用。

(一) 教学"糊涂"艺术的内涵

"糊涂"一词并不是逻辑概念上的"糊涂",而是哲学概念上的"糊涂";不是

---

[1] 转引自周奎英. 巧扮"糊涂老师"[J]. 江苏教育,2004,(3).
[2] 瓦·阿·苏霍姆林斯基. 给教师的建议 [M]. 杜殿坤编译. 北京:教育科学出版社,1984:100.

人老心衰而产生的糊涂，不是头脑简单疏才平庸之辈的糊涂，而是"大智若愚"，是一种高超的智慧、一种豁达的涵养、一种高妙的艺术。郑板桥有句名言：难得糊涂，他感叹世人在区区小事上糊涂之难，由斤斤计较的明白转入豁然大度的糊涂则更难。而我们拿它来指导教学便是一种艺术，在教学中不妨装点"糊涂"。装点"糊涂"，是明知故问，是等待时机，是以假乱真，是启发思维，是激励探索。教师"糊涂"的背后，实际是教师的清醒和机智，是教师的智慧和洞察的一种折射。

教学"糊涂"艺术是指教师"揣着明白装糊涂"，在教学过程中利用教学艺术，设计教学情境，用体态、语言来"说话"布景，创造一种"糊涂"气氛，在教学舞台上巧妙设置障碍，导出学生心灵深处的困惑与糊涂，在学生易糊涂的地方让其真糊涂，使学生获得对困惑与糊涂的心理体验，然后通过教学引导方向、梳理线索，指引学生从困惑中澄清出来，让学生由糊涂变明白。教学"糊涂"艺术是让教师由博古通今的专家、无所不晓的学者、至高无上的圣人转变为"糊涂"的教师。教学"糊涂"艺术的运用技巧要求教师变"智叟"为"愚公"，变"教者"为"学者"，变"法官"为"导游"；要"旁观者清"而不"当局者迷"，要"望闻问切"而不"庖丁解牛"。①

《孙子兵法》"始计第一"篇中说："兵者，诡道也。故能而示之不能，用而示之不用，近而示之远，远而示之近。"在战争中，能而示之不能，是借以迷惑敌人，取得胜利；教学中，教师能而示之不能，是借以启发学生，促进学习。教师虽"假糊涂"，却并不是"江郎才尽"，其在教学中应有一种敏锐的洞察力，能够清醒地关注学生的学习过程，发现学生学习中的误区。教师"装糊涂"是为了使学生不糊涂，教师偶尔"糊涂"，会激发学生的挑战欲、好奇心和求知欲，激励其主动探索、积极创造，完成在教师指导下的以学生为主体的自我教育。

（二）教学"糊涂"艺术的提出依据

1. 课程与教学改革的时代背景是其应运而生的有利契机

教育的目的不仅仅是传授知识，发展其智能，学生终究会走向社会，面对问题，所以教学的根本目的应当在于"成人"，使学生成为能适应各种社会关系、

---

① 张文林. "糊涂"一下又何妨 [J]. 中学政治教学参考, 2004, (11—12).

处理各种社会问题的人。这引发了当前课程与教学在宏大时代背景上的变革,社会期盼着更有弹性,更为灵活,更为人性,更关注学生的能力的教学。自 2001 年以来,新课程改革开始在全国 42 个国家级实验区试行,核心理念是素质教育,其目标定位为发展学生的"理性"、"个性"和"人性"。这使得新的课程与教学更具开放性,既有利于教师的创造,又体现以"学生为本"。教学"糊涂"艺术便在课程与教学改革的这种时代背景下应运而生,抓住时代的有利契机,成为教学艺术百花园中的一朵奇葩。教学"糊涂"艺术建立在以学生为中心的基础上,让学生化消极为积极,参与教学互动过程,充分体现出尊重、平等、信任、关爱的教育理念,既有利于学生掌握知识、发展智能,也是学生情意发展、人格完善所必需的。

2. 传统教学的局限和弊端呼唤教学"糊涂"艺术

在中国的文化传统中,教师的定位是"传道、授业、解惑"。教师被看作知识和智慧的化身,是无所不能的权威,其角色即是面对"解惑"应运而生的,教师在教学领域内应是无"惑"之人,如果教师亦有不懂得、不明白的糊涂之处,即是一件令自己羞愧、让他人笑话之事。受这种文化传统和观念的影响,教师倾向于以专家学者的姿态站在学生面前,通过自己的权威对学生进行精确性教学。然而,我们可以设想一下,倘若教育者以己之聪明凌驾于孩子犯错误之时甚至之前就急功近利、不可一世地站出来谆谆教导,那究竟是辅助还是扼杀?是机智还是愚昧?是给予还是剥夺?稍加思考,其意不言自明。① 教学"糊涂"艺术的运用要一反传统教学的观念和做法,在教学中对自己的知识权威保持低调,教师以一种"糊涂""有惑"之人的姿态站在学生面前,运用一系列技巧方法激起学生的主动性和挑战性。

3. 建构主义学习理论是其引进课堂的理论基础

建构主义学习理论认为学习是在教师指导下的、以学习者为中心的活动,也就是说,既强调学习者的认知主体作用,又不忽视教师的指导作用,教师是意义建构的帮助者、促进者,而不是知识的传授者与灌输者,学生是信息加工的主体、是意义的主动建构者,而不是外部刺激的被动接受者和被灌输的对象,因此

---

① 张文林."糊涂"一下又何妨[J]. 中学政治教学参考,2004,(11—12).

在教学中要特别突出学生的主体地位，注重学生知识的建构过程，这构成教学"糊涂"艺术引进课堂的理论基础。教师在课堂教学中对于那些具有模糊性、随意性特征的实际问题，不是简单地给学生以精确、明晰的评析判定后让学生机械掌握，而是要运用教学"糊涂"艺术，让学生经过自己的思考、体悟纳入自己的知识体系。

二、教学"糊涂"艺术之"善用"原则

教学"糊涂"艺术经常会受各种情境和条件的影响，并非是教师"顺手拈来"的神来之笔，若想巧妙自如地运用教学"糊涂"艺术，取得好的教学效果，要求教师摒弃单调机械并在教学中自觉遵守教学"糊涂"艺术的实施原则，把艺术形式巧妙地与教学内容融合在一起，提高课堂效能性和审美性。

1. 导演性原则

在教学中，运用"糊涂"艺术技巧要求教师由传统教学中的教师当演员、学生当观众转换升级为教师当导演、学生当演员，使教师主导和学生主体的双边活动达到高度统一。在教学"糊涂"艺术中，教师应妥善处理好"设疑"与"释疑"的关系。这要求在课堂教学中，教师导演设计教学情景，用体态、语言来布景创造一种"糊涂"气氛，在教学舞台上巧妙设置出学生心灵深处的困惑与糊涂。教师作为一个出色的导演，不仅要导出学生之"疑"、之"惑"，学生易犯糊涂，易出的错误，让学生经历错误、体验错误，更要引导方向、梳理线索指引学生释疑，指引学生走出错误、走出崎岖，走向平坦。教师"导而弗牵"、增强学生体悟，既完成了传道、授业、解惑的任务，又避免了学生主动权的失落，教师以导演的身份导演出以学生为主体的自我教育。

2. 适度性原则

在教学中，善用"糊涂"艺术，可以启发学生思维，调动学生积极性，融洽师生关系。但课堂教学"糊涂"艺术绝不是灵丹妙药，并非任何时候和地方都可以用。教学"糊涂"艺术作为一种教学艺术，只能在一定条件下和情境中使用，不能一味过度"糊涂"。若在教学中滥用"糊涂"，课堂教学过多地流露出对"糊涂"雕琢设计的痕迹，反而会破坏课堂教学艺术魅力，降低教师在学生心目中的可信度，阻碍师生内心的情感共鸣、思维共振。再者学生注意力的持久性毕竟有

限,学习兴奋期难以持久,一味滥用,反过犹不及,难以制造出有力有效的学习态势。教学"糊涂"艺术毕竟不是课堂教学的主色调或主旋律,只有保持教学"糊涂"艺术的适度性原则,以低调的姿态调动学生的兴趣和思维,才能起到引人深思、耐人寻味的艺术效果。

3. 审美性原则

艺术不能容忍说教,审美不能依靠灌输,教学"糊涂"艺术教学技巧要求教师在教学中积极创造,有意识地巧妙运用课程和教学内容中的审美因素来进行,不能为糊涂而糊涂,让课堂仅有糊涂而没有了教学美。教师在运用教学"糊涂"艺术时应自觉遵循情感活动和认知活动相协调的原则,发掘施教媒介中的情感因素,巧妙布景"设疑",让学生处于"山重水复疑无路",再艺术地引导学生释疑,让学生体验到"柳暗花明又一村"的喜悦。通过"设疑"、"释疑"的进程既能向学生施加审美影响,激发学生的好奇心和求知欲,激励其主动探索,又能增进课堂教学魅力。

三、教学"糊涂"艺术之"巧用"策略

即使最富智慧的教育者,为保证有效教学的开展,在走入课堂、面对学生之时,也需"眼中有人"、"手中有法"。教学"糊涂"艺术在教学中的有效运用,同样需要教师"眼中有人"、"手中有法"。"眼中有人"在这里是指眼中有学生,即要求教师在教学"糊涂"艺术的运用过程中,首先要树立以"学生为中心"的人本理念;"手中有法"是指教师要熟练自如地掌握教学"糊涂"艺术的教学技巧。若教师按照以下教学"糊涂"艺术的"巧用五部曲",从观念到行动,把适度的教学"糊涂"艺术落实于教学,当能充分发挥"糊涂"艺术之魅力。

(一)大智若愚、胸中有策

《老子》第四十五章中曾有"大巧若拙,其用不屈"之说,后被宋朝苏轼《贺欧阳少师致仕启》加以引申:"大勇若怯,大智若愚,至贵无轩冕而荣,至仁不导引而寿。""大智若愚"乃韬光养晦之术,其运用于教育亦是教学"糊涂"艺术的一种谋略技巧,是指教师虽"才高八斗"、"学富五车"、"智慧超凡",但是却在学生面前表现出愚者之姿态,目的在于改变以往传统教学中,教师独占讲台,"满堂灌"、"一言堂",学生被动、消极接受的局面,令学生主动参与教学,在教学

中主动探索、积极创造。教师变"智叟"为"愚公",学生变"愚公"为"智叟",体味一下师生角色互换之后的教学。

"大智若愚"的前提是"大智",教学"糊涂"艺术并不是以糊涂对糊涂,而是以明白对糊涂,教师要有对教材的透彻理解和对学生在不同层面上认知能力的洞察。只有"大智",才能"胸中有策",在这里"胸中有策"的"策"并不是某个单纯的技能或某种具体的教学方法,而是在整个教学过程中教师心中的一个"底",是教师的一种综合素质的反映,教师有了这个"底"才能在瞬息万变、充满突发事故的课堂教学中"心中有底",才能敢于在充满偶然性的课堂教学中收发自如地运用"糊涂"艺术。教师胸中之策并不是与生俱来的禀赋,也非教师一时的灵感奏效,而是建立在对学生知识状态、思维状态、兴趣状态、生命状态的了解和把握之上。教学"糊涂"艺术中,"大智若愚"和"胸中有策"是缺一不可的,只有"大智"才能"胸中有策",只有"胸中有策"教师才能充分"大智若愚"。

(二) 雕琢设计、巧妙埋伏

教师巧妙自如地运用教学"糊涂"艺术,能给学生知识和审美上的享受,但这绝非只凭教师一时的灵感所能奏效,这就要求教师增强教学"糊涂"艺术的设计意识。"玉不琢,不成器",教学"糊涂"艺术的设计就像玉一样,愈触摸愈光滑,愈雕琢愈成器,只有事先精心雕琢预设,才能在教学中处处闪现教者智慧的光芒而不见半点刻意雕琢的痕迹。教学"糊涂"艺术的雕琢设计,要求教师对教学内容高度熟稔,对教材的相关知识点做到博学精通,这样才能发现容易导致学生心灵深处产生困惑与糊涂的地方,根据这些内容仔细雕琢,设置"糊涂"之点,为课上教师针对糊涂点"装糊涂"巧设埋伏。

教学"糊涂"艺术的雕琢设计还要教师在上课前通过各种渠道了解学生的知识基础、能力、兴趣爱好、课外阅读等方面的情况。因为对同一问题,由于每个学生知识基础和思考的角度不同,会有不同的看法,所以教师应该把握学生的思维的脉搏,关注学生认识发展的动向,只有这样才能增强雕琢设计的预设性。针对学生可能会出现的教学反应,进行预设,针对学生思想轨迹,巧妙地埋下伏笔,才能在课堂教学中"逢水架桥",对学生进行正确引导。教学"糊涂"艺术的设计精心雕铸,既能处处体现"无言的教育"和"有声的教育",又不能使人工雕琢的痕迹过浓;教学"糊涂"艺术的伏笔要巧妙,既能把教师的身份隐藏起来,又能调动学生的积极性，使其参与到课堂互动之中。

（三）联袂布景，打造"糊涂"

联袂布景是指师生联袂，在教学过程中教师"装糊涂"、有意布景，学生真糊涂、自然布景，师生共同在教学的舞台上巧妙布景打造一种"糊涂"心态：教师利用语言、体态"示愚示错"，这即是在布景为后继的课堂教学烘托气氛，为老师的"借题发挥"埋下伏笔；学生面对教师所示之"愚、错"时被教师引进事先埋伏的"糊涂点"，而学生在"糊涂点"中表现出的真正的困惑与糊涂，即是自然布景，"无心插柳柳成荫"，亦为老师的"借题发挥"提供基础。教学"糊涂"艺术打造一种"糊涂"心态，营造一种"糊涂"氛围，这同样需要教师的技巧，教师"装糊涂"的整个过程要自然流畅，不着一丝人工雕琢的痕迹，这样才能吸引学生注意，引学生进入"愤悱"之境。教师"装糊涂"还要把握火候，不到火候，难以突出问题挑战性，没法激起学生的挑战欲；超过火候，展示矫情的东西太多，让学生感觉太假，也难以调动学生，两者都偏离了教学"糊涂"艺术的本意。

一些优秀教师在长期实践中，也总结出"糊涂"在教学中也能取得理想的效果。董志龙老师在《高明的"糊涂教学法"》中介绍了他讲述《逻辑学》时的一个例子：在讨论概念分类时，他冒昧地提出了这样一个问题："概念可分为哪几种？"学生纷纷回答："单独概念、实体概念、集合概念、普遍概念、负概念、正概念……"答得极没条理又不全面，重复颠倒，当学生的思路在乱了套之后，想纠正但又不知道如何纠正之时，董老师便抱歉得说"不是你们回答错了，而是我提问错了，应该先说明概念的分类标准，从外延分，从反映思维对象分，从属性分等等。"这样一来，思路被理清了，学生恍然大悟，豁然开朗，对概念的分类便从"糊涂"变成了"清醒"。①

（四）体验"糊涂"、感悟"糊涂"

由于传统教学中学校的多数课堂教学都基于是"灌输"式的教学，学生亲身经历、体验、探究的太少，"糊涂"艺术既是针对教学中的这种弊端，强调学习的心理历程，学习的心理体验，尤其是体验"糊涂"。教师把学生弄不懂的地方、易

---

① 湛蓊才. 课堂教学艺术 [M]. 长沙：湖南师范大学出版社，2000：30.

糊涂的地方都摆在"桌面"上，充分让学生去体验，让学生暴露他们感知理解新知的矛盾和差异。学生只有通过对糊涂有充分的体验，并加以感悟，经过自己独立思考发现要学习的东西，才能够得到更深刻的理解，摒弃错误，发现真理。

前述董志龙老师的教例便巧妙地运用了让学生体验糊涂、感悟糊涂的方法。他并没有一开始就通过讲授向学生灌输：概念的分类标准是……根据各个分类标准，概念又分为……这种平稳的教学容易使学生因大脑皮层的抑制而产生注意分散、兴趣淡漠、思维疲劳、理解肤浅、记忆衰减等种种不良反应，而实施教学"糊涂"艺术，让学生体验糊涂、感悟糊涂，当学生的思路在乱了套之后，想纠正但又不知道如何纠正之时，再加以点拨，通过体验、感悟加深了学生对问题的深入思考，增强了对问题的敏感性，且深化了对问题的记忆。

（五）抛砖引玉、澄清"糊涂"

"抛砖引玉"是用没有价值的土砖作诱饵去换取珍贵的白玉，是一种以小易大、以贱易贵的策略。作为教育谋略，在教学"糊涂"艺术中"抛砖引玉"的内涵则是：教师有意抢先发表貌似粗浅甚至错误的意见，先让学生进入糊涂之状态，"心求通而未得"，"口欲言而未能"，以引发学生通过积极主动的思维活动得出正确、深刻甚至富有创意的见解或结论，借以从糊涂之中澄清出来。

著名特级教师钱梦龙在教学中便善于运用抛砖引玉来实施"糊涂"艺术。例如《愚公移山》中有这么一句："邻人京城氏之孀妻有遗男，始龀，跳往助之。"钱老师不是直接对"孀"、"遗"的意思进行提问，而是运用教学"糊涂"艺术，故作糊涂，明明孩子的爸爸已经死了，钱老师却故意误问："这个孩子去帮助老愚公移山，是孩子的爸爸让他去吗？"钱老师通过误问，进行"抛砖"，借之引出学生之玉。学生乍一听，全傻了眼："是不是他爸爸让去的呢？课文里没有说他爸爸让不让去啊？"而这"一抛"，就引出了学生的好奇心，调动了学生的思维，多数学生开动脑筋，搜查线索，寻至"邻人京城氏之孀妻有遗男"时幡然醒悟。于是，他们用会心的答案回复老师的误问，加深了对"孀"、"遗"两个文言实词的理解和记忆，在这里钱老师抛出的"砖"成功地引出了学生的"玉"，但是有时抛出的"砖"未必能立马引出学生的"玉"，学生仍停在糊涂中，理不出线索，这就需要教师适当地给以点拨和指引，步步为营，最终引出"白玉"，澄清糊涂。

可见在教学"糊涂"艺术中，教师为学生"装糊涂"难能可贵，学生"真糊涂"亦不可怕，因为打造"糊涂"心态终究是为了更明白地教学。

第二十五章　课堂教学故错艺术

在课堂教学中，教师被赋予知识权威的地位，学生被认为是知识的接受者。对于学生的错误，我们的态度永远是包容的，然而，传统的"师道尊严""教师权威"往往就喜欢将教师列入"圣贤"的行列，这种观念好像在人们心底生根发芽，一直影响到现在。其实，在面对多样化的挑战下，教师犯错误理应被外界所理解，特别是在新课改理念的影响下，凡是一切有利于学生健康成长与发展的教学形式都应该被重视。作为一种重要的资源，教师的错误理应受到重视和合理利用，从而为教学服务。

一、教师"知错犯错"艺术的内涵

教师是学习者，而错误是学习的常态。在现阶段，教师常被认为是有学问的人，在当前的课堂教学实践中，教师备课时，事先剔除一些可能出现的错误，力求课堂教学的完满无误，这样的做法一方面是为了满足现阶段课堂教学评价标准，另一方面是为了树立和维护在学生心中的权威地位。教学既是科学，也是一种艺术，在这一广阔的艺术性领域里，教师必须用真实的、美的理念指导自己，素质教育和课程改革要求学生和教师都改变观念，所以教师要将本真的我展现在学生面前，将教师的错误呈现给学生，或许这些错误的出现与澄清会达到意想不到的效果。

"错误"的基本释义是不正确的、与客观事物不符合的事物和行为。其哲学含义是指与客观实际不相符合的认识，与谬误同义。错误的产生有主观和客观原因。错误与真理构成认识过程中的一对矛盾。它们的对立既是绝对的又是相对的，并在一定条件下相互转化。人们认识的任务在于把握真理，但人们对真理的把握有时是在一系列相对的错误中实现的。只要正确地总结经验和教训,错误就往往是走向真理的先导。孔子说过:"君子之过,如日月之食焉。过也,人皆见之,改之,人皆仰之。"① 教师的"错误"是教师真实性的体现,是教师作为学习者的常态。教师的"知错犯错"是教师"大智若愚"的集中表现,教师勇于揭示和承认自己的错误,是教师真性情的集中表现,是教师对学生的爱的真实表达,其背后包含了教师教育智慧和良苦用心。

教学"知错犯错"艺术是指教师对于教学中的错误"明知故犯",创设一种矛盾氛围,以引起学生的注意和质疑,然后通过师生互动讨论,澄清错误,最终使学生和教师在对错误的澄清过程中加深对所学知识的了解,拉近师生之间距离,创设和谐动态的课堂教学。教师的"知错犯错"是对教师作为"权威"代表这一形象的颠覆,是创设平等师生关系的一种有效方式,但是值得注意的是,教师的"犯错"并非教师权威弱化,也非教师知识能力水平的下降,相反,它更需要教师敏锐的洞察力和精湛的表演力以及智慧的教学机智,教师只有细心观察学生,了解学生学习中的重难点,把握学生学习中常见的错误,才能在主要地方"出错",从而引起大家的注意与共鸣。

二、教师"知错犯错"的必要性与重要性

教师也是普通人,在现代科技突飞猛进,学生个性及家庭背景如此复杂的条件下,教师的压力可想而知,"教师专业发展"、"教师专业成长"、"教师自我效能感"、"教师教育"等一系列促进教师成长的途径给教师带来了机遇,同时压力也是不可小觑的。所以,在课堂教学中,对于教师出现的错误,我们应该用理解和积极的态度去面对,不要一味求全责备,要在一定程度上看到教师的"错误"的积极作用。

首先,教师的错误拉近了师生之间距离,让学生知道教师也不是高高在上的"圣贤",教师也是普通人,也会犯错,这样可以消除学生对教师的畏惧感,促进融洽的师生关系的建立。

其次,教师知错犯错,灵活地处理错误,可达到活跃课堂气氛、缓解教学紧

---

① 杨伯峻. 论语译注 [M]. 北京:中华书局,2006:236.

张节奏的效果。这样在愉悦轻松的课堂教学氛围中，师生无障碍交流，相互澄清模糊认识，促进共同进步。

再次，"错误是课堂教学中的有效资源，他能发挥独具的教育价值，我们的课堂教学也会因'错误'而生成精彩。"① 因此，在课堂教学中教师有意识有针对性地设计一些错误不仅可以一定程度上引起了学生的注意，在平淡的教学过程中激起些许涟漪，吸引了学生的注意力，同时，对于教师所犯的错误，学生为了帮助教师澄清错误，会有一种责任意识，从而激励着他们加深对这一问题的思考与理解，有助于良好学习习惯的养成。

最后，在教师的错误之处，学生留下了深刻的印象，加深了记忆，每当回忆或者使用这一知识点时，学生就会想到教师曾在此犯过的错误，这样加深学生对这一知识点以及知识点常见错误的记忆。培养学生的反思意识，破除学生对教师和书本的权威崇拜，促进学生主体性的发展。

三、教师的"知错犯错"艺术的具体策略

如果将教学的"知错犯错"艺术的应用喻为一部舞台剧的话，那教师无疑是这部剧的导演和演员，教师集布景师、台词师、道具师等职务于一身，而学生恰恰是这部剧的主角，教师的所有行为都是以学生为中心的，这是一部在教师导演下的师生共同演绎、学生自己充分展示自己的舞台剧。

教学的"知错犯错"艺术在一定程度上说是对教师权威的挑战与颠覆，所以，在课堂教学中教师首先要甘愿分享自己的"错误"，把自己的"弱点"呈现在学生面前，但这还是不够的，作为课堂教学的一种手段，其目的是非常明确的，就是指向学生的发展，所以，教师"知错犯错"艺术的应用不是随性而为的，而是有法可循的。

第一，抓关键，设陷阱。

马克斯·范梅南在《教育的机智——教育智慧的意蕴》一书中有一个引人思考的教学隐喻："为了来学校学习新知识，学生需要路过一些障碍（比如说一条街）才能来到教师的身边（学校）。但是一个接近孩子体验的老师可能会意识不

---

① 雷玲. 名师教学机智例谈（数学卷）[M]. 上海：华东师范大学出版社，2007：81.

到这个学生仍在试图'从街道的另一边'来理解事物。许多教师简单地期望学生能走到教师身边来。……一位机智的教育者认识到要跨过街道走过来的不是孩子,而是老师。教师必须知道'孩子此刻在哪儿','孩子是怎样观察事物的',这个学生从他自己的角度遇到了什么样的困难,因而不能跨过街道走进学习的领域。教师应该站在孩子的身边,帮助孩子认识要跨过去的地方,为孩子寻找有效的方式,帮助孩子顺利走到另一边来,走到这个另外的世界中来。"① 所以,教师要对学生的基础知识、个性、爱好以及心理动态等深入了解,根据自己的经验和学生的反馈信息,把握学生学习中经常犯错的地方以及各种错误的特点,在关键之处设立"陷阱",做到"知己知彼"。教师的错误并非被随意"创设"的,错误要有明显的针对性、代表性以及目的性。针对学生知识点中的薄弱环节,代表最广大学生的主要错误,旨在引起学生的共鸣,点燃讨论的"导火线"。只有这样,才能避免低级的、无效的错误出现。

第二,巧犯错,引注意。

在这一过程中,教师所要考虑的就是如何巧妙地、不留痕迹地将错误传递给学生,同时还要考虑如何引起学生的注意,如何一步步引导学生参与到错误澄清过程中来。这一阶段是对教师表演技能的一次考验,学生是有单独生命的个体,在面对教师的错误时,他们惊讶"教师也会犯错误",暗喜教师"也有输给我们的时候",如果教师的错误带有明显的人工痕迹,学生不仅不会积极回应,相反还会觉得老师是在耍弄自己,这样就会产生对教师的反感,所以,在犯错时,教师要表现自然,好像是不经意将自己的弱点暴露出来似的,但这种表现又不能太过含蓄,以免学生不易发现错误。

另外,教师要考虑的是学生在发现错误后敢不敢点出错误,这一点很关键。如果学生都"难得糊涂",那一切都是无用功。在很多情况下,学生怕指出教师的错误遭到教师的批评和报复,不敢指错,所以为了避免出现这样的情况,在日常的教学生活中,教师就应该以谦卑的态度与学生相处,做学生的朋友,经常反思自己,做一位民主的教师,这样学生在几次指错之后,发现教师不但没有生气,反而乐此不疲,也就消除了对老师的芥蒂。

---

① [加] 范梅南. 教育的机智——教育智慧的意蕴 [M]. 李树英译. 北京:教育科学出版社,2001:204.

第三，诚改错，共澄清。

如果说教学"知错犯错"艺术是一部舞台剧，那师生共同纠正错误就是这部舞台剧的高潮部分。在这一阶段，师生之间的角色得到了互换和升华，前一阶段是学生发现和指出教师的错误，表面上教师处于被动地位，而在这一阶段，教师在与学生的互动纠错中，逐渐将变被动为主动，开始引导学生进行自我反思和澄清，最终达到自己的目标。例如，针对自己的错误，教师与学生通过互动讨论得出正确结论后，教师就可以"借题发挥"，鼓励大家将自己出现的其他类型的错误与大家讨论与分享，一起澄清。

教师的错误并不是重点，重要的是教师要在学生的纠错中分析错误的思维过程，与学生一起澄清错误认识。面对学生的指错，教师并不是立刻承认错误，而是要求学生给出证明，验证学生的思路，之后教师就要对自己的错误思路进行分析，在这一过程中，教师要考虑的当然不是自己错误的澄清，而是引起具有相同错误的同学的共鸣，"我的错误思路是这样的，原来我错在了这一步上"，"有谁跟我错得一样呢？""记住我们的错误，以后可不要像老师一样犯此类错误了"，"还有其他类型的错误吗？可以拿出来与大家共同讨论。"

四、教学"知错犯错"艺术的注意事项

课堂教学中通过教师呈现错误，引起学生的注意与思考，这是课堂教学"知错犯错"艺术的本真所在，但是作为课堂教学的一种手段，教师的"犯错"并不是随意应用，信手拈来的，也不是毫无规律，随意使用的。教师"知错犯错"虽然是对学生发展的一种关照，但其手段中却使用了"错误"这一工具，一旦教师处理不当，就很容易使教学走向另一个极端，所以，在教学"犯错"中，教师要谨小慎微，真正使得"知错犯错"成为一门艺术，使得课堂教学具有审美性和艺术性。

（一）教师自身的注意事项

1. 首先教师有丰富的专业知识和表演技巧。

在课堂教学中，教师的"错误"要错得有水平，错得合时机，错得自然，错得典型，错得含蓄，但还得错得明显，这种有意识的"犯错"比起无意的犯错，对教师的要求高得多。教师首先必须要有丰富的专业知识，对所讲内容熟练掌握，同时还要了解学生的心理，在此基础上教师还要良好的表演技能，潜移默化

中达到自己的教学目的,另外,为了处理好教学"犯错"中出现的各种突发事件,教师必须要具备较高的教学应变能力,以保证教学顺利进行下去。

2. 教学中语言的使用上要体现幽默元素。

"师生情绪严重对立时,学生会拒绝接受来自教育者的一切要求,阻碍他们对正确要求的意义的真正理解,即所谓'意义障碍'。而教学幽默是和谐师生关系、消除意义障碍的良药。它在快乐之中把教师和学生联结在一起,缩短师生间的心理距离,达到'亲其师而信其道'"。[①] 犯错、指错本身是一件严肃的事情,但是反过来讲,学生在指出教师错误时,为了避免学生心存担忧,教师在语言表达上要注重幽默的使用,使整个纠错过程在轻松愉悦的气氛中展开,为学生的畅所欲言创设一个自由民主的氛围。

3. 教师要有宽容的心态。

教学"知错犯错"是对教师权威的挑战,如果教师放不下权威的架子,难以接受学生的批评,那么教学"犯错"艺术就难以开展,所以教师要有一颗宽容的心,以接纳的心态包容学生的言行,当学生指出自己的错误时,教师要注意自己的言行举止,以免给学生造成心理压力。

(二)错误使用的注意事项

教师的"错误"是教学"知错犯错"艺术的核心,对错误的使用也是教师在实施教学"知错犯错"艺术时所要加以注意的。

一方面错误数量要适度。任何事物都要有度,错误也不是随处可设的,不是信手拈来的。有的教师认为错误呈现得越多越好,其实,错误呈现得过多不仅不能促进学生的发展,反而会带来一系列弊端,例如,教师的"错误"呈现得太多会影响教师在学生心中的说服力和影响力。虽然我们说教师犯错误会拉近师生之间的距离,使学生感受教师的人性化的一面。教师认错会在一定程度上提升教师在学生心中的个人地位,但是过多的错误会让学生觉得教师的知识水平低下,削弱教师在学生心目中的知识权威地位,由此可能造成学生对教师的不屑和不尊重。另外,错误呈现得过多,形成视觉疲劳,学生也会见怪不怪,容易导致学生厌倦对教师错误的纠正。教师在呈现"错误"时,要综合考虑学生的学习状态和

[①] 李如密. 教学艺术论(第二版)[M]. 北京:人民教育出版社,2011:375.

知识重难点，将宝贵的"错误"留给几个重要问题。

另一方面错误的水平要适度。教师所犯的"错误"必须是学生经常所犯错误的"集合"，是学生错误的另一形式的表达，这样才能从根本上促进学生的发展，所以，教师的"错误"水平不能过于低级，但也不能过于复杂深奥。"错误"过于低级极易影响教师在学生心目中的地位，进而影响到师生关系。反过来，"错误"过于深奥、复杂，学生自己都不了解，更谈不上给老师纠正，所以，教师在选择"错误"是要从学生出发，关注学生的最近发展区，让"错误"错出水平，错出质量。

（三）纠错的注意事项

纠正错误是师生互动的过程，这个过程看似是学生对教师错误的点明，实则是教师暗中引导学生与自己一起澄清错误认识的过程。所以在这一过程中，教师要深谙学生的思路，做到在学生的"指引"下引导学生。在这一阶段，教师必须加以小心谨慎，用科学和艺术的手法引导学生与自己一起澄清错误。

教师必须要注意错误思路的澄清与正确结论的呈现的程度要有所偏颇。当遇到类似的学习内容时，学生更倾向于搜索记忆中与之相关的较为深刻的片段，所以如果对错误的思路呈现得过多，学生很可能只记得教师的错误思路，这也是有些学生困惑为什么教师讲的正确例子自己记不得，反而对教师举的反例记忆深刻的原因。因此，为了避免这一现象的发生，教师必须注意错误思路和正确思路的呈现力度，这就要求教师与学生分析错误思路的同时，让学生自己找出错误的症结所在，教师要倾听学生的不同声音，倾听学生对这一错误的不同分析，因人而异地帮助学生澄清模糊认识。同时要及时地将正确思路传递给学生，揭示错误思路与正确思路之间的不同，并对这一不同进行举例子，作诠释式的分析。更值得注意的是，在这一过程中，教师在与学生共同澄清模糊认识之后，及时的强化练习是必要的，教师要"趁热打铁"，设置适度适当的相关练习，加深学生的记忆，同时通过练习的反馈结果来完善进一步的教学。另外，教师也可以通过阶段性的复习来检验学生是否利用教师的"错误"习得了"正确"知识。

在教学"知错犯错"艺术中，教师以身试"错"，是教师对学生博大的爱的体现，是对教师教学综合能力的挑战。教学"知错犯错"艺术是对教师教学创造艺术、教学表演艺术、幽默艺术等的综合要求，教师只有在教学实践中积极探索、不断创新，才能将教学"知错犯错"艺术应用得得心应手，最终促进课堂教学的有效性。

第二十六章 课堂教学布白艺术

尊重人的个性发展和促进人的人格完善,成为教育教学的终极关怀。然而,长期以来,出于主观上和客观上的诸多因素,教学中未能做到充分尊重学生的个性和独立人格,教师包办太多,留给学生自由思考和自由发展的空间还很狭窄,使学生的主体作用未能得到充分发挥。要想让学生的个性得到完善和发展,教师在课堂教学的适当时候就要留有一定的时间和空间,让学生锻炼思维、展现个性,也就是说,教师要学会在课堂中运用"布白"艺术。

一、课堂教学布白艺术的内涵

"布白"一词源于中国传统国画艺术,是处理空间问题的一个重要理论,也是许多艺术种类的重要表现手法。诗人称"空白"为"含蓄",书法家和画家称它为"留白"或"布白",音乐家叫它为"煞声"。深得绘画个中三昧的画家,在一张空白宣纸上画一条鱼,则整张纸的"空白"使人觉得是水。鱼以实出,水自虚生,虚实结合,使"无画处皆成妙境"。[1] 再有南宋著名山水画家马远,人送外号"马一角"或"马半边"。他画山,常画山之一角;写水,常写水之一涯。他的名作《寒江独钓图》,只画了一叶扁舟漂浮在水面上,一个渔翁坐在船上垂钓,四周除了几笔微波外,几乎全为空白。尽管如此,却给欣赏者提供了深远的意境和广阔的想象余地。运用空白手法,使艺术作品虚实相映,形神兼备,达到此时无声胜有声的艺术境界。

教学既是一门科学又是一门艺术,学生不喜欢那种太实、太露、太繁、太密

---

[1] 李如密. 教学艺术论 [M]. 济南:山东教育出版社,1995:219.

而不留一点余地的教学。课堂教学中的"布白",是指把布白这种手法用于课堂教学中,为了启迪学生的思维,激发学生的想象,培养其个性,教师故意留给学生的空间和余地。笔者认为,布白既可以是语言上的、思维上的、情感上的,也可以是行为上的,可以指空间也可以指时间,这空间可以是物理空间也可以是心理空间。

二、教学布白艺术的理论基础

布白艺术能运用于课堂教学之中,使课堂教学布白艺术成为教学艺术百花园中的一朵小花,是有其一定的理论基础的。

(一)中国传统哲学是课堂教学布白艺术的哲学基础

庄子说"虚室生白",又说"唯道集虚"。中国人的宇宙观是"一阴一阳谓之道,道是虚灵的,是出没太虚自成文理的节奏与和谐"。① 布白艺术中的"白"正是老、庄宇宙观中的"虚无"。它是万象的源泉、万动的根本。中国人对"道"的体验,是"于空寂处见流行,于流行处见空寂",唯道集虚,体用不二,这构成了中国人的生命情调和艺术意境。中国的古代绝学"易经"中的太极鱼图,也富含极佳的虚实结合原则,一黑一白,一阴一阳,一虚一实,实有待于虚,而虚也离不开实,虚实结合,相生相克,相得益彰。

(二)格式塔心理学"完形说"是课堂教学布白艺术的心理学基础

格式塔心理学派"完形说"认为,人们通过感官知觉所得到的是一系列"完形",人的心理对环境提供的完形的作用就是学习。人们在面对一种不完满或有空白的格式塔刺激物时,会不自觉地产生一种填补"空缺"使之完满的趋向,从而倾向于知觉到、经验到完美的格式塔完形整体。这个补充为完形的知觉过程激起了大脑的冲动力和知觉的兴奋,引起一种进取、追求的充满紧张感的"内驱力"。这种内驱力会驱动人们积极主动地去"填补"和"完善"所知觉到的非完形刺激。这种对"完形"结构追求的实现会让人达到内心的平衡和一种身心的愉悦感受。课堂教学中所布"空白",易于激发学生的思考和探索,使教学趋于完善和完满为一个整体,所以格式塔心理学可作为课堂教学布白艺术的心理学依据。

---

① 宗白华. 美学散步 [M]. 上海:上海人民出版社,1981.

（三）美学中对虚实关系的处理成为课堂教学布白艺术的美学基础

中国传统美学思想历来就注重对虚实关系的处理，强调虚实相生，虚中求实，"虚"和"实"的辩证统一。中国艺术辩证结合虚实的独特创造手法贯穿在各种艺术里面，大至建筑小至印章都运用虚实相生的原则来处理，从而表现出一种飞舞生动的气韵。中国诗词文章里着重空中点染、化虚成实的表现手法，使诗境、词境里面有空间、有荡漾，和中国画具有同样的意境结构。书法的妙境通于绘画，虚空中传出动荡，神明中透出幽深，超以象外，得其环中，是中国艺术的一切造境。"空白"也成为"接受美学"理论体系关于文学艺术作品审美欣赏的一个概念，它指的是作品已书写描绘的部分向读者所提示或暗示的东西，也就是作品给读者留下的联想和再创造的空间。读者可以透过感觉到的部分去想象去思考，从而获得对作品更深的理解和把握。

三、课堂教学布白艺术的运用策略

布白艺术运用于课堂教学的技巧和方法丰富多样。从心理学的角度看，可从语言、思维、想象、情感和行为上进行布白；从课堂结构看，有导课中的、授课中的、板书中的、结课中的布白；从课堂教学的要素看，有教学时间上的、教学空间上的、教学内容上的布白；等等。这些布白的方法，相互之间并不是泾渭分明、非此即彼的关系，它们之间有交叉。布白方法应综合运用，既要考虑课型特点、教学目的、教学内容等，又要考虑学生的接受能力和布白方法自身的特点。不能盲目地、过滥地使用，能为布白而布白，而要有明确的目的，适时、适地、适度地运用布白艺术，关键是让学生去填补空白，转白为"黑"，化虚为实。设置布白的难度、梯度要恰当，难度要适合学生的最近发展区，富有一定的启发性和思考性；设置布白的频率要适当，太多则使整堂课都成为空白，使学生茫然，且不能充分发挥布白的作用。

1. 借助布白导课，激趣益智。良好的开端是成功的一半。导课作为课堂教学的起始环节，它是整体结构中不可或缺的一部分。自然而恰当的导课，不仅在于承上启下，由旧入新，搭起由旧知识到新知识的桥梁，而且还能吸引学生的注意力，大大激发学生的求知欲和兴趣，开拓学生的思维，发挥学生的想象力，活跃课堂气氛，创造教学佳境，使新课教学达到事半功倍的效果。导课是一堂课成功的重要基石，故精心设计这一环节，对于取得良好的效果有着举足轻重的作用。把布白这一手法运用于导课环节中，恰能适合中学生好奇心强、求知欲盛的特点。借助布白导课，从一堂课的开始便设置悬念，紧紧抓住学生的注意力，激发其学习兴趣，强化学习动机，开启学生思维，能达到先声夺人的效果。

2. 巧布时间空白，培养个性。张弛有度，文武之道。艺术化的课堂教学应是张与弛的完美结合，有动有静，开合有度，富有节奏感。授课节奏犹如故事情节发展，跌宕起伏，错落有致，时而似小桥流水，恬静舒缓，时而如狂风骤雨，惊涛拍岸。有时可人为地"垒坝筑堤"，造成暂时的"断流"，以期"蓄势"后造成"汹涌澎湃"之效。课堂教学结构的设计，在教学"时间"要素上给学生布下几段空白，成为一种"召唤结构"，形成对学生"期待视野"的强烈呼应，使课堂教学呈现出虚实相映生辉的和谐美。空白留给学生一些思考、想象和表现自己个性的机会，学生的独立人格得到尊重，有利于学生个性的完善。例如，在一次化学公开课上，某特级教师向一个学生问了个较为简单的分子式，此生有些怯场，一时卡壳，不知如何表达。另外一个学生欲代其答之，但此教师示意制止。片刻的"空白"过后，此学生终于表达出来，尽管不甚流利，但教师留给此学生的表达"空间"，保护了其自尊心，培养了其自信心。

3. 巧设语言空白，发挥想象。教学语言是优秀教师展现教学技艺的武器之一，卓越高超的教学语言艺术是教学成功的基本前提。优秀的教学语言应体现其旋律美和节奏美，其旋律随着不同的教学内容和教学实际需要，形成不同的旋律线，体现不同的调式特征，或高昂、或低沉、或激越、或舒缓；其节奏时重时轻，时缓时急，抑扬顿挫，有板有眼，学生的优势中心随语言的变化不断得到转移和强化。如果教学语言平板单调，则学生的大脑皮层很快进入抑制状态。教师在教学中应充分利用停顿这种暂时性的语言空白，给学生以思考、想象、回味的空间。某些难以表达的情感和难以用语言描述的情境，可以设置语言空白，激发学生的想象，达到此时无声胜有声的境界。

4. 质疑问难布白，启发思维。提问是常用的教学艺术手法之一，提问艺术运用得当，能启迪学生思维，开拓学生思路，发展学生智力，活跃教学气氛，提高教学质量。传统教学中的倾盆大雨式"满堂灌"固然不好，但现在有些教师的排山倒海式"满堂问"，看似富有启发性，实则是穿新鞋走老路，问后不给学生留有思考的余地，收效同样甚微。教师应设法引导学生进入孔子所说的"愤

"徘"的心理状态,即"心求通而未得之意"和"口欲言而未能之貌",也即一种积极思维状态前的短暂的心理上的"空白"。教师应通过质疑问难积极引导学生进入"愤""徘"状态,并以巧妙的"启""发",训练和发展学生的思维能力,使学生破"愤"而通,变"徘"为达。一方面可问后布白,给学生以思考空间,另一方面也可采用虚问的方式,以期化虚为实。有经验的教师在恰当的时候有意识地设置暂时的知识"空白",能激起学生急于填补"空白",使之成为完满的"完形"的倾向。这样容易激发学生的求知欲,使学生积极深入地探索和思考,也有利于学生对所学知识产生浓厚的兴趣,使学生在不知不觉中锻炼了思维,开启了心智。

例如,有位教师在讲到"生命活动调节"内容时,设置了这样一个故事悬念:在一个风雨交加的夜晚,有一只雌天蚕蛾被扣在一个纱笼中,这个纱笼是放在被一片丛林包围着的黑屋里。尽管风啸雨骤,还是有40多只雄天蚕蛾穿过风雨前来。第二天夜晚,在雌蛾周围洒了樟脑丸和汽油,仍不能阻止雄蛾寻找雌蛾。问:天蚕雄蛾是靠什么寻找到天蚕雌蛾的呢?这一问题的提出,紧紧地吸引了学生的注意力。这时教师给学生留下思维的空间,待学生回答完毕,教师没有急于肯定、否定或补充,而是有意识地形成第二段空白,让回答问题的学生有稍作反思的时间。对于其他的学生,也拥有对照、鉴定、修正的时间,对于教师来说,延迟评价则有收集反馈信息和做出正确处理的时间,使教师的总结更具准确性与权威性。①

5. 板书巧置空白,互动合作。板书是教师施展教学艺术才华的重要天地,板书艺术是教师教学艺术的重要组成部分。布局合理、中心突出、立意新颖、行款讲究的板书是知识的高度凝聚与集中,是教师教学风格的凝练和浓缩。教师应充分利用黑板这块舞台,利用板书自身含蓄蕴藉、富含弹性和张力的特点,将有些内容故意隐去,布成"空白",给学生以思考和想象的空间,和学生合作完成。例如,"焦耳楞次定律"常规表达方式完成后,可以出示下图,在板书上既造成形式上的空白,又造成内容上的空白,给学生提供想象的空间与时间,以激发学生探索的欲望,使之获得美感。②

---

① 尹德光、韩善霞. 略论生物教学中的空白艺术 [J]. 中学生物教学,1997,(4).
② 梁旭. 物理教学中的布白艺术 [J]. 物理教师,2001,(7).

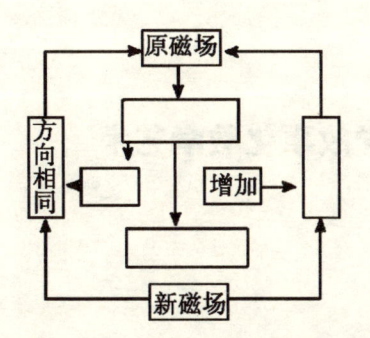

6. 借助布白结课，意犹未尽。结课是一堂具有艺术魅力的好课的"终曲"，课堂教学的结尾也是整堂课的"点睛之笔"，好的结课能给人以美感和艺术上的享受。设置空白，弹好"终曲"，以"不全"求"全"，在有限中追求无限，即在一堂课的结尾注重浓郁的色彩和艺术的含蓄，给学生以想象和回味，收到"言已尽而意无穷"的效果。例如，讲授"质数"时，一位教师在课尾说：我国著名数学家陈景润研究哥德巴赫猜想，在国际上享有很高的声誉。现在我们根据已学知识也来做一道猜想题。出示 24＝（ ）＋（ ）＝（ ）＋（ ）＝（ ）＋（ ）。请找出不同的三组质数，使它们的和都是 24。学生积极动脑，争着发言，结课前形成一个小高潮。① 这样不仅能起到承上启下、以问激趣的妙用，而且能有效地促使学生思维延伸。

---

① 阎承利. 教学最优化艺术 [M]. 北京：教育科学出版社，1995.

第二十七章 课堂故事化教学艺术

　　故事常以叙述的方式讲述"不为人知的秘密",其情节跌宕起伏,生动连贯;又因为总是阐发着某种道理,所以故事又被视作人类对自身历史的一种记忆行为。[①] 那些经典的故事,往往文质兼美,它们除了跌宕的情节、鲜明的人物、生动的叙述以外,而且还有着发人深省的思想内核,值得细细咀嚼。在小学生课堂上将故事融入教学,让孩子接触更多更优秀的故事,老师通过这些故事抵达孩子的心灵深处。让故事滋养孩子的灵魂,唤醒孩子的希望和梦想,会让孩子受益终生。

一、故事化教学艺术的内涵

　　司马迁《史记·太史公自序》云:"余所谓述故事,整齐其世传,非所谓作也。"[②] 司马迁所叙述的"故事"是世传的资料,不是个人的创作,纵观《史记》之内容,包括了历代神话、传说、民间故事、掌故、轶事、名人生平事迹,以及社会上被传颂的风俗民情事件。[③] 上述"世传的资料"之说,是狭义的界定,但已涵盖了中国古典文学中"故事"的主要内容。在现代对"故事"的定义,已经较为倾向广义的解释,认为故事是一种叙述历史的或现实的、虚构的或真实的有关人物活动、事件过程的文学样式。

---

　　① 谈永康. 喜欢讲故事的人——薛法根语文课堂文化的一个视角 [J]. 江苏教育研究,2011,(2).
　　② 吴忠匡编著. 史记太史公自序注说会纂 [M]. 哈尔滨:黑龙江人民出版社,1985.
　　③ 陈秋红. 论故事教学在国文课程中的运用 [J]. 通识教育学报,2004,(6).

从古到今，许许多多的思想家、教育家常常通过浅显易懂的故事来解释、说明、传播他们深奥的思想。讲故事是最早的教学形式，像柏拉图、孔子和耶稣这样的大智者、大教育家都大量地运用了讲故事的形式向人们传达他们超凡的思想。因为故事是用吸引而非强迫的力量来教育人的，所以通过故事来表情达意，往往能够收到良好的教育效果。当故事作为一种教育方式被运用到教育教学中，用来完成教学任务，达成教学目标时，这种方法就被称为"故事教学法"。

故事化教学艺术不仅仅是将故事看作一种教学方法，可以从三个层面来理解什么是故事化教学：首先，从工具论层面来看，故事化教学就是上文提到的将故事作为一种教学方式来进行的教学，也可以理解为通过故事来教学，故事中包含着所要学习的知识或者是故事可以帮助学生理解所学的抽象的内容甚至是用故事来调节课堂气氛、调动学生的学习兴趣，毕竟孩子都爱听故事。其次，从目的论层面而言，故事化教学指的是为了故事而进行教学，也就是故事就是教学内容本身，特别是在文科领域，教师所要讲授的内容就是一个故事。最后，从本体论层面来讲，故事化教学说的是像讲故事那样进行教学，也就是借鉴讲故事时的一些方法、技巧，比如说停顿、重复、悬念等，使教学不再枯燥无味，把课堂变成教师和学生的乐园，变成他们所向往的地方。当然在这个层面上的故事化教学应该包括在课堂上运用故事教学法，或者是教授故事。所谓的故事化教学就是通过对故事教学价值的发掘，而将教学故事化。故事化教学不是故事与教学的简单叠加，而是故事与教学在意义层面的相互融合，故事化教学的关键在于一个"化"字，化故事于教学方法、化故事于教学内容、化故事于教学组织、化故事于学生的想象、化故事于学生的体验、化故事于学生的实践，让故事与学生的生存、生活、生命融为一体，成为一个精神成长的共同体。当然此时的故事，不仅仅限于狭义的故事，更多的是指故事元素、故事精神。

故事化教学艺术是指教师在课堂中或者把教学整体处理成一个完整的故事，或者通过巧妙地运用故事教学法，使故事作为教学内容本身渗透出教育价值，或者对课堂教学作讲故事式的设计，以此来增强学生的学习兴趣，丰富学生的精神世界，进而提升学生的人文素养的一种教学活动。

二、故事化教学艺术的特点

（一）故事化教学艺术营造了一种叙事化的情境

布鲁纳指出,"人类的认知思维同时存在着逻辑科学思维与叙事思维两种模式,前者以真理来说服人,后者则是以其生动来服人。人类心理在本质上是具有叙事的结构,人们的生活习惯是通常根据叙事结构来进行思考、知觉、想象、互动及进行道德选择。"① 而故事是生活化的叙事思维,因此,故事原本就是人们内在的一种思维结构的需求。我们的大脑是以故事的形式工作的,我们的周围充满了故事,不管什么时候我们张开嘴巴与别人交流,这个时候就要从大脑中提取素材,而这些素材正是以故事的形式存在于我们的大脑中。

一个完整的故事,其结构通常包括情节、角色、背景、主题、风格等要素。情节是引领听者接受故事所要传达意义的主要途径,适切的情节发展则会让学生深深地被故事吸引;角色是故事的灵魂,可以透过不同的人物、动物,甚至是想象虚构的事物来推动情节的发展;背景包括发生的时间和地点,并且包括角色的生活方式、文化环境及气候等;主题乃是情节、角色、背景所结合而成的意义,故事所要传达的情感、想法、意义、观点等,会在故事中凸显出来;风格则是讲故事者所表现的个人独特性,可透过故事的选择与处理、言语的表达,肢体的表演等展现出来。故事主题的选择,情节的编排,角色的刻画,背景的烘托,风格的展现等故事要素的综合展开,为学生提供了一个叙事化的情境,是学生思维的绝佳载体。

与叙事思维相对应的是抽象思维,也就是我们通常所认为的理性思维。它注重思考的逻辑性、完整性、合理性。抽象思维一般依靠明喻来发挥作用,而叙事思维则通过隐喻来发挥作用。叙事思维注重学生的感受和想象,使得学生在不知不觉中随着叙述者走到了另一个空间——故事的发生地,体会着故事中的角色的经历、情感,想象自己所采取的行动。学生通过置身于故事化的课堂中,能感受到一种轻快、愉悦和灵活,感到自己一下子与课堂契合了起来。学生在这种契合中,修正着自己的认知,吸收着新的知识,进而修正着自己与这个世界的关系,从而更好地把握自己所生存的现实。

(二)故事化教学艺术饱含着情感

1. 故事本身充盈着情感

---

① 吴靖国,魏韶洁. 从听故事的心理反应谈故事教学之原则[J]. 教育科学期刊,2007,(7).

故事和事实不同，故事本身就是描绘的角色的爱恨情仇。黎加厚教授讲了一个典型的例子，"王后死了，不久以后，国王也死了，这是一个事实；王后死了，国王因此悲伤不已，积久成疾，全国上下各方名医都对此束手无策，在一个风雨交加的夜晚，国王因病也死去了，这就是一个故事"。① 我们可以很明显感受到，故事是具有情感色彩的，它比单纯的事实讲述更具有感染力。

一个好的故事远比一栏数字、一则新闻、一篇论述更能引发人们的好奇、惊讶、兴奋、恐惧、厌恶等正面情感或负面情感。故事常常绕过我们的防御机制，诉诸我们的情感。因为故事的核心是人，因人而产生，也讲给人听，要讲给人听就必须要触动人的内心，要触动人的内心就必须在故事当中把握住人们深感兴趣的事。祝振华在《怎样讲故事说笑话》一书中把人类最感兴趣的事情，归纳为"生命"、"财产"、"权势"、"爱情"、"享受"、"情趣"、"名誉"七种。② 人类自古以来围绕着这些主题而展开出许许多多的故事，无论情节多么曲折、角色多么离奇、背景怎么变换，古今中外的故事大部分都是通过对这些主题的阐述来触动人们内心敏感的神经。

2. 故事化教学时教师饱含着情感

一个善于讲故事的小学老师，一定是一个优秀的小学老师；一个有故事的课堂，一定是一个富有生命力的课堂。因为故事是情感的载体，是心灵的歌唱，是精神的远游，是社会的交响，是孩子内心的渴望。故事中鲜活的生命智慧、栩栩如生的人物形象，声吻毕肖的人物对话，构成了一个富有生命力的课堂。如果教师在进行故事教学时，没有发自内心的对于故事的热爱，对于孩子爱听故事的愿望的满足，就会使听的人觉得别扭，自己讲着也没趣味，结果是教师有气无力，学生哈欠连天，孩子们越听越不爱听。所以，可以这样讲：一个善于讲故事的教师，往往都是情感丰富的教师。

---

① 李颂. 数字故事：一种新学习和表达方式——以"上海市女教师的故事大赛"为例 [J]. 上海教育科研，2011，(3).

② 吴靖国，魏韶洁. 从听故事的心理反应谈故事教学之原则 [J]. 教育科学期刊，2007，(7).

三、故事化教学艺术的功能

儿童不喜欢抽象的知识、道理而爱听具体、形象的故事。概念、客观事实、统计数字、逻辑论述，由于普遍具有抽象性，且乏味、信息性不强，因而记忆也难以持久，对儿童的影响也较弱。与此相反，故事的类比及隐喻则对人有着巨大的影响，当信息以故事的形式传递时，学生就会更快更准确地记住，特别是真人、真事、真时间、真地点、真情节的故事，往往给学生留下更为深刻的印象。对于形象思维占优势且充满灵性的孩子们来说，听故事，是他们最为享受的精神大餐。在故事教学的课堂中，他们心情激动，神情专注，眼睛里闪烁着智慧之光，因此他们的心智之门开启，潜能得到极大地激发，他们进入了最佳的学习状态。几乎所有的孩子都爱听故事，这是他们的天性。作为教师，如果善于讲故事，能够把学生引入你的故事世界里，你就会收到事半功倍的成效。当故事成为学生课间经常性的谈资，那么故事中的情感、思想价值就很可能萃取为集体的价值标准，故事本身则退居到了幕后，对于孩子的教育便产生了。

讲故事是中国儿童教育艺术中的瑰宝，被联合国教科文组织列入《世界儿童道德教育丛书》的《三字经》中就有许多脍炙人口的故事，"香九龄，能温席"，"融四岁，能让梨"，通过这些生动有趣的故事，一代又一代的中国孩子记住了故事中一个个令人难忘的人物，也明白了故事中所蕴涵的深刻道理。知识、道理、意义，大多是抽象的，学生在很多时候，只是先记住了与之相关的故事，才记住了其中所蕴含的价值。

另外，小学阶段的孩子好奇心强，儿童的智慧和心灵也只有在无拘无束、具有开放性的冒险活动中，才能完全地舒展。有很多故事都蕴含有冒险的元素，因此故事对于小学阶段的孩子有着天然的吸引力。比如汤姆历险记、爱丽丝梦游仙境、海底两万里等等，孩子正是在这些冒险的故事中，发展了临危不惧的能力，纵横捭阖的想象力，解决问题的能力，同时在某种程度上也获得了一种对于未知世界模拟探索的满足。①

---

① Doriet Berkowitz. Oral Storytelling: Building Community through Dialogue, Engagement, and Problem Solving [J]. Young Children, 2011 (3): 36—40.

最后，故事化教学艺术还包括运用讲故事的一些技巧方法来处理课堂教学，包括适时地运用停顿、巧妙地进行重复、恰当地设置悬念等等来将课堂教学进行故事化的设计，这样的讲课方式给人一种耳目一新的感觉，使得孩子们不由自主地喜欢听课，喜欢学习。

四、故事化教学艺术的技巧

（一）此时无声胜有声——停顿艺术

人们在讲故事时很少会一气呵成，相反总是在重要人物出场之前，或者是感情由淡转浓之时，或者是情节动人心魄之时，抑或是行将结尾之时，恰如其分地停顿那么一段时间，留给我们充分想象的空间，让我们充满期待，有时我们会自行将这种"空缺"填补。

停顿是一种超越言语力量的课堂教学方式、传情达意方式，它就像乐曲里的休止符，有着丰富的意义。讲故事时我们讲究轻重缓急、疏密有致，课堂教学往往也是如此。由于小学生内心充满着对于未知事物的好奇，有着强烈的求知欲，因此教师适时的停顿反而会引起他们积极的思索。格式塔心理学派的"完形压强"理论认为，当人们在观看一个不规则、不完满的形状时，会不由自主地在内心产生一种紧张的"内驱力"，这种"内驱力"会促使大脑的兴奋、积极地思索，去填补所观看到的不规则、不完满，使之趋于完美，构建一个"完形整体"，来使自己的内心达到一种平衡，并且获得一种愉快的感觉。正如我们在欣赏"断臂的维纳斯"时，她的残缺并不会阻碍我们欣赏她的美，因为我们每个人都在心里塑造了一个自己所认为的完美的手臂。教师的停顿不仅不会使学生的认知停滞，反而会刺激学生丰富的内心活动，并锻炼了想象力、思考力。教师的停顿所引起的学生无声的积极思考、心灵的丰富，正是教师在课堂教学中所应珍视的。

以上论述了教师停顿的重要性，但是什么时候停顿，也就是停顿的时机也非常重要，停顿时机的灵活掌握，凸显着教师的教学机智与教学能力。

首先，在教学难点处停顿。教学的难点也是学生学习的难点，此时的停顿可以给学生一些时间来自己先思考、消化，弄清楚自己哪里有疑惑，有什么样的疑惑。等接下来听老师讲时就会有一个重点，因为小学生的有意注意时间比较短，"好钢要用在刀刃上"。而且对于教师特别是新手教师而言，教学的难点处的停顿也为自己赢得了时间,思考一下如何根据学生适时的掌握情况进行讲授,课堂中有没有可以利用的适时生成的资源,理清和调整自己在备课时的讲解思路等等。

其次,在教学高潮处停顿。一节课在抵达教学高潮时往往意味着学生充分理解了教学内容,特别是对于文科课堂而言,此时学生的情感被极大地调动了起来,此时往往会有情感的迸发。如笔者有次听课就遇到了这种状况,当时那堂课学习的是冰心先生的《纸船》,这是一首小诗,写于她留美求学时,通过纸船这个象征物表达了对母亲的思念。教师通过一系列的教学安排逐步地让孩子们理解了这首诗,这节课有序地达到高潮,当引导学生有感情地朗诵这首诗,突然发现下面有个学生在低声抽噎,读书声慢慢地低了下去,教师走到她身边询问发生了什么事。她说想起了自己的外婆,前两天外婆刚去世。这位教师并没有趁此机会教育其他学生应该向这位学生学习,应该善待身边的亲人,爱自己的亲人,做一个有感情的孩子,如此云云,而是停顿了下来,并不说话,深情地望着班里的学生。"此时无声胜有声",即使是小学生,虽然没有经历过多少生离死别,也能为这位同学的真情流露所动容,此刻的静默只是表面的,在他们的内心深处,感同身受,感恩于自己的亲人点滴地付出……

再次,还可以在教学结尾处停顿。我们总是感觉当教师讲出最后一个字时,下课铃声正好响起,这样的教师教学技能是令人佩服的,没有拖堂,也没有使课堂留出空白时间,充分利用了一节课的每分钟的时间。其实在行将结尾时停顿一下,给学生留出一定的时间回味咀嚼这节课的内容,这样的处理方式反而能够达到更好的效果。学生很少会及时地回想这节课讲了什么,特别是小学生,他们生性好动,一下课就跑到校园里疯玩了。所以,教师要指导学生有意识地利用这节课结尾时的时间来回想,加深印象。

(二)书读百遍,其义自现——重复艺术

故事中充满了重复的内容,这些模式帮助听众记住故事,可以在以后回忆。由此故事逐渐形成了一种以"三"为标志的结构组织形式,如写事件的三起三落、三次变化;写人物的三进三出、三次往返。[①] 像我们耳熟能详的"刘备三请诸葛亮"、"诸葛亮三气周瑜"、"孙悟空三打白骨精"、"宋公明三打祝家庄",等

---

① 蒋成瑀. 故事创作漫谈 [M]. 上海:上海文艺出版社,1979:97.

等。有时正是因为重复，听众才更加积极地介入故事，因为他们期待着故事的主题和模式的重现。找到了重复，人们的心理就容易产生一种归属感、安全感和信任感。当然重复不是简单的、一成不变的重复，而要达到"重而不复"，也就是说内容上或形式上可以有相似，但是也要有一些灵活的变化，即使没有变化也是为了达到某种特殊的效果才可以。比如说鲁迅小说中的人物祥林嫂逢人就说同样的话："'我真傻，真的，'她说，'我单知道雪天是野兽在深山里没有食吃，会到村里来；我不知道春天也会有。……再进去；果然，他躺在草窠里，肚里的五脏已经都给吃空了，可怜他手里还紧紧地捏着那只小篮呢。'"这种一字不变的重复是为了表明祥林嫂悲伤过度，神智有些不清醒，所以才会一而再、再而三地讲述同样一个故事。

修辞论美学认为，重复某种东西，都会形成一种特殊的感染力，从而使被重复的东西显得格外突出，或具有特别意义。在教学时我们可以恰当地利用重复艺术，达到良好的教学效果。人们在学习新知识时，如果花费一些时间来进行分析、比较、联想、判断，用不同的思维加工方式，重复作用于同样的内容，充分刺激大脑皮层，调动以往的知识储备、经验储备，往往会将知识记得比较牢固，理解得比较透彻。因此教师对于同一个知识点要从不同的角度，运用不同的言语措辞，调动学生不同感官，给予适量的反复解说，引导学生运用不同的知识加工方式来消化吸收知识，另外，适量重复也可以引起对所学知识的重视。

（三）欲知后事如何，请听下回分解——悬念艺术

故事的情节结构，如果一马平川，一览无余，听众是不爱听的。唯有重峦叠嶂，波浪起伏，才能引起人们探索胜景的兴致。故事的这种一波未平一波又起的悬念化设计，可以运用于我们的课堂教学，使课堂仿佛磁石一般吸引着学生。正如亚里士多德所讲的"思维自惊奇和疑问处开始"，孩子的好奇心很强，想要刨根问底、一探究竟，教师可以在教学过程中精心设置悬念，有意识地使知识蒙上一层神秘、朦胧的轻纱，从而促使学生积极主动地思考。

在讲故事时还有许多方法技巧比如说口语化的表达，非言语的精彩运用，情节的连环结构，故事中扣子的运用等等，都可以借鉴到我们的课堂教学中，丰富故事化教学艺术。

在每个人的成长过程中，"故事"似乎都扮演了重要的角色，无论是生动有趣的寓言故事、紧张刺激的冒险故事或者是充满想象的神话故事，都能引人入

胜，在我们心中留下深刻的印记。将故事化的教学艺术运用于小学课堂，我们不仅能够听到许多故事，学到许多故事，而且也可以使我们的课堂教学变得像讲故事那样吸引孩子的注意力，让孩子乐而忘返，欲罢不能。我们期待每一节课都能像故事那样留在孩子的记忆深处，成为他们人生的美好回忆。

第二十八章 课堂教学机智的艺术

教学机智被誉为教学艺术之树上最为亮丽而鲜活的花朵,德国教育家赫尔巴特1802年在他首次关于教育的讲演中指出:"关于你究竟是一名优秀的教育者还是拙劣的教育者的这个问题非常简单:你是否发展了一种机智感呢?"[1] 教学机智作为衡量教师"优秀"与"拙劣"的重要标尺,集中体现了教师的教学智慧。因此,发掘教学机智的教育意蕴,分析教学机智的素质要求,探寻教学机智的修炼途径,对于教师的专业发展具有重要的意义。

一、教学机智的教育意蕴

何谓教学机智?《教育大辞典》中的释义为:教师面临复杂教学情况所表现的一种敏感、迅速、准确的判断能力。如,在处理事前难以预料必须特殊对待的问题时,以及对待处于一时激情状态的学生时,教师所表现的能力。[2] 尽管是瞬间的判断和迅速的决定,但教学机智往往是教师在教学过程中面对特殊的教学情境最富灵感的"点睛之笔",它的神奇之效在于具有深远的教育意蕴。

(一)生本性

教学机智有别于其他场合的应急和随机应变,它是以关心教学机智的服务对象——学生为价值取向的,是把学生作为真正的教学主体而不是客体。因为"机

---

[1] [加]马克斯·范梅南. 教学机智——教育智慧的意蕴[M]. 李树英译. 北京:教育科学出版社,2001:169.

[2] 顾明远. 教育大辞典(增订合编本·上)[Z]. 上海:上海教育出版社,1998:716.

智是具有'他者性'的实践","它始终是为机智所指向的对象服务的"。①教学机智的生本性主要体现为：其一，教学机智总是从学生的角度看待问题。一个机智的教育者在教学中，是站在学生的角度思考和处理教学中的问题，对学生的兴趣感兴趣，知道学生是怎样观察、思考、理解事物的，可能遇到什么样的困难，然后巧妙地寻找有效的方式帮助学生克服困难、解决问题。其二，教学机智能为学生保留成长和学习需要的空间。教学机智不是为了想方设法让学生依附和顺从教师，机智意味着可能的时候教师能够撤出来，但在必要的时候又随时在场。通过撤出来，给学生创造必要的空间，甚至给予他们犯错误的自由并从中吸取教训，让他们以自己的方式解决问题。其三，教学机智敏感于学生的脆弱性并防止其受到伤害。由于学生的身心发展特点的限制，在成长发展过程中会遇到各种各样的困难，表现出各种各样的不足，面对困难和不足学生会常常体验到自身的脆弱性，机智的教师对此具有高度的敏感性并小心翼翼地帮助他们避免受到伤害。总之，是否以学生为本是衡量真假教学机智的主要指标，那种当教师犯了错误，如常见的教师在黑板上写错了字而被学生指出来，为了掩饰自己的错误，对学生说"这是我故意写错，想让你们来辨别，现在有同学看出来了，很好……"的狡黠行为，是不能与教学机智混为一谈的。因为"狡诈的'机智'是一种伪装了它真正的意图的行为。它以一种拐弯抹角的、不直接的方式来对待微妙事情，或给人提供变味的、扭曲的、偏斜的、不能真正代表他人最好利益的信息"。②

(二) 创生性

教学机智是由突发事件、特殊情境和意外情况"逼"出来的，是教师个人应变能力与意外情况撞击而迅速擦出的火花，是"急中生智"的产物，"机智的行动无法事先计划——它总是在具体的、出人意料的、无法预见的情境中自然迸发出来"。③教学机智的创生性恰切体现了教学过程的复杂性和教师劳动的创造性特点。教学是一个充满不确定性的复杂的过程，因为教学的对象千差万别，教学的

---

① [加] 马克斯·范梅南. 教学机智——教育智慧的意蕴 [M]. 李树英译. 北京：教育科学出版社，2001：184.

② [加] 马克斯·范梅南. 教学机智——教育智慧的意蕴 [M]. 李树英译. 北京：教育科学出版社，2001：180.

③ [加] 马克斯·范梅南. 教学机智——教育智慧的意蕴 [M]. 李树英译. 北京：教育科学出版社，2001：191.

情境千姿百态，教学的内容千变万化，势必使教学过程呈现出丰富多彩的面貌。尽管有许多业已揭示的教学规律与原则可以遵循，有具体多样的教学方法可供选择，但在一个呈现个性化、动态化、多样化的课堂环境中，教师如果按部就班、照章办事就显得格外困难和苍白无力。正如巴班斯基所说："教师劳动的一个典型特点是它不允许有千篇一律的现象。"① 有效的教学没有现成的模式可以套用，没有一成不变的方法可以照搬，它要求教师必须根据具体的教学对象、教学情境和教学内容因人而宜、因地而宜、因时而宜，创造出适宜的教学方法，这就是所谓的"教学有法而无定法"。教学机智是"无法之法"中的"至法"，它产生于复杂、变化的教学过程之中，而且常常是在那些不稳定的、不连续的、错综复杂的、突如其来的时刻的灵机一动，更加难以预测，由不得理性的把握。换言之，千变万化的教学实践活动使得教师的教学机智永远处于创造生成过程之中，没有固定的时机，也没有标准的表现方式。然而正是这种"随机应变"使教师"掌握有一种神奇的力量，他们能唤醒自己，也唤醒他们接触的人。……他们能成为艺术家，……成为人的问题这个艰难领域中的美的创造者"。② 值得反思的是，目前教育实践领域热衷推崇的琳琅满目的"公开课"，展示给观摩者的是一堂堂"异彩纷呈"貌似非常成功的教学，但对于这种"打磨"出的"优质课"老师们显然是心照不宣——从教案设计、讨论、修改到试讲，大到所讲内容、重点、难点、方法、步骤，小到执教者的言语表达、表情装束甚至举手投足，都要反复演练，教师上课只不过是照本宣科的"背台词"、"走过场"。如此"打磨"出的课堂，不仅磨去了许多宝贵的生成性资源，磨去了教师的个性与创造性，更磨蚀了学生心目中神圣的"真"。也许学校、教师会因课出名，但这样打造出的教师只能是"教书匠"而难能成为富有机智的"教学艺术家"。

（三）自然性

教学机智的诱因是教学过程中的偶发事件，它看似教学计划之外的"节外生枝"，但教学机智是一种具体的实践行动，它发生于真实的教学情境中。在这个情境中，机智的教师能"就地取材"，临场挖掘出有意义的教育内容，并"为我所用"，自然地融合到自己的教学中去。如有一位教师在教学宋朝诗人曾巩的《三

---

① ［苏］巴班斯基. 论教学过程的最优化［M］. 北京：教育科学出版社，1982：15.
② ［美］柯伦. 教学的美学［J］. 周南照译. 教育研究，1985，(3).

衡道中》这首诗,当教师讲到"绿阴不减来时路,添得黄鹂四五声"一句时,班上一位男同学竟然忘乎所以地学着黄鹂鸣叫了一声。顿时,全班同学屏息,50多双眼睛盯着老师,看老师如何处置这位同学。这位教师冷静片刻,便微微一笑,巧妙地说:××同学情不自禁地学起黄鹂的叫声,这不正是受到诗中描写的环境和作者思想感情的感染吗?可见,写黄鹂的鸣叫以渲染环境在表达作者的思想感情方面起了多么大的作用,说明这里描写得真好!大家从这一声"鸣叫"中一定能体味到作者置身于这样的环境中是一种什么样的心情。此时,教室里的气氛缓和了下来,而且这首诗的重点、难点也自然而轻松地得到了解决,那位同学也很高兴地坐好听起课来。在整个过程中,一切都是那样自然,水到渠成,没有刻意雕饰的痕迹,但给学生的印象往往要比按计划行事要深刻得多。这就是教学机智的迷人之处,教学机智的奇效就在于面对突发事件,教师不露任何牵强斧凿的痕迹,没有空洞的说教、粗暴的训斥、简单的惩罚,而是借助于机智的手法,给学生营造一个和谐、自然、温暖、舒适、轻松、愉快的物理和心理氛围,"使教育者有可能将一个没有成效的、没有希望的、甚至有危害的情境转换成一个从教育意义上积极的事件"。[1] 在看似闲庭信步中,化腐朽为神奇,收到"向来枉费推移力,此日中流自在行"的理想效果。

二、教学机智对教师素质的要求

教学机智是非常态教学情境中恰到好处的灵机一动、即兴发挥,但绝不可以看作是雕虫小技,"教育机智是教师个性品质、教育理论素养、教育实践经验等多因素熔铸的合金。那些对教育科学一知半解的人、自以为是的人,那些在教育实践中心猿意马的人,那些任由自己的脾气野马脱缰、毫无节制的人,是难以领略教育机智的璀璨光彩的"。[2] "机智的行动就是智慧的化身"[3],是以教师一系列的知识、品质、能力为基础的。

---

[1] [加] 马克斯·范梅南. 教学机智——教育智慧的意蕴 [M]. 李树英译. 北京:教育科学出版社,2001:172.

[2] 刁培萼,吴也显等. 智慧型教师素质探新 [M]. 北京:教育科学出版社,2005:55.

[3] [加] 马克斯·范梅南. 教学机智——教育智慧的意蕴 [M]. 李树英译. 北京:教育科学出版社,2001:189.

(一) 丰富的实践性知识

教学机智作为偶发事件中的随机行为,虽然具有难以预设的性质,但在实际的情境中是以一种积极的、规范的方式表露出来的,"机智不是任意性的。它不是随意地操作的。机智需要的是一个微妙规范"。[1] 这个"微妙规范"就是教师的实践性知识。"教师的实践性知识是教师真正信奉的,并在教育教学实践中实际使用和表现出来的对教育教学的认识"。[2] 它主要包括教师的教育信念、对教学关系的认知、教学情境的把握、教学策略的运用以及对教学的反思等内容,具有动态性、个体性、缄默性等特点。教学机智之所以能表现得合情合理,离不开实践性知识的规范和导引。试想,当教师面对突如其来的课堂事件,如果没有对教育教学目标的科学合理的认识,对教师和学生关系的正确定位,对教学情境的有效监控,对教学方法、策略的恰切选择,怎能迅速地做出智慧的行动。一个信奉以自己为中心,循规蹈矩的教师,怎能企望他在教学过程中创造出以学生为本的机智行为。尽管对于瞬间做出的机智行动,教师来不及多想,事后也可能只知其然而不知其所以然,下次使用也未必有效,但这并不意味它是无源之水、无本之木,这是实践性知识的特点使然。实践性知识是一种动态的存在,伴随着具体的情境建构或者消解,它内隐于教师的观念之中,以习惯性思维方式影响和支配着教师的教学行为,它不具备科学理论的基本规范,但却是一种"实际使用的理论"。正是这种难以言说的"理论"为教学机智奠定了科学的基础,发挥着价值导向和行为规范的功能。

(二) 深厚的教育情感

教育情感是教师对自己所从事的教育教学活动发自内心的体验和感受,"是教育者与受教育者、与真知、与教育事业三个对象之间关系的反映","教育者对教育事业的热爱、对学生的关爱、对真善美的追求,共同构成了教育者的教育情感"。[3] 教育情感是教学机智的创造动力。有人曾询问著名教学艺术家李吉林"你

---

[1] [加] 马克斯·范梅南. 教学机智——教育智慧的意蕴 [M]. 李树英译. 北京:教育科学出版社,2001:184.

[2] 陈向明. 实践性知识:教师专业发展的知识基础 [J]. 北京大学教育评论. 2003,(1).

[3] 刘庆昌. 论教育情感 [J]. 山西大学师范学院学报,2000,(1).

是怎么探索情境教学的?""遇到困难是怎么解决的?"她的回答是：答案的真谛便在"爱生乐教"的情感与信念中，并指出："爱生乐教"可谓是教师的最根本素养，它需要赤诚，需要执着，需要永恒。[①] 正是这种赤诚、执着、永恒促使她在教学艺术创造之路上克服了一个又一个的难题，走向教学艺术之巅。教育情感还是教学机智的最高准则，因为"机智与虚伪、欺骗、贪婪、占有和利己主义等都不相容"，"不是无私地真正地指向他人的'他者性'和利益所驱动的机智不可能是真正的机智"。[②] 只有那些对教育事业具有强烈的责任感，对教育对象充满关爱的教师，才会全身心地投入到教育教学工作中来，才不至于将自己的教学行为简单地与某种报偿相联系，可谓是"捧着一颗心来，不带半根草去"；才会在教学过程中进入"无我之境"——教学的主导思想是为了学生如何学得好，让学生实实在在地有收获，主观上不以显示自己的学识和技巧为目的，不以博得学生的佩服之心为动机；才会使机智消解"狡诈"和"伪装"，实现教学机智的至真、至善、至美。

（三）强烈的自我效能感

在教学实践中，人们常常会有这样的困惑：为什么具有同样教育能力水平的不同教师在同一个教育情境中，会有不同的行为表现和教育效果？为什么同一个教师在不同的情境中完成同样的任务，其表现出的能力水平却也会有不同呢？一个重要的原因，就在于教师不同的自我效能感所起的作用，因为"机智表现为对情境的自信"。[③] 国内外的大量研究也证实：教师自我效能感不同，则会影响他们的具体教学行为和教学方式，进而影响教学的效果。这是因为，教师的自我效能感作为教师主体对教育工作及其自身教育能力的主观判断与感受，是对自身教育能力与对学生影响力的一种内在自我信念，是教师激发和调动自身工作潜能的最有影响力的主导因素，对教师工作动机的产生及其强度发挥着核心的决定作用，不仅直接影响着教师的工作积极性和努力程度，而且还会相当大程度地影响到他

[①] 参见李允. 现代教学艺术创造学［M］. 长春：吉林人民出版社，2002：145.
[②] ［加］马克斯·范梅南. 教学机智——教育智慧的意蕴［M］. 李树英译. 北京：教育科学出版社，2001：178.
[③] ［加］马克斯·范梅南. 教学机智——教育智慧的意蕴［M］. 李树英译. 北京：教育科学出版社，2001：207.

们的具体行为系统，如对任务情境和自身教育行为的选择与反应，同时也会影响教师工作的开展与面对问题的坚持性，更会影响教师对他人及情境的思考与情绪的反应。自我效能感强的教师，对自己的教育教学能力充满自信，面对各种各样的教学事件会以一种主动、积极、乐观的态度去应对，不回避、不畏缩，这些都是教学机智创造的必备素质和基本条件。尽管对于教师而言，"充满信心地迎接无法预见的情境，这是一个很大的挑战"，但实践证明"具有了一般机智的老师学会了在不断变幻的情境和环境中充满自信"。[1]

(四) 扎实的教学技能

在教学实践中人们往往不难发现，大多数教师的智力水平和知识水平相当而且足以完成教学工作，但不同的教师在具体教学中取得的实际教学效果却可能是迥异的，从而显现出优劣。国内外的教育研究者在对此现象进行了认真细致的研究和分析的基础上，形成了这样的基本共识：在达到必要的智力和知识水平后，教师的智力和知识水平就不再是影响教育教学效果的决定因素，而那些从事教师工作所不可缺少的思维能力、语言表达能力、组织教学能力等教学技能便变成了影响教育教学效果的决定因素。教学机智表现为临场的发挥，情境化的反应，必须依赖教师的教学技能才能艺术性地呈现出来并实现其目的。教学技能包括讲、写、作、画、演等传统的教学基本功，我国教育家林崇德曾说过："如果说教学是一种技术和艺术，那么这种技术和艺术的主要表现在教师课堂教学的基本功上。"[2] 而随着时代和科技的进步，新的教育教学理论的产生，教学技能又被赋予了新的内容，不仅动作技能大大拓展了，而且强调心智技能的意义和作用。心智技能是教师对教学活动中呈现出的各种问题进行诊断和决策的特殊经验系统，对动作技能具有调节作用。也就是说教师的教学技能是智慧性的教学操作能力，是教学机智不可或缺的技术保证。那些为人称道的教学艺术家诸如于漪、李吉林、魏书生等，之所以能在课堂教学中，遇到偶发事件从容不迫、应对自如、化险为夷、精彩纷呈，除了依赖他们强烈的事业心和责任感，丰厚的知识功底，不懈的探索精神外，有谁不佩服他们技高一筹？即所谓的"工欲善其事，必先利其

---

[1] [加] 马克斯·范梅南. 教学机智——教育智慧的意蕴 [M]. 李树英译. 北京：教育科学出版社，2001：208.

[2] 林崇德. 教育的智慧 [M]. 北京：开明出版社，2001：64.

器",扎实的教学技能,是教师教学机智创生的必备之器。

三、教学机智的修炼策略

著名教学艺术家于漪在谈及自己的教学艺术创造经验时经常提到"修炼"一词,这个词本是道家术语,指修养练功。于老师当然不用其本义,而是引申为一个教师须勤学苦练方能达到高的境界。她说:"成为艺术家之先必有一个勤学苦练的阶段,只有勤学苦练,多方实践,天长日久,方能力到功成,挥洒自如。"[①] 教学机智的修炼立足于"苦练",同时也要勤学。

（一）立足教学实践,省思历练

教学机智是教师"即席创作"的艺术,它镶嵌在教学实践之中,教学实践是教学机智养成的主要途径。教学机智的创生不能脱离鲜活的日常教学生活脉络,因为"在此期间,一个人做了什么他才能够学到什么"[②]。但教学机智又不是实践经验的简单积累,"如果一个教师仅仅满足于获得经验而不对经验进行深入的思考,那么,即使是有20年的教学经验,也许只是一年工作的20次重复;除非……善于从经验反思中吸取教益,否则就不可能有什么改进"[③]。对此,美国心理学家波斯纳（G. J. Posner）提出了教师成长的公式:成长＝经验＋反思。这也符合"实践——认识——实践"的事物发展规律。在教学实践中,每个教师面对层出不穷的教学事件,必须创生各种各样的应对措施,其中可能有精彩也可能有败笔,对于这些亲历的教学琐事多数会境迁即失,有些可能"习惯成自然",那么它们既能成为一种提高行为效率的资源,也能成为导致行为效率低下甚至失败的根源,关键在于教师对它们的省思和提炼。如果教师能把自己的亲历作为"事件文本"去解读、分析、反观、提升,不仅能改善和丰富教师的实践性知识,使思想的自由度、探索性与创造性得到拓展,提升教师的自主、自尊和自信,而且还能把模糊的行为清晰化,平凡的琐事意义化,偶然的事件历史化,个体的智慧普

---

① 全国中语会青年教师研究中心编. 于漪语文教育艺术研究 [M]. 济南:山东教育出版社,1999:251.

② 转引自陈向明. 实践性知识:教师专业发展的知识基础 [J]. 北京大学教育评论,2003,(1).

③ 转引自刘岸英. 反思型教师与教师专业发展 [J]. 教育科学,2003,(4).

及化。在实践中，人们业已探索了诸多行之有效的反思方式。如，在时间序列上，有日反思、周反思、月反思、期中反思、期末反思；就一堂课而言，有课前反思、课中反思、课后反思；在主体序列上，有个人反思、教师集体反思、教师与家长共同反思；在内容序列上，有个案反思、主题反思、学科反思、跨学科反思；具体到教师的日常工作内容，有讲课反思、作业反思、评价反思、活动组织反思；在教学发展序列上，有学生成长反思、教师成长反思、教学理念反思、教学改革反思；在表现形式序列上，有反思日记、反思档案、反思报告、反思竞赛、反思作业等。无论采取或创造怎样的反思方式，教师对教学实践的反思都需要注意：贵在及时、善于论事、勇于批判、勤于总结、功在坚持。

(二) 同侪互助，共同成长

同侪互助 (Peer coaching) 从词义上看，有同辈指导、同辈辅导、同伴指导之意，学者 Joyce 和 Showers 对其内涵的揭示为：教师工作在一起，形成伙伴关系，通过共同阅读、讨论与示范教学，特别是用系统的教室观摩与反馈等方式，来彼此学习新的教学模式或检讨、修正已有的教学技巧与策略。[1] 教学机智的养成，主体性的践行省思固然重要，"但问题是，如果没有人帮助教师对实践进行反思，没有人向他们教授崭新的教学策略，没有人提供激化改进的元素，大多数教师不会在行为上发生改变"。[2] 国内外的理论和实践研究均已表明，在学校这一组织里，教师的成长不能局限在自己的教室里，而应发生在学校的各个层面，教师的专业发展是在班级、备课组、教研组、课题组、校际交流等过程中展开的一种合作化教学实践性学习。同侪互助不仅能够使教师在思想、信念、态度等方面相互影响和促进，改变封闭、保守的心智模式，而且由于彼此是"懂行"的"旁观者"，有助于将教学机智的隐性特质显性化，在相互启发、切磋、帮助的过程中，促进反思、提升品质、共享智慧。在实践中行之有效的同侪互助策略有：建立多样化的校本教师学习共同体，通过教师多方位的对话交流，发现和分享教育教学的最佳实践；构建专家引领的组织学习机制，在学校组织的学习共同体中的

---

[1] 参见张仙等. 同侪互助：教师培训的新方式 [J]. 中小学信息技术教育，2007，(3).

[2] 庞丽娟，易凌云. 论教师的缄默性个人教育观念及外显化 [J]. 教育研究，2005，(7).

每一位教师都可能成为教育教学某一方面的专家,教师通过观察专家如何教学,了解观察专家如何思考,会慢慢地获得教学诀窍及解决问题的思维决策模式;建立学校内部的资源共享平台,利用信息技术建立互动式、人性化的学习交流网站,建立讨论区和展示区,可以促进学校内部资源共享,不仅能为教师的创造提供机会,而且还能保存、积累、传播教师的创造成果。诚如前苏联教育家马卡连柯所总结的那样,"在一个紧密联结在一起的集体内,即使是一个最年轻的、最没经验的教师也会比任何一个有经验的和有才干的,但与教育集体背道而驰的教师能做出更多的工作"。①

---

① 转引自傅道春主编. 教师的成长与发展 [M]. 北京:教育科学出版社,2001:160.

第二十九章 课堂教学灵活应变艺术

　　课堂教学过程是一个变化万千、充满活力的过程。教学内容的变化性，教学情境的复杂性，学生作为一个鲜活的生命个体在身心发展水平、思想认识、道德情感上所表现出的差异性等，决定了在课堂教学中，必然会发生各种意想不到的偶发事件。这就需要教师掌握机智巧妙的灵活应变艺术，以便及时果断地对偶发事件进行妥善处理。课堂教学的灵活应变艺术是教师教学的敏感性、思维的灵活性、意志的果断性的完美结合，体现了教师高超的教学智慧。它可使教师出奇制胜、化险为夷，将偶发事件化为整个教学中最激动人心的环节，使得课堂教学跌宕起伏、别有风韵。

一、课堂教学灵活应变艺术的原则

　　教学应变艺术是极富创造性的活动，它没有固定的方法可供套用，需要教师因时、因境、因人等灵活机智地从众多可以采用的应变艺术策略中选择最佳的策略或自创策略，使课堂偶发事件的应变策略具有艺术性。然而，不管教师采取何种策略、方法，都必须有利于化解矛盾、维持正常的教学秩序、树立良好的教师形象、融洽师生关系，都在于它能转化为一种灵魂的感化力量渗入学生的心田，使学生刻骨铭心，永志难忘，收到意想不到的教育效果。为此，教师必须遵循一定的原则，具体说来有以下几点。

（一）临变不慌，沉着冷静

　　课堂偶发事件的发生具有偶然性和突发性，教师既无法估计它什么时候发生，也难以预料它以什么样的形式出现。因而，偶发事件的发生往往会使教师处于应激的情绪状态。心理学的研究表明，在应激状态下，人表现得好激动、好发脾气，还伴有思维中断、对外界事物过于敏感和难以做出决策等消极反应。在这种状态下，有的教师不能及时调控自己的情绪：要么过于紧张，方寸大乱，不知如何是好，往往含糊其词、敷衍搪塞；要么置之不理、消极回避；要么大动肝火、怒斥学生，转嫁危机。凡此种种，非但无助于问题的解决，反倒会使问题复杂化，并因此影响教师的威信、师生的感情，成为解决问题的障碍。而有的教师则表现出较强的调控能力，临变不慌、沉着冷静、从容应对。例如有位数学教师在上"代数式的值"的公开课时，忘记了本该一开始就应板书课题。发现此事后，他并未慌乱，而是镇定自若地等学生做完题，指着题的结果说："像这样的数值就是代数式的值。"这时再把没有板书的课题补上。教师面对失误，沉着冷静，"激"中生智，及时果断地调整了教学程式，使整个教学天衣无缝，不禁令人叫绝。古人云："心定而能慧，心静而能知。"当课堂偶发事件发生时，教师首先应不急不躁、沉着冷静，唯有如此，灵感的火花才能闪现，使教学"柳暗花明又一村"。

（二）实事求是，谦虚坦诚

理科的学科性质决定了实验演示是课堂教学的重要环节。教师在上课前必须对将进行的实验作严密的检查、精妙的设计，以防止在教学中出现疏漏。然而，"智者千虑，必有一失"，在教学实践中，难免出现失误，造成意外"事故"的发生，关键在于教师用怎样的态度来看待自己的失误。面对事故教师既无需过度自责，也不能有意回避、极力掩饰，更不能斥责学生，以图摆脱尴尬。教师应实事求是、谦虚坦诚地直面自己的失误，这样不仅不会有损教师的形象，反倒会使自己的威信提高，得到学生的谅解和爱戴。例如有位化学教师在公开课上讲解："当把燃烧着的金属钠伸到装满氯气的集气瓶中时，钠会剧烈燃烧并生成大量白烟。"但在接下来演示实验中，集气瓶里却冒出了黑烟，学生愕然。面对意外，他既没有惊慌失措，也没有文过饰非，而是坦诚地鼓励学生将所看到的说出来。然后随机问道："这块金属钠为什么会燃出黑烟？请同学们回忆一下金属钠的物理性质及其贮存方法。"全班学生立刻活跃起来，一名学生抢先发言："金属钠性质活泼，不能裸露在空气里，而应贮存在煤油中！"听完学生的回答，他对实验前没有将沾在金属钠上的煤油擦干净的疏忽，导致刚才实验事故的发生表示了歉意。为了揭示错误的原因，他没有回头处理煤油，而是让沾有煤油的金属钠继续燃烧下去。当集气瓶中冒出浓浓的白烟时，教室里一片欢腾，掌声不断。① 这是发自内心的赞叹！课堂教学中出现失误是正常的，关键在于教师应怀着勇于承认错误的气度，谦虚坦诚的胸襟，实事求是的科学态度，去化解失误的消极影响，变消极为积极。

(三) 高度负责，播撒爱心

教育是用爱和责任构建的，没有爱和责任，就没有教育。在对偶发事件的处理中也应渗透教师对学生满腔无私、深沉的爱和高度负责的精神，以探求和发现学生思想的奥秘，潜在的动机，以便因势利导，变事件为契机，达到育人的目的。而不是当事件发生后，斥责学生，推卸责任，这样只能有损教师形象、破坏师生关系，给学生心灵造成无法弥补的伤害。例如有位物理教师组织学生做关于电路串联、并联问题的实验。突然一道强光一闪，随着学生的一声惊呼，师生都吓了一跳，原来有两个"调皮鬼"在一条电路上连接了六节电池，将小灯泡烧坏了。这种"胆大妄为"的行为，使年轻的物理教师勃然大怒，当即停止了实验，将全班学生召回教室，上了一堂"训话课"，惩罚两名"肇事者"以后不准参加实验，而且每人要赔偿6只小灯泡。② 教师不问缘由的惩罚与怒斥，带给学生的不是反省和觉悟（实际上学生也能从这次事故中学到知识），只能是对学生敏感而脆弱的心灵的伤害和摧残。苏霍姆林斯基曾意味深长地指出："学生的自尊心，是一种非常脆弱的东西。对待它要极为小心，要小心地像对待一朵玫瑰花上颤动欲坠的露珠。"在偶发事件发生后，学生的心理要比平常更为敏感、脆弱，更需要教师用爱和责任去化解矛盾，去触及学生的心灵，即使是严厉的批评，也应当让学生感受到其中所蕴涵的爱和责任。

(四) 因势利导，化弊为利

所谓"势"是指事物发展所表现出来的趋向。"势"有积极与消极之分。对于呈现积极态势的偶发事件，教师要顺势而下，深化和拓展学生的认识。而对于由消极动机所驱使的偶发事件，教师不应简单地采取粗暴的强制性手段加以压制，那样只会加剧学生的逆反心理，激化矛盾，而要敏锐地捕捉其中所包含的积极意义，因势利导地将学生拉回正轨，使学生受到深刻的教育。例如有位生物教师刚

---

① 郭启明. 教师语言艺术 [M]. 北京：语文出版社，1992：122.
② 邓素云. 课堂教学应变技巧浅谈 [J]. 教学与管理，2001，(2).

走进教室，学生便哄堂大笑。原来一个吹得鼓鼓的猪膀胱挂在黑板的中央，旁边写着：请老师讲讲猪尿泡是怎样割下来的，它有什么功能。面对学生的恶作剧，教师并没有气恼，而是肯定了学生所表现出的求知欲和敢于提问的学习态度，并因势利导地说道，提猪尿泡的问题就挂一个猪尿泡，难道提出人脑功能的问题也要挂一个人脑袋吗？敢于提问题很好，只是这个问题过一段时间我们才会讲到。到时候希望提问题的同学能认真听，并能和我积极合作。教师的话使课堂的滑稽气氛立刻变得严肃起来，很快便进入了正常的教学。课后那个学生还主动找老师承认了自己的错误。[1] 教师面对学生的恶作剧，并没有像学生所希望的那样大发雷霆，怒斥责骂，而是用他宽容的胸怀、过人的机智把学生的消极兴趣转化为积极兴趣，把热情引导到正确的方向上来。教师的因势利导，可以化弊为利、化丑为美，不仅能成功地维持教学的正常秩序，而且会使学生的心灵受到强烈的冲击与震撼。

二、课堂教学灵活应变艺术的策略

教学中的偶发事件成因各异、类型万千，即使是性质类似的偶发事件也可以有不同的解决策略。它要求教师发挥聪明才智，在丰富的教学实践中探索、锤炼和总结。经验丰富的教师在教学实践中创造了许多行之有效、令人为之赞叹、折服的应变艺术策略，我们无法一一列举。根据理科教学的特点，我们从中选取了几条较为常用和易于为教师所掌握的策略，以飨读者。

（一）将错就错

理科知识大多严密、系统，在传授中逻辑性强，而变通性弱，常常是"差之毫厘，谬之千里"。因此，在理科教学中，失误型偶发事件更易发生。对于失误型偶发事件的应对，较常用和有效的策略为将错就错，它指教师在发现教学活动中的失误后并不立即加以改正、纠错，而是灵活机动地引导学生寻错、纠错，使已经出现的失误变为调动学生积极学习的兴趣和顺利同化知识的切入点。如有位教师教"圆的面积"，让学生先拼摆准备好的学具。有的学生把圆拼成了平行四边形，有的则拼成了梯形、三角形。然后根据这些图形来推导圆的面积公式。拼成

---

[1] 郭启明. 教师语言艺术 [M]. 北京：语文出版社，1992：128.

平行四边形、梯形的，都顺利地推导出了圆的面积公式 $S=\pi r^2$，只有拼成三角形的，推出了 $S=2\pi r^2$。教师面对失误并没有立即纠正错误，而是笑着对学生说："大家仔细看一下这个推导过程，看谁能发现推导中的错误。"学生的积极性被调动起来了，仔细思考、检查，纷纷举起了手，很快便把错误改正过来。[1] 在教学中教师认识到自己的错误，不急于改过，而是"认可"甚至"放纵"自己的错误，将错就错，让学生来寻找、发现并改正错误，不仅加深了学生对知识的记忆和对获得知识方法的理解，而且满足了学生作为探究者的愿望，从而获得更为强烈、积极的情绪体验，成为促使学生进行学习的强大动力。

（2）幽默补救

常言道："马有失蹄，人有失言。"课堂上教师难免失言，演示试验也难免失败，这常会使教师陷于窘境。在这种情况下，倘若文过饰非，会有损教师的威信，有悖于教师的职业道德；而过激的态度又会破坏师生关系，从而影响教学活动的正常进行。遇到这种情况该如何处理呢？列宁说："幽默是一种优美的健康的品质。"将幽默运用于偶发事件的处理，发挥幽默的独特魅力，不仅可以让教师从容摆脱尴尬，而且会给学生留下难以磨灭的印象。有位物理教师就是巧用幽默这一"魔杖"补失堵漏，使教学具有了难以言喻的艺术效果。他在讲大气压时，为了让学生亲身领会大气压的存在，便设计了让学生自己来进行"马德堡半球"试验加以验证。他说道："同学们，为了证实大气压的存在，这个抽空了空气的马德堡半球当年用了八匹马都未能将它拉开，现在请两位同学来试一试。"教师说完，两名学生走上讲台用力对拉，相持不多久，球竟被拉开了。面对这难以解释的意外，教师灵机一动，巧用妙语："早知道你们两个的力气比八匹马的力气还大，我就该换一较大的马德堡半球。"[2] 说完教室里充满了快乐的气氛。然后教师指出拉开的原因是球内没有真空，抵消了球外的空气压力。

（三）顺势拓展

随着学生年龄的增长，学习的不断深入，其元学习能力增强，对教师的教学会形成自己的判断和评价。他们有时并不满足于教师所教的，会提出教师料想不到的要求或意见。这时教师可根据学生的实际接受能力和最近发展区的阈限，顺

---

[1] 许高厚. 课堂教学技艺 [M]. 北京：北京师范大学出版社，1997：224.
[2] 郭启明. 教师语言艺术 [M]. 北京：语文出版社，1992：110.

势拓展下去提高教学要求，使意外变为动力，让教学走在学生最近发展区之前，促进学生不断地向前发展。例如一位教师讲五等分内圆周，在介绍完课本上的方法后让学生做练习时，一名学生突然说："这些方法都不怎么样，没有一个不繁的！"教师听后并未表示不满或责怪学生，而是在做完练习后给学生介绍了一种新的方法：(1) 作⊙O 互相垂直的直径 AB 和 CD；(2) 分别以 A、C 为圆心，AB 长为半径画弧，交于 E，则 OE 即为五等分圆周相邻分点之间距（图1），学生们一试，果然好用，都称赞这种方法最简。教师顺势又引导学生探讨了此作图法的道理，并总结说："课本上介绍的方法的确繁，但属精确作图法；新方法最简，但属近似作图法（相对误差 0.01），用辩证的观点看，这就是事物有利又有弊的道理。"学生听了，心悦诚服。[①] 学生的话无疑是将了教师一军，而教师却从中发现了难得的教育契机，顺势拓展开来，深化了教学内容，加深了学生对知识的理解，收到了较好的教学效果。

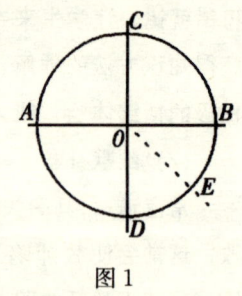

图 1

（四）以静制动

以静制动策略是指教师遇到偶发事件后，沉着冷静、不动声色地巧妙化解困境的应变艺术策略。运用以静制动策略，要求教师必须具备临变不乱、耐心自制、以不变应万变的气度和心理素质。一位教师在和学生共同推导三角形的面积计算公式时，一学生突然问教师："只要知道三角形的底和高就可以求出它的面积吗？"面对学生突如其来的发问，教师并未作答，而是不动声色地画了一个三角形（图2）。

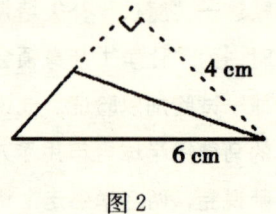

图 2

然后，反问学生："你能求出这个三角形的面积吗？"学生回答道："这个三角形的底是 6 厘米，高是 4 厘米，面积是 12 平方厘米。"教师听后又问："有不同意见吗？"学生们面面相觑，不知如何回答。这时教师启发说："想一想我们是怎样推导三角形面积的？在推导中是否存在一种对应关系？这种对应关系是什么和什么的对应？"在教师的启发诱导下，学生恍然大悟，图中的高和底并不存在对应

---

① 毛永聪主编. 中学数学创新教法 [M]. 北京：学苑出版社，1999：154.

关系，因而，面积不是 12 平方厘米。三角形面积公式 "$S=\frac{1}{2}底 \times 高$" 中的 "高"是底上的高。教师面对学生的发问，不急不躁，以他沉稳的气度，以静制动，巧妙地将提问转化为教学的反例，使学生从正反两面理解了知识的内涵，从而实现了对知识的巩固和内化。

（五）以变应变

在教学活动过程中，教师一般是按照预先设计的程序实施教学，尤其在实验课教学中更是如此。实验教学开始之前，教师都要进行周密的计划、安排，要给学生详细地讲解实验的目的、步骤、要求等，以防止意外的发生。然而，学生天生具有很强的好奇心，在实验课上，时常会冒出一些新奇的甚至是冒险的想法，但由于他们知识经验的不足，往往会因此而闯"祸"，打乱了正常的课堂教学秩序，影响到预定教学计划的实施。这时，教师如果一气之下终止实验，或者始终抱着原计划不放，必然会影响教学的效果。而如能及时调整、改变自己的教学计划、程序，以变应变，则可化干戈为玉帛，有效避免偶发事件的不利影响。如前面提及的那位物理教师，如果能心平气和、仔细地调查学生为什么那样做的原因，便知那不过是学生好奇的探究欲望——想知道将 6 节电池串到一只小灯泡上会出现什么结果所使然。这时教师如能借机调整自己的教学计划，顺势插入一些关于电流、额定功率等即将接触到的新知识，并对学生冒出的新想法加以肯定、鼓励、正确引导的话，不仅会为学习新知识埋下伏笔，激发学生强烈的学习积极性和求知欲，而且还能保护学生的好奇心和创造的火花。

课堂教学的灵活应变艺术虽是教师灵感瞬间的闪现，却也是教师自觉追求教学艺术的必然结果。正所谓"厚积而薄发"，积之越厚，发而为薄，也就越精粹、越美妙，越能产生最优化的教学效果。教师只有在教学实践中积极探索、不断创新，才能左右逢源、游刃有余。

第三十章　课堂教学调控艺术

课堂教学调控属于教师课堂管理行为。在课堂中，教师需要对学生的行为进行调控，需要排除学生的打断和干扰，并且在需要的时候还得对付破坏活动，教学调控是教学设计的一个可延展性的特征，可以产生即时的非常明显的效果。[①] 教师需要认真把握和调控的学生行为主要有：课堂中"学生过于兴奋的行为"、"学生出现错误"、"学生产生分歧"与"学生出现'意外'的行为"。这些传统教学中令教师"头疼"的学生的行为背后实际蕴藏着丰富的教学资源和良好的教学价值，在教师有效的课堂调控下，不仅可以提高教学效果，还可以更好地促进学生发展。

一、合理把握课堂兴奋时间

心理学研究表明，课堂教学中学生学习效率的高低与学习过程中学生大脑兴奋所持续的时间长短密切相关。一个小学生的大脑兴奋时间主要集中于课堂的前十五分钟，中学生的兴奋时间相对于小学生要稍微长一些。在长达四十五分钟的课堂教学中，学生的注意力、情感与思维不可能处于同一水平之上。[②] 现实的课堂教学中，很有可能会出现学生"过于兴奋"的状态，所以，教师要采取一定的调控策略，避免学生过于兴奋，引导其很快进入学习的状态。

实践表明，课堂的"兴奋时区"应该存在于课堂的导入阶段和课堂的高潮阶

---

① ［瑞典］T 胡森，［德］T·N 波斯尔斯韦特. 教育大百科全书［M］. 重庆：西南师范大学出版社，海口：海南出版社，2006：230.

② 刘兴庆，郑广芬. 浅谈课堂"三时态"的调控艺术［J］. 山东教育科研，2001，(6).

段，学生的热情和积极性在这两个阶段很容易被调动起来。教师应该预设出学生在仅限的45分钟内的课堂兴奋时间段以及采用何种方式让学生兴奋起来。李吉林老师的"情境教学"，采用了创设与文章主题相符的情境引导学生进入课文，学生们先是兴奋，后是自由的思考，在李老师一张一弛的引导下，学生的课堂表现出人意料地好。李老师着重于课堂导入阶段的情境创设，因为学生是带着期待进入课堂的，所以学生最容易在课堂的开始阶段兴奋起来，但教师应把握学生的兴奋时间，不能使学生兴奋时间过长。

现实教学中，部分教师的教学行为值得反思。一节语文课上，一位教师正在教课文《月亮湾》，这位教师设计的活动花样繁多：请一位美术教师随堂在黑板上画出"美丽的'月亮湾'"，播放《你看，你看，月亮的脸》这首歌曲，请学生介绍自己的家乡等一系列活动。学生高兴得又蹦又唱，在这期间，教师最核心的讲解学生都没听清楚。一堂课下来，知道这篇课文主题内容的学生寥寥无几。教师为了让学生兴奋，可谓"花样百出"，但是忽视了学生内在的发展，偏离了教学主题。现实的一些教学事实证明，部分教师苦苦创设的让学生"兴奋起来"的"教学情境"并没有起到很好的教育作用，学生往往被表面的"新鲜"和"热闹"所吸引，兴奋时间过长，迟迟不能进入学习的状态，影响教师的教学。

马克斯·范梅南曾经指出："教学理解其中的一个因素就是具备洞觉儿童内心世界的能力。"[1] 也就是说真正的教学要从学生的内心世界出发，一些外显的教学活动只能起辅助的作用。教师需要对课堂的"兴奋"进行调控，让学生的内心感到振奋，从内心发现作者的家乡"月亮湾"是多么的美，揭示文章主题，从而引发出学生对自己家乡的热爱之情。著名教育专家朱绍禹先生说过，"教师的基本作用在于创设良好的学习情境，而良好学习情境的标志是使学生有广泛的思考自由。"[2] 课堂教学中，教师创设让学生兴奋的情境的目的是让学生对教学内容有更深更广的思考，教师所需要做的是，把握学生的课堂兴奋时间，注重收放自如，在课堂上引导学生放飞思想、自由思索。

---

[1] ［加］马克斯·范梅南. 教学机智——教育智慧的意蕴［M］. 李树英译. 北京：教育科学出版社，2001：117.

[2] 韦志成. 语文教学情境论［M］. 南宁：广西教育出版社，1996：190.

二、巧妙利用学生的错误行为

教学的过程存在任何可能性,学生的出错也是不可避免的。所谓"'垃圾'放对了地方就成了宝贝",课堂教学中学生出现的错误往往是蕴藏教学价值的"富矿",教师要巧妙地利用和发挥好错误的价值,抓住教学契机,化错误为神奇,赋予错误以特有的价值,为课堂润色。苏霍姆林斯基说:"教学的技艺不在于事先确定好的课堂上的一切细节,而在于巧妙地不为学生察觉地根据具体情况作出的修改。"[1] 传统教学中,教师往往对学生的错误采取否定式评价,学生错误行为背后生成的教学资源被白白浪费。

课堂上学生出现的错误可分为有意错误和无意错误。有意错误主要是针对于教学纪律而言的,学生在课堂上故意出现的影响教师教学和学生学习的行为。无意错误主要是指学生在学习过程中针对于教学内容所出现的理解性偏差等行为。这里主要讨论学生针对于教学内容出现的无意错误,在教学过程中,学生出现此类错误行为时,教师可以选择有价值的错误点组织小组进行讨论,引导学生在彼此合作学习中,发现错误的原因以及纠正错误的方法。同时,教师应采用合理的评价方式对学生的错误进行评价,传统的教学实践中,教师往往断然否定学生的错误,在一定程度上挫伤了学生学习的自信心和降低了学生参与课堂的积极性,而现如今,学生的主体地位日益凸显,教师可以借助学生出现错误的机会,引导学生自我发现,自我更正,使教学的过程成为关注学生内心成长的过程。

在一堂《梦游天姥吟留别》的语文公开课教学中,教师点名叫一个不会读诗的害羞的男同学来读这首诗,可是他一读,在场的教师和同学都乐了,由于这位教师对学生诵读水平的不了解,学生的出错给他带来了不好调控的意外。简单的办法就是让其他同学重新做一下诵读尝试。可这位教师没有选择这样的处理方式,教师决定领读前四句,当读到"送我至剡溪",教师用自然而亲切的语调读出"送"时,男同学的模仿又引来了一阵笑声,老师对他说:"是我没领好",男同学则显示出自己的男子汉气概说:"不,老师",随即做了一个中止别人讲话的动作,捧着书本读完了这首诗,随后引来一片掌声。在教学过程中,教师应善待

---

[1] 董海. 精彩课堂需要灵活调控 [J]. 教学与管理, 2011, (3).

学生的错误，平等地对待每一位学生，关注学生的成长，因材施教，因情施教。

三、有效消除课堂中的分歧行为

　　课堂分歧主要是指学生在针对教学内容作出不同回答时或者是对教师的教学内容提出异议时产生的课堂行为，具有显性的特征。同时，课堂教学中教师的行为也会导致隐性课堂分歧的出现，教师往往会把自己的角色转化为课堂的"演讲者"或是"灌输者"，或者是教师提问的学生始终是固定的几位，大部分同学只是课堂的配角，在这样的情况下，学生在对待课堂的态度上就产生了分歧。发言多的同学更喜欢课堂，更愿意积极参与，发言少的同学只是静悄悄地坐在课堂，在这样的情况下，隐性课堂分歧也就出现。

　　针对于消除课堂的隐性分歧，教师应该平衡师生的话语权分配，加强师生之间、生生之间平等的对话交流，教师不再做决策者，而是做更多意义上的合作者、促进者和指导者。在课堂提问和其他课堂活动的参与中，教师应避免只提问固定的学生或少数学生，应该让每一位同学都享有"被重视"的权利，或者可以设置专门的交流课程和交流活动，使每一位同学都参与课堂，凸显每一位学生的主体地位，避免课堂隐性分歧。

　　每一位学生的成长过程和生活体验都是不同的，对于课堂教学内容的理解也会存在一定的差异。在课堂教学中，学生对于教学内容做出的不同回应或者是对教师的教学内容产生异议，出现一定的明显的分歧也是在所难免的。笔者不否认，部分课堂会由于课堂分歧处理不当导致课堂上会出现正面言语上的或行为上的冲突，但绝大多数情况是，教师的不恰当处理，学生是选择沉默或是曲解指令，学生的主体地位并没有得到充分体现，因此教师必须正视课堂中出现的分歧，采取有效的策略。

　　教师需要增进对知识背景的理解，在教学计划中，预设学生可能在哪些知识点出现分歧，分析这些分歧行为背后可能存在的原因，有利于课堂上分歧行为的消除。新课程强调自主学习、合作学习与探究学习的学习方式，课堂中出现分歧行为正是开展这三种学习方式的最佳时机，教师可以围绕学生的分歧点，确定讨论的主题，让学生自主探究，也可以围绕主题组织小组进行辩论，使可生成的教学资源得到最大的发挥。

四、即时引导学生的"意外"行为

学生在课堂上出现种种的"意外"行为是指课堂教学中学生表现出来的脱离教师预设的言语或肢体动作等与课堂脱轨的行为,具有一定的偶发性,比如说"人云亦云"的从众效应,"不按牌理出牌"的现象等等。教师在这种"一石激起千层浪"的情况下,又是否能"稳坐钓鱼台"?所谓"理想很丰满,现实很骨感",对于教学而言,教师的教学计划和课堂教学的实际状况也是有很大差距的。固定的或不灵活的教学计划只会剥夺课堂的自由,冻结本来充满活力和生机的知识体系,教师必须对学生的课堂出轨行为作出理性的调控。

学生的课堂"意外"行为蕴含重要的生成信息,教师需要具有一定的辨析能力和评价能力,面对学生的"出人意料",教学实践中往往会出现对错式评价、断然否定式评价等方式,从而浪费了这些生成性教学资源,使课堂失去新的生长点。面对课堂的"意外",教师必须重构相应的识别评价体系,应及时识别这些生成的信息是否是围绕教学内容生成、是否紧扣教学目标生成、是否具有教学价值,这些信息能否促进学生更深更广的思考,要及时判断出学生的哪些意外行为对课堂的教学效果有促进作用,哪些有阻碍作用?同时也要做出正确的评价,应慎重采用否定式评价,因为否定式评价在一定程度上会影响学生参与课堂的积极性。

于漪老师在教《宇宙里有些什么》这篇课文时,课文中有一句话"宇宙里有几千万万颗星星",这时,一个学生提出了问题:"老师,万万等于多少"大家都笑了起来,有个学生说:"万万不就等于亿吗?",在大家的笑声中,这位学生灰溜溜地坐下了。于老师觉得他的积极性受到了打击,于是问:"既然万万等于亿,而文中为什么不说宇宙有几千亿颗星星,而说几千万万颗星星呢?"。[①] 于老师并没有否定学生的回答,而从另外的角度促进学生思考文章的内容,既保障了学生参与课堂的积极性,同时也培养了学生敢于提问的精神。

为了对课堂中学生出现的"意外"行为把握更具有指向性和有效性,教师需要对学生的课堂出轨之处进行预设。比如说教师在课堂导入中意图引出文中的课

---

① 彭玉华. 利用动态资源 激活语文课堂 [J]. 中学语文·教学大参考,2005,(2).

题，可学生的回答却离课题相差甚远，教师在进行教学计划时，就要对学生可能产生的答案进行预设。教师在预设学生的课堂"出人意料"之处需要考虑学生的认知水平、知识储备以及可能生成的课堂疑问，同时也要考虑学生对文本内容的兴趣程度和情感状态。教师应真诚地理解学生，要站在学生的角度想学生之所想，因势利导，充分地预设学生可能在课堂上出现哪些"出人意料"的行为，并将这些行为化为教学的资源，促进课堂教学。

叶澜教授说过："课堂应该被看作是师生人生中一段重要的生命经历，是他们生命有意义的构成部分。"① 教师应该明确自身的定位，充分体现学生的主体地位，做优秀的掌舵人，把握教学的方向。课堂上需要有效调控的行为远不止这些，教师应具有敏锐的观察能力和良好的分析能力，观察学生的种种行为表现，分析学生行为背后的原因，抓住教学契机，发挥自己的教学智慧，进行课堂有效的调控。

---

① 叶澜. 让课堂焕发出生命活力 [J]. 教育研究，1999，(9).

第三十一章　课堂教学"节外生枝"的处理艺术

"节外生枝"语出朱熹《答吕方子约（九月十三日）》："随语生解，节上生枝，则更读万卷书，亦无用处也。"是指本不应该生枝的地方生枝，比喻在原有问题之外又岔出了新问题，多指故意设置障碍，使问题不能顺利解决。[①] 在课堂教学中，随着教学活动的逐步展开，学生的思想与教学内容产生碰撞，认识和体验的不断加深，就有可能产生与教师预设所不同的问题。有些教师认为这些问题会导致课堂教学预定任务不能按时完成，纯属"节外生枝"，漠然置之或是严加遏制；也有教师能够及时把握学生思维的火花，合理引导与利用，形成课堂中的动态生成资源，成就一份没有预约的精彩。处理方式不同，所得结果天壤之别，因此，如何艺术化地处理"节外生枝"，就成为课堂教学成败的关键。

一、课堂教学"节外生枝"处理艺术的内涵

合理地、巧妙地处理课堂教学中所产生的"节外生枝"，是我们所希望的结果，但究竟什么是课堂教学"节外生枝"的处理艺术？需要处理哪些方面的"节外生枝"？怎样处理才更具有艺术性呢？

所谓课堂教学"节外生枝"的处理艺术，就是指教师对学生在课堂教学中所产生的预设之外的问题进行合理巧妙地处理，从而获得有价值的教学结果的实践活动。首先，课堂教学"节外生枝"的处理艺术是一种实践活动，活动主体是教师，活动对象是学生所产生的问题，活动情境是在课堂教学之中。其次，学生所产生的问题是教师预设之外的，是学生的思想与所学内容碰撞后迸发出的思维火

[①] 现代汉语词典[M]. 北京：商务印书馆，2008：696.

花,具有随机性、生成性等特点。再次,教师的处理方式必须合理巧妙,获得的教学效果应该具有价值意义。面对意料之外的问题,教师如果视而不见、听而不闻,抑或是蒙混过关,都不能称之为处理艺术。教师处理之后的"节外生枝"应该取得一定的教学效果,例如加深学生对于所学内容的理解,或是提高学生积极思考善于发现问题的能力等。

二、课堂教学"节外生枝"处理艺术的技巧

苏霍姆林斯基在《给教师的建议》中说:"教育的技巧并不在于预见到课堂的所有细节,而在于根据当时的具体情况,巧妙地在学生不知不觉中做出相应的变动。"① 教学过程可以预设,但不可能完全预设,因为教学是一个充满不确定性、复杂性的过程,每个学生都是一个正在成长中的人,每个时刻都是一个具体的情境,课堂的教学充满了偶发性。因此,当教师面临一次次节外生枝的挑战时,就需要艺术化的处理技巧进行应对,从而得到意外收获。

(一) 听见不同声音适当慢

德国教育家克林伯格说:"教学本来就是形形色色的对话,具有对话的性格。"② 既然教学以交往与对话为本质,那么它不可能也不应该完全按照事先计划好的每一个细节进行操作,而应随着课堂情境的变化及时调整节奏。当课堂中出现不同的声音,教师不能为了避免节外生枝而置若罔闻或是一带而过,不妨放慢教学节奏,试着倾听学生的想法,珍视学生独特的感受、体验和理解,也许正是这些奇思异想、奇谈怪论才是学生真正自主学习的表现,更是学生在课堂上生命之力的涌动。忽视学生的不同声音会给教师带来莫大的遗憾,甚至会影响学生的一生。

例如在一堂小学数学公开课上,老师给同学出了这样一道题目:"小红和小军两人跳绳,小红 2 分钟跳了 194 下,小军 3 分钟跳了 297 下,谁跳得快?"学生们表现得都很积极,而且用多种方法进行了解答:有的用除法分别求出小红和小军每分钟跳多少下,再比较得出小军跳得快;有的用减法,用小军 3 分钟跳的

---

① 苏霍姆林斯基. 给教师的建议 [M]. 北京:教育科学出版社,1984:222.
② 转引自刘庆昌. 对话教学初论 [J]. 教育研究,2001,(11).

297下减去他1分钟跳的99下,得出小军两分钟就能跳198下,所以他比小红跳得快等等。正当学生热情高涨地介绍自己的方法时,一个声音传了出来:"你们这些方法都太麻烦了,你们算得累不累!"一个小男孩笑嘻嘻地说。声音虽然不大,但听课的老师们和大多数学生都听到了。讲课的教师愣了一下,假装没有听见这个男孩的声音,不由得加快了讲课的速度,想用对这道题的总结来掩盖这个声音。但小男孩没有放弃,又叹了一口气说:"唉,真是太麻烦了!"这次老师无法回避了,用怀疑的口气让这个男生讲讲自己的看法,他吐了吐舌头:"老师,我没算,我是看出来的,我一看小红是女生小军是男生,就知道小军快。"话音刚落,大家都笑了起来,任课教师一脸尴尬,做了一个手势让他坐下。"老师我还没说完呢!"他又喊了起来,这时老师有些生气了,不再理会他转而讲解另一个知识点。①

在课后的反馈中了解到这个小男孩的确还没有说完,前面的只是开了一个玩笑,他是这样算的:"我就是先假设他们每分钟都跳100下,可小红2分钟没跳到200下,还差6下,而小军3分跳了297下,离300下只差3下,肯定是小军跳得快。"小男孩采取的是估算的方法,这种方法不但正确,而且特别简便,更贴近日常生活。而在上课的时候,任课教师为了完成教学任务,把学生看作教案剧的观众,无意中折断了学生思考的幼枝。如果教师能够不急于完成教学任务,在课堂上拿出一点时间多听听学生的想法,对不同的声音进行艺术化的肯定和引导,那么这堂课完全可以利用这个男孩的发言让学生们学会估算的方法,小男孩的自尊也能得到尊重。

(二) 发现无关因素适时转

一帆风顺的教学固然让教者少了些"心惊胆战",而意料之外的"跳跃符"也是情理之中。课堂教学是一个动态生成的过程,正如德国教育家克拉夫基关于教学计划与教学关系的论述:"衡量一个教学计划是否具有教学论质量的标准,不是看实际进行的教学是否能尽可能与计划一致,而是看这个计划是否能够使教师在教学中采取教学论上可以论证的、灵活的行动,使学生创造性地进行学习,

---

① 邓云云. 节外生枝又何妨 [J]. 黑龙江教育, 2004, (11).

借以为发展他们的自觉能力做出贡献——即使是有限的贡献。"① 课堂教学是人的教学，人是活泼的、开放的、有差异的，教师手握的是已知的教材，面对的永远是学生未知的答案，课堂随时都会有"意外"，当然，这些意外有时与教学内容无关，这就要求教师有很高的课堂驾驭能力，将无关问题艺术化地及时转化，化弊为利，利用课堂动态生成资源更好地进行教学活动。

一个闷热的下午，老师正在讲初三政治"加强社会主义精神文明建设"这一节内容，有的学生已经开始打哈欠，正当这时，几只苍蝇从窗外闯进教室，教室里有些小骚动，几个顽皮的学生甚至左拍右打，学生的心思已经不在学习上了。看到这种情况，教师灵机一动，微笑着问学生："苍蝇是从哪里飞进来的啊？"学生们大声地回答："窗外！"教师点了点头说："为了防止类似的事情发生，我们把窗户关上吧！""那可不行，太闷了！""那有没有什么好的办法既能保持空气流通，又不让苍蝇飞进来呢？"同学们议论开了，"应该给窗户安上纱窗，既方便又有效！""好主意！"教师突然话锋一转，切入课堂内容："改革开放我们打开了国门，吸取了先进技术和管理经验的同时，也涌进了一些不良的精神风气，就像是飞进教室的苍蝇，我们应该以怎样的态度对待它们呢？这扇纱窗又是什么呢？"学生们积极翻看课本，用几分钟的时间讨论后得出了结论："我们既不能关窗户闭关锁国，也不能开窗户照单全收，应该取其精华去其糟粕，这个纱窗就是我们的精神文明建设。"②

学生带着解决问题的目的主动到课本中寻求答案，极大的兴趣和实际需求使他们对课本内容理解得十分到位，使一节本来枯燥的政治课变得兴致盎然。教师充分发挥了教学机智，将课堂上的节外生枝与所讲内容相链接，化险为夷，将难看的混乱场面变成了积极主动的学习场景，就像教育家马卡连柯所说："教育技巧的必要特征就是要有随机应变的能力。"如果教师一味指责，将重点放在管理课堂纪律上，那么很有可能让学生与教师身心俱疲。

（三）面对特殊问题勇于变

---

① 克拉夫基. 侧重教养理论的教学论 [A]. 瞿葆奎. 教育学文集·教学（上册）[C]. 北京：人民教育出版社，1988：778.
② 梁林妹，何祖顺. 因势利导，柳暗花明——浅谈政治教师处理课堂突发事件的方法与艺术 [J]. 教学月刊，2006，(10).

在一节观察蚯蚓的实验课中,学生们都很有兴趣地按照教师的要求观察蚯蚓环带的形态结构,突然,一个学生提出问题:"老师,我观察的蚯蚓怎么没有环带呢?"这时教师意识到自己在备课的时候忽视了这个问题。他走到这个学生身边,发现那条蚯蚓果然没有环带。这时候,班上的学生都有些迷惑地看着教师。这位教师非常高兴地表扬了这个学生,并且顺水推舟向全班同学提出了一个问题:"大家都仔细观察一下彼此的蚯蚓,比较一下有环带的和没环带的有什么区别呢?"学生们热情高涨地讨论开来,最后得出结论:幼小的蚯蚓没有环带,环带是成熟蚯蚓的特征。[1]

在上述案例中,教师没有因为要掩盖自己的疏忽而对学生提出的问题推诿搪塞,相反,教师因为学生的问题意识而高兴,并且面对特殊问题时,勇于改变思路,既然这条蚯蚓都没有环带,那又怎么能观察它的形态结构呢?这位教师及时捕捉教学中生成的有价值的信息,作为鲜活的教学资源,鼓励学生通过自己的比较得出了另一个重要的知识点,既化解了危机,又弥补了教师备课中的缺憾,还掀起了一个出乎意料的小高潮,可谓一举三得。

教育家范梅南认为:"机智是一种行动方式,它首先依赖于人的情感或敏捷性。"[2] 实际教学中难免会出现遗漏与疏忽,如何化意外为契机,不仅考验着教育者的应变能力,更是对教学勇气的挑战,这意味着教师要敢于突破自己的预设。好的教学应该具有弹性,首先,教学的流程并不是按部就班,而是可以随着实际情境及时变奏。让学生亦步亦趋地按照教学设计进行学习,并不见得就会取得预期的效果,根据实际情况查缺补漏、探索未知才是活的课堂。其次,教学的内容也不是板上钉钉,而是可以在生成中适当地变换。例如,一位语文老师走进教室准备上课,发现学生们还沉浸在第一场大雪的兴奋之中,学生们打打闹闹根本无心学习新的课文。这时,老师做了一个决定,这节课不学习新的课文,而是让学生们围绕雪展开讨论,同学们兴奋地说了很多形容雪的词语,背了有关雪的诗句,最后,老师带着学生走出教室,走进大雪之中。课后,老师布置学生写一篇与雪有关的作文,学生们不再像从前那样苦思冥想而是一气呵成。这又何尝不是

---

[1] 朱志平. 课堂动态资源生成论 [M]. 北京:高等教育出版社,2008:247.
[2] 马克斯·范梅南. 教学机智——教育智慧的意蕴 [M]. 北京:教育科学出版社,2001:169.

一种艺术化的教学呢?

（四）抓住关键细节深入探

新课程提倡"以人为本，以学论教"，呈现出的应该是一种充满活力的生命对话式的教学课堂，学生在与教师、与文本、与其他学生的互动中应始终处于积极状态，他们对文本有着自己的理解并且产生疑问，某些问题能让多数学生产生共鸣，并对理解所学内容甚至是价值观产生影响，那么这些问题就具有普适性的意义。教师应该敏锐地抓住这些关键细节，引导学生进行深入的探索，引起反思与内化，使学生的精神不断得到升华。

一位语文老师正在讲《钓虾与放牛》一文，讲到农家小朋友特别爱跟鲁迅在一起，突然，一个小女孩大声地说："农家的孩子多么幸福啊，我好羡慕他们!"老师一愣，反问她："为什么呢?"这个女生理直气壮地说："他们每天都在大自然的怀抱里钓钓虾、放放牛，不用上学不用做作业也不用考试，比我们可要幸福多了。"她的发言得到了更多学生的附和，老师并没有批评这位学生，而是反问道："农家小朋友真的一天到晚玩吗? 在他们眼中幸福又是什么呢?"这时，学生们分成了两个阵营，从课文中、从现实生活中寻找证据讨论争辩，从而体会到了农家孩子的不容易，他们觉得能够读书学习更是一种幸福。

上述案例中女孩的发言非常关键，因为她的问题背后反映的是学生对于上学的厌烦心理，这不仅关系到一篇课文主旨的理解，更是关乎学生情感态度价值观的正确与否。如果教师没能敏锐地把握这一细节背后的深意，而是当作学生的恶作剧，那么将会引发更多学生厌学的逆反心理。这位教师处理得十分巧妙，将问题还给学生，在深入的自主探索之后得出的结论必定深入人心。多尔的后现代课程观认为，在一种偶然性框架中，课程成为一种过程——不是传递所（绝对）知道的而是探索所不知道的知识的过程；而且通过探索，师生共同"清扫疆界"，从而既转变疆界也转变自己。教授知识容易，转变学生的价值观却很难，通过学生深入探索所带来的精神层面改变，让师生受益无穷。

三、课堂教学"节外生枝"处理艺术的冷思考

课堂教学中的"节外生枝"无法避免，在了解了艺术化的处理技巧之后，还有一些值得关注的问题：

（一）面对"节外生枝"，唤醒教学勇气

为什么有的教师如此害怕"节外生枝"？为什么有的教师要竭力压制"节外生枝"？在长期的教学中，很多教师已经习惯了忠实地按照课本规定解读课文，在课堂上用习惯的模式对待每节课每一个学生，在预定的框架中追求着一致性，在一致的标准中抹杀着学生的个性。

在日常教学中，面对"节外生枝"教师会觉得无伤大雅，但如果在公开课上出现这种情况，导致教学任务没有完成，教师往往会迁怒于学生。其实，导致这种现象的责任并不全在教师，还有多方面原因：社会要求智能的教学，快速的经济发展需要全面的劳动者；上级领导及专家的考察让教师压力颇大，出现节外生枝也许就会关系到自己的职业生涯；家长对学生殷切希望，需要用试卷上的分数来回答；工作在自己岗位上的大多数平凡教师，逐渐丧失着对教学的热情，只希望按部就班地教好每一个内容，面对重重压力，教师们缺乏真正的教学勇气。

帕克·帕尔默说："假如我们把致力外部教育体制改革的某些能量转到驱除内心恐惧恶魔上，我们将在教和学的创新路上迈进关键的一步。"① 帕克·帕尔默告诉我们，当面对节外生枝，我们需要的是一种勇气，一种敢于突破常规敢于冒险的信心，与其恐惧和学生在知识探索过程中出现无法预知无法掌控的局面，不如坦然地提醒自己加快知识结构的拓展和重建，要有承认自己不足的勇气，敢于欣赏学生的勇气。

教学中经历的痛苦和顺利才是自我活跃和完满的迹象，才可能靠近我的才能，更进一步远离强压愤怒的状况，更可能以对我和我的学生都适合的方式教学。无论是一帆风顺的教学还是节外生枝的课堂，都是教师与学生的学习共同所必经的过程，节外生枝不是偶然，而是偶然中的必然，当教师拥有足够的教学勇气去重新面对课堂、面对学生，教学如呼吸一样自然。

（二）处理"节外生枝"，莫为生成而生成

教师能够将课堂中的"节外生枝"及时转化为动态生成资源固然是我们所提倡的，但同时也要注意生成问题的价值特征，并不是所有的"节外生枝"都具有教学价值，也并不是所有的探讨都称得上处理艺术。随着教师问题意识的觉醒，

---

① 帕克·帕尔默. 教学勇气——漫步教师心灵 [M]. 上海：华东师范大学出版社，2005：38.

在课堂中又出现了另一种倾向：不顾实际情境，为了生成而生成。

在学习《鹬蚌相争》的寓言故事时，一个学生提出了自己的疑问："老师，书上写蚌夹住了鹬的嘴，得意洋洋地对鹬说：'我就夹着你的嘴不放，吃不到东西，你会饿死在这河滩上！'蚌正夹着鹬的嘴呢，怎么说话呢？"老师抓住了这个课堂生成资源，让全班同学分小组讨论，有的说寓言中就是这么讲的，有的说是编书的时候弄错了，大家争执不休，没有定论，最后，老师建议学生们给教材的编辑人员写一封信，信中提议把课文的这一部分进行改写，一节课就结束了。

这节课表面看起来非常成功，教师及时地将课堂中的"节外生枝"转化为生成资源加以利用，学生们讨论的也十分热烈，最后还获得了成果，给编辑人员写信。但冷静地分析之后发现，这节课完全抛弃了预设的课程目标，导致了迷失方向的盲目生成，这节课的内容是学习寓言故事，用简短的故事说明一个深刻的、有教育意义的道理，而本堂课中，教师对所产生的节外生枝不加选择，完全失去了文本价值，显得本末倒置。所以，能够合理地处理预设与生成的关系也是艺术化处理的必然要求，利用生成问题资源并不意味着教师角色的缺失，在把握课堂主旋律的基础之上突出生成的意义与地位，正如叶澜教授所说："课堂应是向未知方向挺进的旅程，随时都有可能发现意外的通道和美丽的图景，而不是一切都必须遵循固定线路而没有激情的行程。"[1]

---

[1] 叶澜. 让课堂焕发出生命活力——论中小学教学改革的深化［J］. 教育研究，1997，(9).

第三十二章　课堂教学距离艺术

教学不只是科学，更是艺术，因为在教学中时时刻刻都能感受到艺术的美。而教学艺术又是多种多样的，其中教学距离艺术应当引起教师的注意。时代的发展、课程和教学的改革要求教师更新观念，其中一个重要的观念就是适度的教学距离观，并在教学中加以艺术地贯彻，这体现了一种以人为本的理念。

一、教学距离艺术概述

"距离"本为测量学上的概念，是指相关事物在时间和空间上的一种间隔，这种间隔反映了事物间的远近关系。[①] 距离的存在对事物的存在和发展有着不可估量的作用，体现了大千世界的一种秩序与和谐。宇宙间的各类星体因为保持距离而正常运行，距离不当便会发生可怕而奇妙的天体奇观。"横看成岭侧成峰，远近高低各不同"，固然因为角度的差异，"距离"无疑是发现和探索美的奥秘所在。弱小的动物和凶猛的动物之间保持一定的距离才能生存与繁衍，冬天的豪猪靠得近了互相挨扎而远了又得不到温暖。

在人际关系上，同样不可忽视距离的作用。不谈好人与坏人、善人与恶人、君子和小人等必须保持一定距离，普通人之间也不可忽视距离的存在。"朋友数，斯疏也"。朋友相交太远则生疏而难以为继，太近了则摩擦而久必生厌。其实每个人都是作为主体性的存在，每个人都各自拥有着自己的天地和秘密。人际距离也就是在人与人共同相处时应把握的保证各自主体能动与个性发挥的自由度空间。

---

① 朱光明. 距离 [J]. 教育艺术, 1995, (2).

教学也应关注适度距离。教学距离就是既适合教师有效地教又适合学生有效地学，并有利于学生成长的距离，也即教师和学生各自主体性发挥所容许的自由度空间，表现为师生距离与生生距离等。教学距离艺术的提出，承认了教师和学生各自的主体性，有利于教师有效地教与学生有效地学。

二、教学距离艺术提出的原因

教学距离艺术的提出，有着深刻的时代背景，体现了教学的根本目的，适应了课程与教学改革的要求，有利于教师有效地教授和学生有效地学习，有利于纠正现代教学的弊端。

(一) 教学距离艺术的提出体现了教学的根本目的

教学的根本目的是什么？这是每一个教师都应当思索的问题。教学的目的不仅仅是传授给学生知识，发展其智能，并在此基础上培养其品德。教学的根本目的应当在于"成人"，即使学生成之为人。马克思在《关于费尔巴哈的提纲》中指出：人的本质是社会关系的总和。人生活在社会中，必然会遇到各种关系，扮演各种角色，除生产关系外，处理人际关系也很重要。人与人之间都应当是自由的，都作为主体能动的个体而存在。人都有权为自己的行为做出选择，并为自己的选择负责，也可能因此付出代价。但人的自由并不是绝对的，不光受某些主客观条件的限制，也不应该妨碍别人的主体性，否则自由便为不自由。这就需要一种距离，而这并不仅是"道德"所能涵盖的范畴，更是人为自己生存空间所做的拓展与必要的妥协。

教育不可能把学生一辈子关在学校里，学生早晚要面对这个社会。当社会向学生敞开的时候，便有了学生如何走向社会的问题。他们会发现这个社会并不是那么简单，而是复杂多变。但是，社会的表面无秩序，其深层却有着种种强大的准则支配，其一便是人与人之间都要有适度的距离，从而"和平共处"。教学要关注学生的"生活世界"，不光要适应其原先所生活的环境，更要使其适应未来的生活。"学会生存"是当代教育的四大支柱之一，也是每个人都应当好好关注并且必须直面的课题。"适者生存"虽然残酷，却是自然界不得已的法则。随着科技的发展特别是信息技术的日益进步，传授知识技能虽然仍十分重要，但关注人之如何成为人必将更加彰显其价值。

(二)教学距离艺术的提出适应了课程与教学改革的要求

国家的兴衰在于人才,人才的培养则靠教育,"科教兴国"有其必要的合理性,素质教育的提出适应了时代的要求。素质教育提升了人的价值,凸显了人的个性的张扬,有利于扭转传统教育磨平人的"棱角"的弊端。但不同个性的"碰撞"必须以一定的距离为准绳。

课程在宏大的时代背景下也进行着变革,由对知识的条条框框的限制变为更有弹性、灵活性,更为人性化。新课程体现了统一性与多样性的整合,分为国家、地方、校本三级,加入了"人本"理念。新课程更有利于教师的创生,体现了"以学生为中心"。新课程要求学生进行主动性、自主性、探究性学习,提倡研究型课程,有利于发挥学生的主体性。教学也必须进行改革,不然"学生主体"难于落到实处。教师和学生都应当具有主体性,在同一教学过程的不同阶段发挥各自的作用,如教师是教的主体而学生是学的主体。教学的本质是交往,而平等的交往的首要条件是每个人都具有主体性。主体与主体间的交往要注意距离。

(三)教学距离艺术的提出有利于纠正现有教学的弊端,从而更有效地教学

物极必反。"有效教学"的对立面是"非有效教学",反之亦然。因距离不当产生的教学弊端主要有两种:一是统得太死,二是过于散乱。统得太死是中小学教学常见的情况。在教学中,教师是绝对的权威,他不懂得教师和学生要"权责明晰",一味地"越俎代庖",正所谓"妈妈冷了,便给孩子加衣裳"。教师思想僵化,模式单一,有的认为"世上无马",有的把"白天鹅"当"丑小鸭"养,生硬地"一刀切",也许未来的"牛顿"、"爱因斯坦"就因此被扼杀了。"病梅馆"中的"病梅"也不过如此。

课程与教学改革要求发挥学生的主体性,有的教师便"还课堂给学生"。譬如某人得病,医生给他两瓶药,而他恰好有两个孩子,于是遵医嘱:大的吃一个,小的吃两个——他呢,"指导者"!① 课程是教师与学生共同创生的,教学需要师生互动,一味地"活动课程"也会使教学效率低下。教师在新课程改革下,要明确自己的角色与职责。

---

① 引自一个笑话,医生本意让病人"马大哈"一次服大药片一片,小药片两片,他却让两个孩子吃下。此处意在讽喻教师对自己分内的事不加区分,以为"自主性学习"就是让学生"放任自流",并未发挥出指导者作用。

在教学中，距离无处不在，有着空间、时间等的不同形态。如对时间距离的把握，不像某人吃汤药前未把药摇匀而吃后摇晃肚子那么简单。教育对人的影响不可估量，"应试教育"与"素质教育"的关系不能简单理解为"先污染后治理"。在教育中，教师往往有一种可怕的"误读"，不知这是理解上的差异还是话语系统本身的不同？

三、教学距离艺术实施策略

教学有法，但无定法，关键得法。教师不光要树立教学距离艺术观，而且要在实践当中调控"教学距离"，从而保证有效教学的开展，利于教学目的的实现。教师可按照以下递进性的要求，从观念到行动，逐步把适度的教学距离落到实处，切实地实施教学距离艺术。

（一）教师要有正确的"角色观"，适当地把握好自己的定位

在中小学课堂上，我们经常可以看到这样的现象，教师在讲台上"满堂灌"，大搞"一言堂"，学生则在下面被动地听与记。这种教学方式，让学生养成了一种依赖的心理，而不会主动学习。究其原因，主要是教师未把握好自己的角色定位。中国自古以来就认为教师的使命是"传道、授业、解惑"，近现代又普遍认为"教师要传授给学生一杯水，自己要有一桶水"，总是认为教师可以包办一切。

随着时代的发展，科学技术突飞猛进，知识经济日见端倪，网络等资源也日益增多，许多东西不可能在教室里学完，教师也逐渐失去了"知识权威"的光环。哲学、心理学等一些新的理论引入到教育理论中，一些教育理论家也对教育教学理论进行新的阐释，认为学生学习是自我建构的，学生是学习的主体，教师只是指导者，对学生来说是"重要他人"，在教学交往中教师只是"平等中的首席"。教师要适应新的形势，恰当地做好自己的角色定位。

（二）教师要承认学生的"主体性"，树立"人本"意识与理念

教师在实际教学中处于主动的一方，学生由于知识、年龄、地位等的不同总是显得被动。因此，不管理论上提什么"教师中心"、"学生中心"，现实中往往一目了然。这就形成了一种怪现象：教育教学是要培养人的，而教师并不把学生当"人"看，却当成可被任意加工的"材料"甚至"玩物"。内因是事物发展变化的根据，外因是其条件，但在教学上，何为根据，何为条件？在中小学中，有许多

学生认为自己是为老师学的，是为父母学的，唯独不是为自己学的。更不用说老师对学生任意地体罚、侮辱。

教师应当把学生看成一个具有发展潜能的人，一个有发展需要的人，一个自我发展的人。教师要允许学生有自我表现的机会，并满足学生的主体性的要求，帮助学生相信自我，培养自信。教师还应当看到教学过程是有不同阶段的，有教师的教授过程，有学生的学习过程，还有教学信息由教师向学生传输过程，还有反馈过程等。在教授过程中，教师是主体；在学习过程中，学生是主体。

（三）教师要尊重学生，甚至力求与学生平等

"师道尊严"是许多教师力求维护的"面子"，也是"尊师重教"传统的基础。在教学上，又形成了这一命题——"尊师爱生"。且不说某些教师值不值得"尊"，在许多情况下"爱"也是一种害。在"打是亲，骂是爱"的今天，哪一个体罚学生的老师不是以一种"爱"的名义？"爱"要适时、适度，一阵风吹灭了正在燃烧的火柴，不是救了它，而是扼杀了它存在的价值与生命的意义！教师要尊重学生。尊重学生，是因为学生是活生生的个体，是有生命的人，生命本身就是值得敬畏的。教师要尊重学生的自尊心，尊重其个性，尊重其选择，尊重其人格与权益。

其实，无论谁尊重谁，都在形式或实质上体现了一种不平等。要达成平等，要求由"最惠国待遇"变为"国民待遇"。尊重、平等可以说是师生关系的两重境界，教师必须先尊重学生，然后再把自己提升到与学生平等的地位。师生之间不仅仅是教与学、授与受的关系，更是人与人、你与我的关系。教师和学生之间是民主的，通过对话、交流达到理解与共识。只有这样，才体现了师生作为各自主体的存在。有着主体性的人，才能真正地把握交往距离的适度。

（四）教师要在情感上拉近师生距离

教师和学生之间不仅仅为知识的授受，更为情感的交流。许多优秀的教师正是以其独特的魅力感染学生的，"其身正，不令而行"，"桃李不言，下自成蹊"。著名的"皮格马利翁效应"说明真诚的期待和不懈的努力，终会结出预期的花朵。人格只能由人格来塑造，情感只能由情感来培养。

教师在情感上要一视同仁。不要"凡是有的，还要加给他，叫他有余；没有

的，连他所有的也要夺过来"①。许多教师总是对好学生好对待，对差学生差对待，结果使前者对表扬变得淡漠认为理所当然而经不起挫折，使后者情绪偏激个性畸形发展。教师要多关心后进生，多鼓励、多帮助、不鄙视、不嘲笑。其实许多差生对一句哪怕不经意的鼓励的话更易感动，而成为他们转化的契机。不少老师都有此感受，多年后还记得他们的正是当年的那些"差生"。

（五）教师要引导学生处理好"生生距离"

教师不光要处理好师生距离，也要关注生生距离。因为同辈群体中也有着权威与服从的关系，不可能每个人都处于"领导者"地位，也有着被支配甚至被孤立的人。而且学生是未来社会的主体，将来社会中的人际交往在学校中就有着雏形。教师处理好合适的生生距离，将来的社会也会多一分和谐而更有利于每一个人的生存与发展。

教师要引导学生注意行为适度，关注人际距离，适当限定自己的"边界"。同时要鼓励学生之间的交往既要"团结"、"合作"，更应"自主"、"独立"，尊重每一个人的正当"主权"。"和而不同"是古代君子的交友法则，在处理同学关系时同样适用。

（六）教师要在实际教学过程中"放权"

教学的最高境界是"不教而学"。从"教员少教，学生多学"② 到"教是为了不教"，人们不知做出了多少探索。其方法之一便是明确师生职责，保持适当距离，教师要"放权"，还"学"给学生。

学习本来就是学生"自求自得"的过程。每个学生都是独特的个体，他们个性有着差异，学习习惯、兴趣、方式等都有着不同。学生学习是为了自己的发展，在一定程度的实现自我的基础上贡献于社会，从而达到自我价值与社会价值的统一。自主性学习正是基于此。教师不要包办学生学习，要给学生自由支配的时间，让学生主动探索。人生本来就是个体在物质的与精神的时空情境中受主客观条件的限制而主动或被动地做出选择的心路历程，不管结果如何他都要为此负责。可是我们的大多数学生连选择的余地都没有，或者有的有了"自由"却显得

---

① 圣经·马太福音.
② ［捷］夸美纽斯. 大教学论［M］. 傅任敢译. 北京：教育科学出版社，1999：扉页.

更加"不自由"。教师与学生的距离该好好协调了。

(七) 教师要采取具体措施来保证"教学距离"

许多人的行为方式都是说起来一套,做起来一套,为真正落实"教学距离",还必须采取具体措施。如作业不要布置得太多,但不能不布置,关键是让学生能引起兴趣、激发思考。如果教师不能"换位思考"而选出合适的作业,学生的"机动作业"定会让老师大开眼界。

仅在课堂提问中,就有许多值得注意的"教学距离"。如在时间上,问得少使学生难有参与的机会,问得多使学生"疲于奔命"而厌学;"问"与"答"间隔太短使学生难于充分思考,间隔太长又使教学显得松散;时机也很重要,"学无疑"时"须教有","愤"、"悱"时更要"启发"。在空间上,适当的近距离可以使学生感到教师的亲切与期待从而激发其积极性,针对不同题型也要调控学生与问题间的距离。还有师生之间、学生与问题间的心理距离,前者是师生情感和谐、思维共振,后者是力求"最近发展区"。① 另外,在教室布置上,可以拆掉讲台,课桌摆成圆形等,以利于教师和学生相互交流。

总之,"保持距离,有限交往"是人际关系的适度准则。在教学中,教学距离的适当运用适应了学生主体性的要求,是自主学习的条件,也体现了教师一定的教学艺术风格。教师要有着适度的教学距离观,不要一味"拉近距离",必要时也可拉大,关键要力求"恰到好处"、"黄金分割"。教师要正确把握强制与自由的关系,以利于人的"自然成长"过程。

---

① 李英荣. 课堂提问的"距离美"[J]. 教育艺术,2000,(9).

第三十三章 课堂教学意境

　　教学意境不仅是一种客观存在的教学现象，并非研究者的臆想虚构，而且是许多优秀教师着力追求的艺术天地。程翔老师曾说："我努力追求着一种境界，这种境界把教师、学生、教材三者有机地融为一体，净化心灵，像一泓清溪流进心田，像一曲牧歌回荡耳边。这种境界难以语言表达，但能使人顿悟人生，留下没齿难忘的印象。"[①] 对教学意境的探讨不仅可以完善与拓展教学艺术论的研究领域，促使教学意境得到系统的整理与论证，而且在实践方面可以为教师提高教学艺术水平、增进教学效益提供有益的启示。

一、教学意境的涵义

（一）意境

　　意境是中国艺术境界的最高范畴和中心概念，与西方美学的"典型"范畴双璧辉映。"意"即情意，指人的主观情思，它是中国艺术的灵魂和生命。清人布颜图在《画学心法问答》中指出："意之用大矣哉！……故善画者，必意在笔先。" "境"由"竟"演变而来，许慎指出："乐曲尽为竟。"段玉裁注云："曲之所止也，引申凡事之所止。土地之所止皆曰竟。"后来"境"指客观事物被描绘成具有立体感的艺术图景。意境作为一个概念最早出现于王昌龄的《诗格》中，他指出："诗有三境……一曰物镜……二曰情境……三曰意境……"它首先成为衡量诗歌创作达到最佳艺术境界的重要标准，这一审美追求逐步扩散到中国的绘画、书法、戏曲、音乐、园林等艺术领域，并成为中国艺术家的终极追求。明朝朱承爵

[①] 滕英超. 中学语文教坛风格流派录［M］. 沈阳：辽宁教育出版社，1994：277.

在《存余堂诗话》中说:"作诗之妙,全在意境融彻,出意声之外,乃得真味。"在绘画艺术中,清朝笪重光在《画荃》中指出:"绘画多门,诸不惧论。其天怀意境之合,笔墨气韵之微,于兹篇可会通焉。"在戏曲艺术中,王国维在《宋元戏曲考》中说:"然无曲最佳之处,不在其思想结构,而在其文章。其文章之妙,亦一言以蔽之曰:有意境而已矣。"自古迄今,对意境的涵义阐释最为精妙的应推当代美学家宗白华先生,他指出:"艺术家以心灵映射万象,代山川而立言,它所表现的是主观的生命情调与客观的自然景象交融互渗,成就一个鸢飞鱼跃,活泼玲珑,渊然而深的灵境,这灵境就是构成艺术之所以为艺术的'意境'。"① 我们可作以下理解:所谓意境,是由艺术家的主观情思与客观景象交融生成的趋于空灵的艺术世界,这一艺术世界由于灌注了人的精神而洋溢着极高的审美价值和艺术感染力,它本质上是"情"与"景"的结晶。

(二)教学意境

教学作为一门特殊的艺术也理应以意境的有无作为衡量教学艺术作品品位高低的根本标志。所谓教学意境,是指教学过程中师生的主观情思与客观景象相结合而创造出来的情景交融、形神兼备、浑然一体的艺术世界。"意"指师生的情感、想象等主观因素,并形成一种综合形态。"境"是指教学内容、教学语言、教学板书、教学仪态。教学氛围等诸要素结合而成的一种界域。有美妙意境的课堂教学如同一幅别具美质的图画,但非平面构图,而是一个有立体感的多重组合的艺术体,产生出动人心魄的艺术胜力,学生则在教学意境中自我探索、想象、追寻。缺乏意境的课堂教学,则"无言外之味,弦外之响",难以激发学生获得强烈的审美感受。

二、教学意境的特征

教学意境的特征是教学意境本质的外在表现,准确把握教学意境的审美特征将有助于促使教学意境成为每个教师进行教学艺术实践的自觉追求。

(一)和谐圆融的整体美

成功的艺术作品是以整体和谐之美感染欣赏者,而非依靠局部因素获得审美

---

① 宗白华. 美学散步[M]. 上海:上海人民出版社,1981:70.

效果，艺术的美感和生命力来自于有机整体。因此，列夫·托尔斯泰指出："当作品具有这种严整性和有机性时，形式上最小的一点变动都会损害整部作品的意义。"① 比如，演奏卓绝的交响乐，决不允许任何一种乐音跑调，必须纳入统一的调式之中，以确保乐曲意境的和谐完美。意象是构成意境的基础和材料，有意象的作品不一定有意境，而有意境的作品必有意象，孤立看任何一个意象并无丰富内涵，但我们按一定目的将不同意象补充连缀将产生一种新质，从而构成一个充满生命律动的整体动态艺术结构。成功的教学艺术作品只有一个整体意境，它也是由许多意象组成的。字字如玑的教学语言、简洁明快的教学板书、格调高雅的教学仪态、和谐共振的教学氛围、富蕴情感的教学内容等成为教学意境结构的最基本元素，并有机组成一串教学意象链，构成一个相对完整的开放系统。如若教学意境诸要素处于各行其是的游离状态，或者组成一个彼此冲突的结构，就难以造就教学意境美的整体风韵，也将势必削弱教育的整体效应。具有和谐圆融整体美的教学意境将产生出神奇的综合艺术魅力，在学生心灵深处产生强烈的审美感受，让学生流连忘返、神思飞扬。

（二）醇厚浓郁的情感美

情感是艺术生命的灵魂，缺乏情感的艺术势必毫无生气。一切意境的构成也必须以情感为基础，因为意境是意化、情化的，交融会合着创作者与欣赏者浓郁的情思。这种情感既真且美，"全是自家胸臆流出"。情真意挚的感情投入，能得到欣赏者的感情呼应，创作者由情而发，欣赏者以意而会，情感合拍，美感顿生。因此，王国维在《人间词话》中说："故能写真景物、真感情者，谓之有境界。否则谓之无境界。"而"情"又需以"景"为媒介、载体，方可使欣赏者进入神与物游、物我两忘的境界。教学意境的形成也强调情景交融，以使学生领受到一种深远的旨意造诣，感触到一股醇美的情感潜流。于漪老师可谓"用心于感情的激荡"的高手，她以其饱满充沛的情感、坦荡磊落的胸怀，创造出了"雄浑壮阔"的教学意境。学生的感情在她的感情的激荡下，不断掀起波澜，对教学内容的理解随着感情之峰的迭起而走向深入。学生的想象不仅被引入神奇旷大的境界中，而且被那种汪洋恣肆的气势所包容，仿佛欣赏音乐时随着旋律而翩跹上下。

---

① 孔建英. 论意境的渊源及其特征 [J]. 湖北大学学报（哲学社会科学版），1996，(6).

于漪老师在教《周总理，你在哪里》一课时，"教案是用泪水写出来的"，她运用"美读"法组成整堂课的骨架，让学生反复体会这首诗的感情，字字句句叩击学生的心弦，使学生耳畔仿佛响起高亢悲壮的旋律，进入山谷回响、大海呼啸的境界。课堂上一片啜泣之声，哀思如潮。师生完全沉浸在对周总理无限怀念的教学意境中。

(三) 空灵传神的动态美

中国古代艺术极注重灵趣飞动的传神美，极力追求舞动飞旋的境界，以显示出艺术的生命形式与情感节律。"意境"也并非僵死静止的存在，而是一种生生不已的运动着的形式。唐代诗僧皎然在《诗式》中认为意境创造应"采奇于象外，状飞动之趣，写真奥之思。"意境的动态之美还在于意境是一个逐步开拓的过程，引导欣赏者的思绪向广阔的天地伸展，展现出具有流动感的动态美。艺术意境结构动态美的重要因素之一是节奏，节奏之于意境，如同脉搏之于人体，意境没有节奏，将缺乏盎然的生机与勃发的气息。同样也由于教学节奏的存在，才使得教学意境的创造成为一动态过程，呈现出一种起伏发展的流动深化性。教学节奏是指教师教学活动的组织富有美感的节律性变化。优秀教师常常依据具体的教学内容运用轻重缓急、动静相生、疏密相间、抑扬顿挫等艺术手法使教学艺术品的意境有起有落、回旋往复，一种韵律之美、流动之美由此而生，它勾魂摄魄、撼人心弦，将学生引入波澜起伏的教学意境之中。有位老师在教《记金华的两个溶洞》一课时，就依据教学内容，采取了起伏有致的教学节奏，从而造成了一种充满生命动感的教学意境。她首先让学生细细研读课文，以明确"泉流"是统贯全文的线索后，教学节奏稍微松弛，她立即强化教学节奏："让我们随着作者游览的足迹去观赏沿途风光。"当学生细细品味美妙的景色，神思飞越、心驰神往之时，她又进一步加强教学强度："双龙洞、冰湖洞又该是怎样的奇观呢？"学生在争论、领略双龙洞的奇观后，教学节奏再次舒缓，她再度加强教学节奏："双龙洞景色奇特，那么冰湖洞呢？"整个教学过程这位教师采取张弛交错的教学节奏，层层推进，把学生引入一个个绚丽的画境。此时，讲台上下思绪在课堂里浮沉流淌，回味在时间中绵延顺长，教学意境由此生焉！

三、教学意境的创生

宗白华先生认为意境的创造"端赖艺术家平素的精神涵养，天机的培植，在活泼泼的心灵飞跃而又凝神寂照的体验中突然地成就"。① 由此可见，艺术意境品位的高低往往决定于创作者的修养与学问。笔者以为，教师进行教学意境创造需具备的才、学、识等艺术情怀中，尤为重要的是需要有"虚静"的心境，视"对话"为理念支柱，以"模糊"为重要技巧，如此方能臻于教学艺术的极致。

（一）虚静——意境创设的心理前提

艺术创作中"虚静"是指一种创作心境，即艺术家进行创作时应消除杂念，清除精神上的尘埃，保持无功利之心。王国维论及艺术意境的创造时指出："诗人对宇宙人生，须入乎其内，又须出乎其外。入乎其内，故能写之。出乎其外，故能观之。入乎其内，故有生气。出乎其外，故有高致。"出乎其外即保持虚静、超越功利。因此，教师要创造优美撼人的教学意境，必须不断净化并提升自己的精神境界，保持超凡脱俗、精神淡泊。"利名心急"，功利心太强，心灵无法达到虚静，难以造就意境。虚静状态下，教师注意力高度集中，思维极为活跃，想象异常丰富，构思好的审美意象清晰浮现在教师眼前，从而顺利完成意境创造。虚静的心境可使教师的精神得以彻底解放，从而产生类似于"高峰体验"的教学灵感。教学灵感是指教师用整个生命与课堂教学相撞击而产生的创造火花，它可遇而不可求。处于灵感勃发状态的教师往往情不自禁地用语言、色彩、线条等艺术媒介将自己获得的高峰体验传达出来，从而形成感受独特的教学意境。因此，教学意境是教师精神高度自由状态下的创造。如何保持"虚静"心境？王国维认为应"不失其赤子之心"，"赤子之心"相当于李贽标榜的绝假纯真之"童心"。心理学家吉诺特说："要用儿童的眼睛看世界，教师在情绪上需要高度的灵活性。年龄的距离和心理的差别造成的儿童与成人的分歧，只有通过真正的移情作用……才能弥合。"② 回归儿童的精神状态，"用孩子的眼睛"看到的是一个"诗意栖居"的世界，促使教师驱逐卑污的心绪，摒弃世俗的情结，从而以一种淡泊宁静的心境营造出神韵独具的教学意境。李吉林老师正是通过"用孩子的眼睛看"这种独特审视儿童的方法，使学生感到学习是一种情意融融的游戏，一种心灵的散步，沉浸在意境美的体验中。

（二）对话——意境创设的理念支柱

---

① 宗白华. 美学散步［M］. 上海：上海人民出版社，1981：73.
② ［加］江绍伦. 教与育的心理学［M］. 南昌：江西教育出版社，1980：20.

艺术活动实质上是一种"对话过程",对话双方即创作者和欣赏者是完全平等的关系,也就是说,完整的艺术作品是由创作者与欣赏者共同完成的,它既是"作者得于心"的产物,又是"览者会以意"的结果。意境可分为文本意境和欣赏者意境。文本意境只是潜在的意境,还需要欣赏者通过想象、体验等活动进行"二度创造"以参与同创作者的对话。因此,可以说意境是创作者的"创境"与欣赏者的"悟境"互为条件而产生的二重境界,是二者联姻之后诞生的宁馨儿。教学意境的创造也是教师与学生在对话过程中共同完成的,师生对话是教学意境的生发点,教学意境创设的程度与水平的高低应主要依据师生参与的程度及积极性水平。这里所指的"对话"主要是一种"对话意识",它"是一种民主的意识,是一种致力于相互理解、相互合作、相互共生和共存,致力于和睦相处和共处创造的精神的意识"。① 在真正的对话中,师生互相倾听并进入对方的精神世界,不断进行着感情的交流、意义的交融,师生的心理距离得以消弭,"我——他"师生关系代之以"我——你"主体性间的关系。师生共创的教学意境将使学生与生活世界建立起充满生命诗意的关系,并且获得诗意的体验,从而极大丰富学生的精神世界。因此,教师与学生的两根"心弦"相互对应理当作为教学意境创造的根本条件。北京特级教师关琦可谓深得个中三昧。你看吧,她把教鞭一举,一双双眼睛滴溜溜转个不停,不知道她的手又换了个什么动作,孩子们把黑板上的生字在空中写起来了。用教师的语言说,这叫做"书空"。她放下教鞭,摊开双手,眼睛扫视了前排同学一下,随着她双手的微微起动,第一排的同学站起来了。又跟着她那双手掌的转动,第一排的孩子们转向全体同学,在空中写起来了:"一横一竖,一撇一捺……"这个教学活动,教师没有说话,真可谓"此时无声胜有声"。"很好,坐下吧!"前排同学受到老师的表扬,很高兴。老师没有说几句话,一课书的生字全班学生都认识并会写了。这一教学意境的实现,不正是师生间深层次的心灵对话的必然结果吗?

(三)模糊——意境创设的重要技巧

宋人严羽在《沧浪诗话》中对意境的模糊美有一段精彩的论述:"羚羊挂角,无迹可求。故真妙处透彻玲珑,不可凑泊,如空中之音,相中之色,水中之月,

---

① 滕守尧. 文化的边缘[M]. 北京:作家出版社,1997:177.

镜中之象，言有尽而意无穷。"模糊既是意境的审美效果，也是意境创设的重要艺术技巧。叶燮在《原诗》中说："诗之至处，妙在含蓄无垠，思致微渺，其寄托在可言不可言之间，其指归在可解不可解之会。""模糊"是一意蕴丰富的美学范畴，指客观事物（包括人类的思维和语言）的不精确、不清晰，它是人类模糊思维能力的外在表现。水至清则无鱼，艺术作品一览无余，则不成其为艺术。艺术贵在模糊，意在言外，弦外有音，如朦胧月色，像雾里看花，方可获得"韵外之致"、"味外之旨"的审美效果。意境之所以具有模糊性，是因为它遵循着虚实相生的艺术创作规律。笪重光《画筌》云："空本难图，实景清则空景观；神无可绘，真景逼而神景生。位置相戾，有画处多属赘疣；虚实相生，无画处皆成妙境。"通过虚实结合，实境化为虚境，虚境又映照实境，二者往复运动，成就了一个超越有限进入无限的艺术化境。在课堂教学中，教师也必须以虚实相生作为艺术原则，才能创造出丰盈灵动、意趣盎然的教学意境。当前我国的中小学课堂教学尤其是语文教学满足于对教学内容的肢解分析，概念、术语充斥于课堂，教师对本该学生体悟的教学内容精雕细刻，致使课堂教学味同嚼蜡，难以成为愉悦的审美体验过程，教学意境的创造也成为一种奢望。事实上，学生并不喜欢过实过露的。不给学生一点想象余地的教学，将窒息学生的审美感受。而教学过于虚空、模糊，又将使学生感到茫茫然不知所云。因此，虚实结合方能取得相得益彰的艺术效果，并臻于"不着一字，尽得风流"的教学意境。李吉林老师运用"假想旅行"进行教学，让学生身临其境以体验课文的美，堪称一种高超精湛的模糊教学艺术技巧，因为，体验往往与想象等心理活动紧密联系从而表现出一定的模糊性。《桂林山水》是一篇文质优美的散文，李吉林老师描述道："到了桂林，呈现在我们眼前的山光水色，就像一幅图画"，她随即出示一张放大的课文插图，学生入情地听着、看着。"老师和你们一起坐上小船，轻轻地荡漾在漓江上，那真是'荡舟漓江'，让我们眯着眼看看这图画般的美景，想象漓江的水怎么静得不觉得它的流动。"学生轻轻地哼起《让我们荡起双桨》，音乐的旋律丰富了视觉的感受，想象悄然展开。稍顷，老师悄声问："你们听到漓江水流动的哗哗的声音吗？""听到了漓江淙淙的流水声吗？""潺潺的呢？"孩子们不想高声语，只是轻轻地点了点头，沉浸在漓江之美的体验中。这一舒朗飘逸的教学意境，让学生漫天清思飘然之中感悟到了课文的神韵，使教学艺术作品具有了余韵如缕之妙。

教学意境是优秀教师综合素养的表现，是对教学内容的独特发现和创造，但这种创造并非依靠镂金错采、刻意雕琢获得，更不能有丝毫的矫揉造作，否则，难免坠入"凡响尘境"。我们有理由相信，教师如若遵循意境的创造规律，突破因循守旧、墨守成规的教学框架，跳出他人的"熟意熟境"，"翻新见奇"，一定能够创造出具有强烈感染力的教学意境，从而使教学永葆超越时空的艺术魅力。

第三十四章 课堂教学风格的形成机制

所谓教学风格，是指教师在长期教学实践过程中逐步形成、逐渐成熟的一贯的教学观点、教学技巧和教学作风的独特结合和表现，是教学艺术个性化稳定状态的一种标志。[①] 作为教师个体教学艺术高度成熟的标志，教学风格绝不是一朝一夕偶然轻易得来的，而是要历经一个较长时期的探索，在探索和实践过程中逐步形成的。美国的理查德·I·阿兰兹（Richard I Arends）教授指出，任何人要想在芸芸众生中取得卓越成就都需要很长的时间。……要想成为一名真正有造诣的教师也是一样的，需要在期望完美的动力之下有目的地行动，需要这样一种态度：学会教学是一个持续一生的过程，在这期间，教师通过反思和质疑逐渐找到最适合自己的风格。[②] 这个过程，必定是从作为准教师的师范生、到新教师、到经过累积经验不断丰富的教师、再到专家型教师的过程，同时也是隐藏教师个性以适应教学一般规律和要求、到充分挖掘教师教学个性且得心应手地运用教学一般规律和要求的过程。

由教师个体长期实践而形成的教学风格，犹如百草园、万花筒，异彩纷呈。从绝对意义上来说，如同世界上没有两片相同的树叶，世界上找不出两个完全相同的人的道理一样，世界上根本不可能存在两种一模一样的教学风格。但是，教学风格也绝不是异常神秘，无规律可循的。教学风格之所以丰富多彩，其原因主要在于教学过程的复杂性。影响教学风格形成的因素如同教学过程一样，是"许

[①] 李如密. 教学风格初探[J]. 教育研究，1986，(9).
[②] [美]理查德·I·阿兰兹（Richard·I·Arends）. 学会教学[M]. 丛立新译. 上海：华东师范大学出版社，2007：28.

多规定的综合,因而是多样性的统一"①,是"多种因素的结构及其运动达到稳定状态的表现和结果"②。

一、教学风格形成的影响因素

德国语言学家、文艺理论家威廉·威克纳格(1806～1869)指出,"风格具有主观的方面和客观的方面"③。我国刘勰也认为,"夫情动而言形,理发而文见,盖沿隐以至显,因内而符外者也"④。其意是指作者的创作个性和思想感情都是内在隐含的,通过文辞形式才得以外化显露。风格的有机整体性不仅表现于内容与形式的统一,而且表现于主观与客观的统一。文学如此,教学亦不例外。在宏观层面上,影响教学风格形成的因素可以从两个角度来认识,一是内在的,即教学风格形成的主观因素;二是外在的,即教学风格形成的客观因素。

(一)主观因素

法国文学家布封(Buffon)1753年在法兰西学士院为他举行的入院典礼上所作《论风格》的演讲中提出,"style is the man himself(风格即人)"。从这种意义上去把握和理解,教学风格即教师本身。作为个体人的教师,由于成长经历、社会阅历、受教育程度等不同,在成为社会人、成为他自己、成为教师以及生物人等角色身份上呈现出极大的差异,并且每个教师对教学风格自觉追求的程度上也有差别,从而使得教师在从事教学活动时,会有自己独特的选择和侧重角度,影响教学风格的形成。这些源自教师自身的因素统归为主观因素。主要包括:

1. 教师自身品质。教师自身品质具体涵盖文化品质、个性心理品质、教师职业品质以及生理品质等各方面。

文化品质。教师个体的文化品质,主要是指教师自身的品德修养、知识结构和审美情趣等。教师的品德修养,如达到的人格境界,教师对个人职业角色的认同、对教学工作的热情和责任心、对学生的挚爱与关心等,对其教学境界的深入和教学领域的开拓起着决定性的作用。像历史上曾经出现的"傲气不可有,傲骨

---

① 马克思恩格斯选集(第2卷)[M]. 北京:人民出版社,1995:18.
② 李如密. 教学风格论[M]. 北京:人民教育出版社,2002:131.
③ [德]歌德等. 文学风格论[M]. 上海:上海译文出版社,1982:16—18.
④ 刘勰. 文心雕龙·体性.

不可无"的鲁迅、"一身重病、宁可饿死，也不领美国'救济粮'"的朱自清、"捧着一颗心来，不带半根草去"的陶行知等，正是他们所拥有的崇高的精神品质和高尚的人格，决定了他们教学风格的高品位和高境界。教师的知识结构，此处特别强调的是有关科学和人文方面的基本知识，如知识的储存量、广度、深度、系统性以及对各种知识的复杂而独特的运用能力等，为教师在教学活动中广征博引或深刻论证提供了基础条件。教师的审美情趣，与教学风格的基调、品味、韵致等有着非常微妙的联系。如果教师仅把教师职业生活理解为生存和生计，当作谋生的手段，是为了获得自己的"五斗米"，错把手段当成目的，那么，教师就无法从教学过程中获得快乐、实现自我、感受自由，教学风格也不可能真正提升。相反，如果教师把教学当作是自己才能得以发挥的形式，当作是自己参与社会历史创造的途径，当作个人达到自我完善的境界，教学就成了他自己生命中不可或缺的重要部分，教学就不仅仅是作为他的职业，而是作为他的事业而存在。这样，教学风格也才可能达到更高的层次。就如王枬提及的那样，"虽然教师职业是清贫的，报酬是低廉的，然而他并不因此放弃自己的理想，因为他不是为'利'而选择这一职业的；虽然教师的劳动周期长，劳动价值不易为人们正确地估价，然而他并不因此改变自己的初衷，因为他不是为'名'而走上这条路的"[1]。

个性心理品质。教师个体的个性心理品质，主要是指个体的心理发生、发展以及个性心理形成方面表现的特征。它包括个体的一般认知（涉及感知觉、记忆、语言、想象、思维等方面）特征、情绪情感特征、意志特征；个体的气质、性格、能力特征；个体的自我意识和兴趣、爱好、信念、人生观、价值观等个性倾向性特征等。奥波特（Gordon Allport）指出，教师主导教学风格的形成与其个性是分不开的，个性的中心特质决定了教师的主导教学风格。具有"直爽"、"缜密"、"幽默"、"温柔"等不同中心特质的教师，在对教学内容的处理、教学方法的选择运用、课堂教学语言和板书的选择等方面，都体现出不同。[2] 另外贺雯的研究表明，个人教学效能感高的教师明显倾向于相对复杂、有创造性、效率更高的教学风格，而个人教学效能感低的教师则明显倾向于相对简单、机械和慢节奏

---

[1] 王枬. 论"师爱"[J]. 教育科学，1988，(4).
[2] 陈晓梅. 教师的个性与教学风格[J]. 教育艺术，2005，(4).

的教学风格。①

教师职业品质。教师个体的教师职业品质，主要是指个体从事教师职业，区别于其他职业所必备的有关专业素养，如教学理念、教学经验、教学知识和教学能力等。教学理念亦可称作教学观念，是指教师对教学的认识和看法。在不同的教学思想的指导和影响下，教师会创造出意蕴截然不同的教学风格。正是基于"教学成功的诀窍是以情感为纽带"的认识，才形成了李吉林的情感型教学风格；基于"定向、自学、讨论、答疑、自测、自结是初中语文教学的一条新途径"的总结，才有了魏书生以学生为主体、以教师为主导、以自学为主线的理智型教学风格；基于"既要注重教书，又要注重育人；既要强调情感教育，又不可忽视思维训练"的思想，便导致了于漪"横看成岭侧成峰"的多风格教学的教学风格的发展。教学经验泛指教师在长期的教学过程中逐步积累起来的有关教与学的感性认识和处理教学问题的行为方式。其中，教学年限是制约教学经验丰富程度的主要因素。有研究表明，相对于教龄较短的教师，教龄在 20 年以上的教师的教学风格更加倾向于保守型。② 教学知识有别于前面提到的教师自身品质中的知识结构，这里主要是指学科专业知识以及帮助教师认识教育对象、教育教学活动和开展教育研究的专门知识。教学风格的形成过程也是一个知识储备的过程。著名特级教师于漪曾说，教师要有拼命吸取的本领和素质，犹如树木，把根须伸展到泥土中，吸取氮、磷、钾，直到微量元素。北京大学刘云杉副教授在论及窦桂梅老师时说："如果认为窦桂梅只是停留在表面的、形式的展现时，就错了。更多的时候，她是沉静的，甚至是寂寞的。读书明理，并不是一朝一夕的工夫，讲台上的灵动，正是灯下的沉静。今天，她可谓上下左右关系复杂，一天到晚事务重，但仍然在读书，读书是一个教师的内功，读书是一个教师的本分。"③ 教学能力，包括教学管理、教学方法与教学策略选择、教学交往、教学研究等多方面的能力。不同教师在这些方面都会表现出各自不同程度的偏爱，如教学方法，有的偏爱讲授法，面对学生，着力将学生应掌握的内容讲述、解释清楚；有的偏爱专题讨论法，让学生积极思考问题，交流思想观点，求得问题解决和学生之间的相互促

---

① 贺雯. 教师教学风格和教学效能感的研究 [J]. 上海师范大学学报，2007，(2).
② 贺雯. 教师教学风格的调查研究 [J]. 心理科学，2005，(1).
③ 刘云杉. 小学教师窦桂梅 [J]. 教育参考，2006，(3).

进、相互提高，从而导致教师形成了各自不同的教学风格。

此外，教师个体的生理差别，如性别、年龄以及身体健康状况等，都会对教学风格的形成产生不同程度的影响。

2. 教师对教学风格的自觉追求

教师自身对教学风格的自觉追求是个体主观能动性的体现，是教师教学风格形成最为活跃的因素。透过对众多教学名师的个案分析可以得知，他们自身独特教学风格的形成，无一不是对教学锲而不舍、精益求精地执著追求的结果。如因为有对"戏剧性"的迷恋，所以成就了"精雕细刻"的特级教师陈钟梁；因为执意要"把玩进行到底"，才有了"玩中有学，寓教于乐，学中创造"教学风格的特级教师张化万；因为四十四载辛勤耕耘，才得以换来"清新、细腻、严谨"鲜明而独特教学风格的郭玉学等。

当然，教师对教学风格的自觉追求绝不仅仅是一个形式问题。譬如，教师教学风格形成过程中离不开对优秀教师的学习、模仿，但不一定是想学就能学得来的，或是"形似神不似"，或是成为哗众取宠的"花架子"，甚至可能弄巧成拙。其中一个重要的原因就是教师自身独特个性的缺失。没有个性，教学就不可能有风格。因此，教师不能刻意追求风格本身，若为风格而风格，反而不易形成风格。或是急于创造风格，往往会显得过于造作、不自然，难以获得成功。为风格而风格，绝不是风格，而是风格的附属物。周国平曾经说过："每一个人降生到这个世界上来，一定有一个对于他最合宜的位置。"① 因此，"成为你自己"应该成为教师对于教学风格自觉追求的最终目的和最高境界。

（二）客观因素

教学风格是在教学实践活动中形成的，与教学系统的各要素有着密不可分的联系。去除教师自身以外的其他一切关系教学的要素就是影响教学风格形成的客观因素。通常，关于教学系统要素，人们对于教师和学生这两种基本要素是没有任何争议的，但因为受时代背景以及相关学术语境的约束，研究者们在教材、教学环境、教学方法、教学目标、课程与反馈等概念和所指称的对象上并没有取得一致的意见和看法，于是就形成了诸如"三要素说"、"四要素说"、"五要素说"、

---

① 周国平. 最合宜的位置 [M]. 北京：作家出版社，2009：1.

"六要素说"、"七要素说"等观点。笔者基于活动主体、活动中介和活动场域对社会实践活动缺一不可的认识,把教学这种特殊社会实践活动的要素归结为教师与学生(主体)、教学内容(中介)和教学环境(场域)三个方面。鲁迅先生说:"风格和情绪、倾向之类,不但因人而异,而且因事而异、因时而异。"[1] 因此,教学要素中的学生、教学内容以及教学环境的差异和变化,都会对教学风格的适切性有着不同的要求和影响。假若教师固守着某一特定的教学风格,那就无法满足学生、教学内容以及教学环境之间的矛盾,教学效果自然就不可能好,那么教学风格的形成也就失去了存在的意义和价值。

1. 学生

学生对教学风格形成的影响既表现在学生群体层面,也表现在学生个体层面。从学生群体来说,处在不同的年龄阶段的群体,具有不同的身心发展特点和规律,在教学风格的适切性上存在差异。按现有教育阶段的划分,幼儿园、小学、中学、大学教师形成的教学风格会有所不同。众所周知的物理大师费恩曼,给学生上物理课,无课本和教案,"只有一个不明确的大纲",但凭借其幽默生动、不拘一格的讲课风格,颇受学生欢迎。[2] 但千万别忘了,他的教学对象是大学一、二年级的学生,不是中学生,也不是小学生,更不是幼儿园的小朋友。曾有人说,能教好大学未必能教好中学、小学、幼儿园,关键道理就在于此。

从学生个体来说,不同个体在性别、智力、个性以及学习风格等许多方面的差异都会对教师教学风格的形成有着不可忽视的影响。如性别上,女孩擅长语言艺术、阅读理解、书面表达和口头表达,相反,男孩似乎在数学和推理方面略微优秀;在身体特征方面,女孩比男孩更早进入青春期,男孩比女孩高,肌肉组织比女孩发达,等等。智能上,一些人可能擅长逻辑和算术推理,另一些人可能有音乐方面的天赋,或者是身体非常灵敏。学习风格上,学生感知信息和处理信息的能力上有所不同,一些学生似乎是场依存型,而一些学生似乎是场独立型;有的学生是"有情景的学习",有的学生是"脱离情景的学习";学生对学习环境、学习方式有自己的偏好,一些学生倾向于依靠视觉来获取信息,而另一些学生则

---

[1] 鲁迅全集(第5卷)[M]. 北京:人民文学出版社,1981:299.
[2] 贺雯. 教师教学风格的调查研究[J]. 心理科学,2005,(1).

更喜欢通过听觉来获取信息。① 个体差异如此种种的不同，在教学过程中都要求教师加以区别对待，要求匹配不同的教学风格。因此，教师必须意识到这一特别重要的领域，尽最大努力调整自己的教学，形成与之相适宜的教学风格。

2. 教学内容

教学内容对教学风格形成的制约，主要源自不同教学内容的特点、性质和要求。一方面，不同学科在教学上有不同的特殊要求，如文科和理科在教学风格要求上就相去甚远，文科有文科教学的共性，理科有理科教学的共性。研究表明，相对于文科教师，理科教师和其他学科教师更加倾向于执行型的教学风格。②

另一方面，即使是同一性质的学科，即使是具体的某一门学科，所包含的学科群和具体的教学内容也是相当庞杂的，教师绝不能用一种类型的教学风格贯穿始终，有许多教学事实一再证明了这一点。如上海特级教师于漪，同样是教语文，同样非常注重教学内容丰富情感因素的挖掘，但是在处理不同教学内容时其感情又是不一样的，《茶花赋》她教得热情明快，《记念刘和珍君》她教得深沉悲愤，《〈指南录〉后序》她教得荡气回肠。就算是相近的教学内容，其教学所渗透的以及所激起的学生情感的波涛也不一样。③

3. 教学环境

教学环境既包括具体的教学物质环境，也包括教学传统、教育体制、学校领导、工作压力等精神环境，既包括学校内部环境，也包括社会、时代等学校外部环境，这些都会影响教师教学风格的形成。

教学环境适宜时，教学风格的形成就会以理想的速度得以继续发展，反之，若不是很适宜，过于简单或过于复杂，教学风格的形成就会停滞不前。如已有研究表明，教师对于学校领导、工作压力的满意度越高越有可能采取积极、有效的教学风格，而对工作压力不满则倾向于采取消极、保守的教学风格。④

---

① [美]理查德·I·阿兰兹 (Richard·I·Arends). 学会教学 [M]. 丛立新译. 上海：华东师范大学出版社，2007：60—63.
② 田厚强. 层层递进，妙趣横生——谈物理大师费恩曼的教学风格 [J]. 大学物理，2008, (4).
③ 程少堂. 教学风格论 [J]. 教育科学，1988, (2).
④ 贺雯. 中学教师教学风格和工作满意度的研究 [J]. 心理科学，2007, (3).

二、教学风格是各种影响因素创造性结合的结晶

教学风格的形成非常复杂，受上述主客观因素的综合影响，是二者共同制约、相互作用、创造性结合的结晶（如下图）。

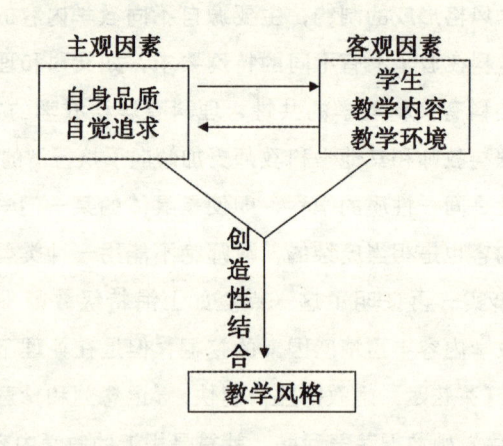

```
    主观因素              客观因素
  ┌─────────┐          ┌─────────┐
  │ 自身品质 │ ───────→ │  学生   │
  │ 自觉追求 │ ←─────── │ 教学内容│
  └─────────┘          │ 教学环境│
         ↘            └─────────┘
           ↘          ↙
            创造性结合
               ↓
          ┌─────────┐
          │ 教学风格 │
          └─────────┘
```

教学风格形成的影响因素创造性结合图

（一）教学风格的形成依赖于良好的主客观影响因素

教学风格形成的主客观影响因素，犹如小鸟的两翼，二者缺一不可。一方面，有利的客观因素能为教学风格形成提供适宜的土壤并起着促进作用。假令莫扎特生在音阶简单、乐器拙陋的蒙昧民族中，也决不能做出有许多复音的交响曲。同样，如果刘可欣没有校长姚文俊的支持和鼓励，没有去北师大进修，没有参加裴娣娜教授主持的"小学生主体性发展实验研究"，没有周玉仁教授的鞭策和肯定，没有学生小洋的特别节日礼物"不老草"给予的幸福和感动，也很难说是否会成就具有"可贵教师气质"[①] 的她。另一方面，良好的主观因素能为教学风格的形成提供坚实的基础和源源不断的发展动力。正如伟大的时代不一定产生伟大的艺术和艺术家一样，在固定的客观因素影响下，普天下教师队伍何其庞大，但真正具有独特教学风格，可以称得上教学名师，能被世人称赞并产生巨大

---

① 中国教育学会会长、北师大教授顾明远对刘可欣老师的赞誉．参见雷玲编著．故事里有你的梦想——18位名师的精神档案［M］．上海：华东师范大学出版社，2007：179．

社会影响的却为数不多。这是为什么呢？就在于主观因素的差别。正所谓"神而明之，存乎其人"。一个教师假若在致力于不断提升自身的品质的同时，又对教学艺术有着孜孜不倦的努力追求，必然会显示出他人无可比拟的主观能动性，即使遭遇到客观因素的制约，也不会影响其个性鲜明独具特色的教学风格的形成。上海特级教师钱梦龙这位悲壮的舞者[①]就是其中的一例。他作为一个只有初中学历的中学语文教师，从 50 年代撰写生平第一篇教学论文，到 70 年代提出自读式、教读式、作业式的"基本式教学法"，再到 80 年代形成一套相当完整的"三主四式"（即"学生为主体、教师为主导、训练为主线"的理论基础，"自读式、教读式、练习式、复读式"的课堂教学模式的教学体系）语文导读法，期间尽管遇到了 1957 年的政治劫难，没有接受过师范教育，且遭受了来自各方面的批评、质疑、甚至是误解，但正是凭着他"人活的就是一种精神，一种追求"对语文教学痴心不改的信念，对教育事业"虽九死其犹未为悔"的执著，以及如痴如醉全身心的投入，使得其教学风格在实践中不断发展、不断走向成熟，从而具有厚重的功力和定力、具有大家风范，达到了"见山见水"的境界。

（二）教学风格形成的主客观因素相互制约、共同作用

教学风格的形成的主客观因素，构成一个整体性的结构系统。席勒指出，"任何一个大型的结构都要求所有各个部分限制自己，以加强整体的作用。如果这种对各个部分的限制同时是它们自由内结果，即如果它们给自己限制，那么结构就是美的。美是自我抑制的力量，对本身力量的自我节制。"[②] 当影响教学风格形成的主客观因素不片面发展而且是互相配合从而造就一个完整的稳定状态时，那么教学风格就会得以形成和发展。换句话说，在教学风格形成影响因素的整体结构中，主客观因素是相互矛盾的。也正是在这种相互矛盾的运动中，整体的和谐得以建立，教学风格得以形成。席勒进一步分析说："如果一切事物只醉心于关心自己，那么整体的和谐究竟会在哪里呢？然而和谐也正是由此而产生，也就

---

① 资深教育记者雷玲对钱梦龙先生的誉称．参见雷玲编著．故事里有你的梦想——18 位名师的精神档案 [M]．上海：华东师范大学出版社，2007：17．

② 吴樾，刘纲纪编．美学述林（第一辑）[M]．武汉：武汉大学出版社，1983：305．

是每一个事物都有内在的自由,又给自己规定了别的事物必需的限制以表现自己的自由。"① 在教学风格形成中,决不能仅凭教师自身想当然,忽略或无视学生、教学内容和教学环境等客观因素的存在。同样,也不能置主观因素而不顾,一味顺应客观因素的要求。当且仅当主客观因素提供的环境或条件的可能性一致时,才有可能促成教师教学风格的形成和发展。

(三)教学风格形成是主客观因素创造性结合的结晶

当良好的主客观因素俱全,并且二者保持着高度协调一致形成教学风格的可能性,是不是就一定会形成独特的教学风格呢?笔者认为,不一定。这些因素只能说是形成教师教学风格必须要考虑到的,但绝非充分条件。马克思在论及职业时,曾有一段令人难忘的名言:"能给人以尊严的只有这样的职业——在从事这种职业时,我们不是作为奴隶般的工具,而是在自己的领域内独立地进行创造。"② 教学风格作为教师教学艺术高度成熟的标志,其本质特征就是创造性。只有在逐渐发展的教学过程中历经检验,有创造性的教师才能形成教学风格。否则,尽管具备了上述因素,但是这些因素的结合没有迸发出创造性的火花,也永远不可能形成自己的教学风格。

然而,近似等同的状况和条件,为什么有的教师具有创造性,有的教师不具有创造性呢?牛顿是个天才科学家,创造性非同一般,可他却常常说:"天才只是长久的耐苦。"唐代诗人杜甫也用两句脍炙人口的名诗道出了自己的经验,"读书破万卷,下笔如有神","神"实质上就是指创作的"灵感"。他们的话蕴含了很深的道理:一切创造的智慧无不是来自平时不断积累的酝酿。也就是人们常说的"工夫在诗外"。法国大雕刻家罗丹说:"你问我在什么地方学来雕刻?在森林里看树,在路上看云,在雕刻室里研究模型得来的。我在到处学,只是不在学校里。"因此,在特定的客观条件下,教师欲形成自身独特的教学风格,只有在教学实践中去不懈努力地追求教学艺术巅峰之外,别无他途。

---

① 吴樾,刘纲纪编.美学述林(第一辑)[M].武汉:武汉大学出版社,1983:305—306.

② 马克思恩格斯全集(第40卷)[M].北京:人民出版社,1982:6.

第三十五章 教师教学风格对学生的影响机制

随着对教学风格研究的不断深入,教学风格在教学中的独特作用越来越被人们所重视。要更好地发挥教学风格对学生的影响,就需要研究教学风格对学生的影响机制。教学风格是指教师在长期教学艺术实践中逐步形成的、富有成效的一贯的教学观点、教学技巧和教学作风的独特结合和表现,是教学艺术个性化的稳定状态之标志。[1] 教学风格是成熟的教师在教学上创造性活动的表现,教学风格对学生的影响是巨大的,诸如教学内容、课堂情境、师生角色之类的因素又能将这种倾向扩大。同时,学生的心理特征、主观意向和学习状态又反作用于教学风格,使得这一影响产生不同的效果。因此,教学风格对学生的影响是两者间动态交互作用的结果。在这一机制中,教学风格对学生的影响促成了学生的发展,同时,学生的发展又会调节教学风格的本身及影响。

一、教学风格的传递机制

教学风格是教师经过长时间的教学磨炼才得以形成的,也标志着其教学艺术达到了相当的高度。苏联美学家尤·鲍列夫在《美学》艺术中深刻指出:风格能对人的意识施加强有力的影响。教学风格对学生的影响是隐性的、非强迫的、长期的,其影响主要以暗示、感染、复现等方式传递。

(一)暗示

社会心理学的研究表明,暗示是在无对抗条件下,用含蓄间接的方法,对人

---

[1] 李如密. 教学风格论 [M]. 北京:人民教育出版社. 2002:27.

们的心理和行为产生影响，从而使人们按照一定的方式去行动或接受一定的信息。①有研究表明，暗示是通过渗入心理圈的方式实现的，它对人的影响比理智来得更加直接深入。另外，暗示作用是快捷而突发的，信息传递的方式是飞跃式的，可以瞬间接收到大量的有效信息。通过暗示传递的知识、或是心理知觉是深刻的，而不是机械地重复、背诵记忆。教学风格是以一种由内而外的整体的形象呈现在学生面前，它通过借助于各种情境、气氛对学生产生暗示作用，使学生潜移默化地接受到各种教学风格的影响。它将教学观点、教学方法、教学技术完美结合逐渐渗入学生心理，直接而又深刻。学生与风格之间通过暗示不停地交流，建立起无意识的心理倾向，刺激学生和教学风格之间的无意识关系发生作用，从而激发学生的潜能。

第一，不同的教学风格对教学内容的处理各有特色，但不论它针对教学对象的差异采取怎样的相应措施都是用隐性的、含蓄的方法让学生感知的。风格与内容的绝妙融合，使带着风格的教学内容，不断唤起学生的能力。这一点，从有风格的教学设计及课堂实录里都是明显可见的。有的注重单线条组织，善于把握事件、定理的逻辑关系，层层剖析，逐步深入；有的善于旁征博引，多线条铺设，内容厚实；还有的擅长单复线综合叙述，课程内容按螺旋上升式安排，一个问题套一个问题，逐步展开，温故知新。这些迥然各异的内容安排方式正是教学风格的独特表现。教师将成熟稳定的风格用于教学的过程也正是在逐步含蓄地暗示着学生学习如何组织学习内容。多年的教学实践证明，在单线内容组织下，学生接受到某种暗示，产生相应的心理体验，在自我学习的过程中，其对内容的安排倾向于学科本身的逻辑推演，思维环环相扣，严谨而细密；在多线条齐头并进的内容的风格暗示下，学生思维开阔，联想丰富，触觉敏锐；单复结合的内容编排风格教学下，学生能自动有效地综合学习内容，善于总结归纳，灵活有趣。

第二，教学风格尤其以独特的表达方式最为显著，学生在组织语言、学习表达方面不断地接受着某种教学风格的暗示。有风格的教师都是卓越的表达艺术家，他们既不囿于已定的表达方式，也绝不重复他人的表达方式，他们总是善于去创造适合自己、属于自己的表达。他们通过暗示使学生的心理接收到一定的信息并产生影响，使之化为行动。在理科教学中，表达的风格多为科学表达风格，

---

① 靳玉乐. 潜在课程论 [M]. 南昌：江西教育出版社，1996：159.

它主要表现为提供精确的、有系统的科学的问题的叙述。这种语言的表达风格容易将学生的注意力吸引到叙述的逻辑性上去，从而暗示学生注意表达的理智和精准度，暗示他们细心谨慎处事。而在文科教学方面，教学风格更具艺术性，它充满情感，语言鲜明、形象，包含许多思辨性，十分容易引起学生的心理变化，潜移默化地将这种表达风格种植在学生的心里，久而久之，类似表达特征在学生的言行上也有所反映。

除此之外，教师的言行举止、教学态度、教学机智等各个方面的有机结合，形成风格，也都通过暗示给学生传达出某种信息，使之产生相应的心理体验，最终转化成显性行为。它能直接渗入人的内心世界，比理智来得更加直接深入，教学风格对学生所产生的暗示作用，正是它影响学生最有力的方式之一。

(二) 感染

感染是人的一种同化反映形式，它表现为个体对他人和特定情景自觉地产生共鸣或类似的心理状态。① 教学风格对学生的影响，需要借助感染的方式进行。教学风格往往能直接、巧妙地营造出一种有利于感染学生的课堂情境，在这样的情境中能引起在场者共同的心理情绪和行动。当然，世界上没有两片相同的树叶，老舍也说过，风格是各种花特有的光彩与香味。教师一旦形成自己的教学风格，就会在整个教学过程中表现出独特的本质特征，打上属于自己的烙印。也就是说，各种教学风格都会通过感染这一机制，使学生处于弥漫着不同情绪的情境中，但具体的内容各有不同，带着各自的风格特色。不同的风格通过感染最终都与教师的感情或心理气氛趋于一致。例如，闻一多先生的教学风格就属于典型的雄健型。这一类教学风格强调教师的教学气势磅礴、雄浑厚实、刚健有力、奋发向上。② 据听过他的课的学生回忆，每每上课他总是昂首挺胸、气宇轩昂、声音洪亮、旁征博引，说到兴奋处难掩心中的喜怒，论述有力、激情四射。这样便自然而然地使课堂上弥漫着某种情绪和氛围，学生受到整个情境氛围的感染总能情不自禁地感受到心灵的触动，情绪激动，时而雀跃、时而悲愤，与闻一多先生一同达到心灵的"共鸣"。李吉林老师的情境教学婉曲清丽，给人以轻柔舒畅之美感，是秀婉型的代表。她善于创造情境，语言、动作无不饱含深情，熟练的简笔

---

① 靳玉乐. 潜在课程论［M］. 南昌：江西教育出版社，1996：160.
② 李如密. 教学风格论［M］. 北京：人民教育出版社，2002：80.

画在黑板上轻轻一勾勒,一幅美景跃然黑板上;几处恰到好处的言语稍稍点拨,文中的景致就流淌下来;轻柔细腻的声音一唱一读,文中美妙的情感就在课堂里渲染开来。学生在这样的情境里,如痴如醉,他们和老师一起进入了一个奇妙的世界。谐趣型的教学风格更是如此,这类教师善于将枯燥乏味的内容变得诙谐幽默,充满趣味。他们往往热爱生活,看待事物机智风趣。他们的这一教学风格总会营造出活跃生动的课堂气氛,引起学生产生类似的心理反应。他们不仅能感到心情愉悦,也觉得学习轻松快乐,师生关系融洽,通过感染,开启奇异的智慧大门。

庄雅型、潇洒型、严谨型等各式各样的教学风格也莫不如此,它们用自己独具一格的风格巧妙地营造某种氛围,感染学生,让他们自然地产生同化反应,引起心理和行动的共鸣,采取独具一格的形式。由此可见,感染是教师风格对学生影响的重要途径。

(三) 复现

教学风格不是偶然一堂精心打磨和雕琢的课,一个精彩的教学片段,一次巧妙的解题,它是教师在教学领域里不断累积教学知识,总结教学经验,摸索教育规律结合自己的特点形成的,一种风格是基本不变的且是反复出现的。教学风格一旦基本形成之后,就在一个相当长的时间内保持不变,这就是风格的相对稳定性。[①] 风格之所以为风格,很重要的一点正是它在流变的过程中,能基本统一表现出连贯、稳定的特点。正如高级建筑师戴念慈所说:"风格是共同特征在表现上的不断重复。"布卢姆也曾指出:"在许多方面那些非显著的课程可能比显著的过程更为有效。他教授的课可以被长久地记住,因为它弥漫而持久地存在于学生很多年的学校学习中,它可天天被经历着且被稳定地学习着。"[②] 当然,这里的稳定并不代表固步自封,它是相对的。

很多初教者都会寻找有风格的教师的课堂实录进行模仿教学,但是一堂或几堂课是不可能形成风格的,这堂课用一种教学方法,下堂课又换另一种,眼花缭乱、变幻莫测,不但不会对学生形成长远的影响,还会让学生应接不暇、疲惫不堪,更不能把精力集中在课程内容上,自然无法取得良好的教学效果,最终势必

---

① 李如密. 教学风格论 [M]. 北京:人民教育出版社,2002:50.
② Bloom. B. S, Innocence in Education. School Review, 1972:343.

流于琐碎、混乱、前后不一。教学风格是教师教学艺术成熟的表现。通过风格不断地重复出现，它把某些信息不断地传达给学生，使学生在心理上和行动上都产生比较稳定的变化，前后如一，长此以往，其中的影响是不可估量的。鲁迅先生在白色恐怖时期，为了斗争的需要曾经变换了各种笔名，但是很多人仍然能从文章中辨别出作品出自他手，他事后也不禁感叹：换一笔名，图掩人目，不是件容易之事。这不仅说明他的文风"犀利、机智、深刻"等早已形成风格，同时也说明，正是一贯如此的风格使得人们印象深刻，受益匪浅，读文的过程又何尝不是学习的过程呢？

实践证明，很多特级教师，如钱梦龙、于漪等，都是不断地复现、强化着自己的教学特点，使学生将这一风格的信息越来越准确地感知、不断加深理解，才能进一步融洽互动、默契配合、接纳欣赏，最终对自己的心理和行为产生深刻的影响。总之，教学风格对学生的影响是通过多次积累而完成的。教学风格作为一种前后一贯的教学思想、教学技巧、教学作风的独特结合，从而形成刺激性因素，是经常出现的，必然会引起学生持续的反应，久而久之，必然会深刻影响学生的某种个性品质的形成与发展。

二、教学风格的接受机制

值得注意的是，教学风格要想影响于学生，不考虑学生的接受是不可思议的。如果只是把学生看成被动的容器，仅仅依靠多次重复地暗示、感染，在学生的思维和行动中占有中心位置，而忽视了学生内部认知结构和组织能力，那就是机械的、片面的，是行为主义心理学在教学风格研究中的具体表现。随着现代认知心理学的发展，大多数学者开始注意到把学生看成是外部偶发事件的组织者和重建者。学生并不是空着脑袋走进教室的，并不是完全相同地接收到由教学风格传来的信息，更不可能千篇一律、完全一致地复制风格。在认同、模仿以及内化等过程中，由于个体气质和状态的差异、经验的不同，产生的影响也会在一定程度带上自己的印记。所以在研究教学风格影响学生的机制时，不能不考虑学生的接受机制。

（一）反映和认同

反映是指学生作为接受主体以其感知系统对外来的某种信息造成的刺激所做出的反应。[①] 学生利用大脑皮层的感觉、触觉、听觉、视觉的综合机制将教师的教学内容、教学技巧、教学作风等包含的经验移入大脑，进行复制、编码和记忆活动形成一定的印象和观念。紧接着反映过程之后就是认同阶段，这两个阶段在某些情况下也会同时交替发生，这也是学生将刺激在行动上反应的前提。

认同是个体把他人的目标和价值看成是自己的目标和价值的过程，是出于某种动机而有选择地与他人保持一致关系。[②] 学生对教学风格的认同可以在个体知觉到或者未知觉的情况下发生并起作用。按照个体的自觉与否可将其分为两种类型：被动认同、主动认同。被动认同，就是指学生在不自觉中受到的熏陶、教育与影响；主动认同则是指学生带着明确的目的，经过认真的思考后，自觉地去接受某种风格的培养、教育与熏陶。在认同机制的作用下，学生会依赖自己的认知结构，有效地处理大脑和身体接收到的新刺激，认同这一过程就像一个筛子，它决定了哪些外部刺激将被注意和选择以便作进一步的加工。他们常常会表现出不同程度地改变其意义的方式组织面临的信息扩大或限制教学风格的作用。

可见，反映和认同是学生被教学风格所影响的一种普遍的心理机制，它的作用表明了，教学风格对学生的影响离不开学生积极主动的体验活动。教学风格天生就富有强大的吸引力，作为一种无形的力量，驱使学生在受教过程中遵从、认同和反映，影响其身心发展，也影响着教学风格之于学生的有效性。

（二）模仿

模仿是在没有外界控制的情况下，当个体受到他人的刺激时，依照他人的行为，使自己的行为与之相同或相似。它不是通过外界施加的压力或命令被迫做出的改变，而是自觉地或不自觉地自动地学习，具有非控制性。

首先，作为被影响对象的学生，大多处于青少年时期，可塑性大，模仿力强，具有较为明显的向师心理，也就是说学生特别容易感受到教学风格的刺激，表现出欣赏或赞叹，在向师心理的驱使下，从而趋向于再现教师的教学风格，包括外部特征、行为方式、姿态、动作和行动等方面。在心理学中，通常把这种模仿解释成"榜样效应"。在榜样的刺激下，人们不仅会去再现榜样简单的活动技

---

① 朱智贤. 心理学大辞典 [S]. 北京：北京师范大学出版社，1989：8.
② 朱智贤. 心理学大辞典 [S]. 北京：北京师范大学出版社，1989：8.

能，甚至在思想、兴趣、价值观上都会发生趋同的变化。当态度科学理智、思维逻辑缜密、善于概括和推理的理智型风格的教师一丝不苟地推演教学内容，细致入微地检验查证每一个步骤时；当把握着相当的事实材料，又具有细腻、准确的感受能力的情感型教师饱含激情又不乏哲理地营造每一个极富感染力的氛围时；当洒脱自然、气度豁达、挥斥自如、飒爽英姿的潇洒型教师高谈阔论，自然大方、行云流水地彰显风格又不落痕迹之时，也正是学生在观察着、揣摩着、学习着的过程，他们总是有意识或是无意识地模仿思维变化，抑或是表达方式都悄悄地发生着改变。学生总是在模仿中调整着、改进着、成熟着自己的思想和行为，依据自身的特点逐步地形成自己的风格。有调查表明，在教师风格的影响下，他们的学生与之相似的思维、动作、姿态、言语都会及时或不及时地在学习生活中表现出来，并在以后的人生中保持相当长的时间，极其深刻地影响着他们。

其次，这种模仿又分为有意识模仿和无意识模仿。有意识模仿是一种有预期的、有动机的模仿。这种模仿一般具有选择性，是一种积极的高层次模仿。无意识模仿，是不考虑被模仿者行为的原因和意图，不自觉地照别人的样子行事。

再次，每个人都是独立的个体，有着区别于他人的独特的机体的构造、形态、感官和神经系统的特征等。遗传素质为个体心理发展提供了生物前提和自然条件，它使其偏向于模仿学习不同的风格。研究表明，高感觉寻求者的脑电活动随着刺激增强而升高；低感觉寻求者则随着刺激增强，表现出脑电波反应的降低。这就意味着高感觉寻求者对刺激是开放的；而低感觉寻求者则保护自己以免受到过多的刺激。这意味着高感觉寻求者往往追求新异的、复杂的、变化的、令人激动的强度较大的刺激，他们会趋向于偏好、模仿激情型、雄健型的教学风格。而低感觉寻求者则喜欢细微的刺激，喜欢轻音乐和宁静的环境，委婉型、严谨细致型就会更多地得到这类学生的青睐。

所有教育情境中自然表现出来的教师的教学风格，都可能成为学生的观察模仿对象，都可能通过学生的模仿产生教育作用，因而模仿是教学风格对学生影响的重要方式。

(三) 内化

内化是指个体通过反复多次的体验熏陶，最终形成能指导其社会行为并相对稳定的主体意识的积淀过程。① 内化将反映、认同、模仿等过程中习得的感受和经验,再综合、整理、解构、重构、转化为更为稳定的根本的内在结构,这一过程也是学生的经验结构的调整、扩充、发展的过程,是学生的身心发生根本变化的关键环节,经过这一过程,最终促进学生身心的全面发展。教学风格对学生的影响,也只有通过内化的过程,才能形成持久的、真实的影响。

总而言之,教学风格对学生的影响机制,是复杂的、动态的、双向的,绝不是单方面的传输。所以,我们在探讨教学风格的作用机制时,切不可偏废一方,应该既要重视教学风格影响学生的机制即怎样传达,又要关注学生接受的机制即怎样主动接受。只有这样才能较为客观地揭示出其影响发生的方式,利用教学风格对学生的影响进行富有成效的教育,促进教育整体功能的发挥和教育质量的提高。

---

① 朱智贤. 心理学大辞典 [S]. 北京:北京师范大学出版社,1989:439.

第三十六章 教学流派的基本品性

教学流派是指一些教学主张相近、教学风格相似的教师在教学艺术实践中自觉或不自觉、正式或非正式地结合在一起并在一定范围内产生影响的教学派别。①在我国教育实践界近三十年来,教学流派的发展大体经历了三个阶段:改革开放前后的"惧谈流派、避谈流派"是第一阶段,改革初、中期的"草色遥看近却无"是第二阶段。如今伴随着新课程的不断深入,已经进入到了"满园春色关不住"的第三阶段,教学流派的发展呈现出百花齐放、蓬勃向上的良好势头。教育改革的不断深入和教育研究领域的不断拓展给教学流派的实践和研究注入了新的生机,再次证明了实践和时代的呼唤是教育研究的最强音和动力。因此,对于教学流派的一些基本理论问题的认识应该跟进,并在一定程度上促进教学流派的理论与实践向纵深方向发展。品性,指的是品质性格,教学流派有哪些基本的品性,这是关乎教学流派认识和实践操作的重要问题。笔者认为,实践性与理论性、个体性与群体性、多元性与独特性、本土性与发展性是教学流派的几个基本品性。

一、实践性与理论性

从教学流派产生原因的角度进行考察,它具有实践性与理论性,实践性与理论性是教学流派的第一品性。所谓教学流派的实践性,是指教学流派从本质上讲是一种教学实践主张,是实践中存在的各种相似的教学模式、教学风格的结合,它产生、形成于实践并在实践中得到检验和完善。纵观任何一种教学流派都是应"运"而生的——此"运"微观上是指实践中存在的教学问题,宏观上是指当时

---

① 李如密. 教学风格论 [M]. 北京:人民教育出版社,2002:119.

社会的政治、经济、文化、科技等提出的新要求。教学流派的产生、形成实质上就是对现存社会发展变化和教学实践中出现问题的回应。如发展性教学流派和结构主义教学流派强调对学生认识能力、求知欲、创新精神的培养和现代科技知识的教学，其实质是美国与苏联在二战后新科技迅速发展的背景下社会各个领域异常激烈进行竞争在教学发展上的体现。再如语文导读派是为了解决传统教育理论在教学实践中造成的弊端这个问题而在长期的教育实践中提出并形成的。导读派代表人物之一黎见明先生说："1954年，倡导凯洛夫的五环节教学法，我发现课堂的变化千差万变，五环节限制太严，不能把学生的智力因素很好地调动起来。50年代时兴'满堂灌'，我也想改'灌'为'问'，可是又只是满足于牵着学生的鼻子走，实际上是'灌'的另一种形式。1978年落实政策后，我重登讲台，就碰到'精讲多练'。教师实际上并未'精讲'，而课堂确实在'多练'。学生终日填空格，画钩钩，面红耳赤，头昏脑涨，深为题海而苦恼。1981年为了适应新时代培养人才的需要，我提出了'导读'的语文教学思想与作法。"[①] 可见，对教学实践中存在的五环节教学法、满堂灌、题海战术等现实教学的不满和批判是导读派形成的出发点和动因。所以说，教学流派是对实践中的变化和存在问题的回应，这种回应产生于实践的需要并在实践中前行。

　　实践与理论密切相关，实践是理论发展的根本动力，理论是实践的表征。教学流派的实践性注定了它需要一定的理论进行提升。教学流派的理论性是指教学流派并不只是实践的单纯回应和被动适应，而是要有基于实践基础之上的、支撑流派存在和实践效果的理论依据，以及作为一个独特教学流派之所以独特的理论层面的总结和提升。以语文教学流派为例，每个流派都有自己的多学科的理论支撑以及阐述该流派教学风格和教学体系特点的专著。其中前者是该教学流派存在的基点，后者是该教学流派的凝练和理论提升。如"管理派"代表人物魏书生所著的《教学工作漫谈》、《班主任工作漫谈》，"情感派"代表人物于漪所著的《语文教苑耕耘录》，"思维派"代表人物宁鸿彬所著的《面向未来，改革语文教育》，"训练派"代表人物钱梦龙所著的《语文导读法探索》等。在这些著作中，各家各派的理论主张鲜明独特，来源于实践又高于实践，这正如伽达默尔所说："一切

---

　　① 宿婉芳. 导之以法，各显风流 [J]. 内蒙古教育，2001，(8).

实践的最终含义就是超越实践的本身。"① 各种流派的形成就是教学实践引发的探索的过程和探索的结果,而流派的理论则是其形成和发展的根基,是对教学实践的回应和超越。因此,仅有一些先进的教学主张和理念,没有实践的机会和时空,就只能形成一种教学学说,至多是一种教学学派,不会成为一个教学流派。同样,仅有一些成功的实践探索和行之有效的方法模式,而没有进行理论的凝练和提升,就只能是实践经验的汇总或汇编,不会成长为一个教学流派。可以说,教学流派是基于实践性并超越实践性,这样既与花拳绣腿和纸上谈兵绝缘,又避免了实践层面的低水平的重复,由此奠定了成长的基石。

二、个体性与群体性

流派中人的因素是重要的,"派"靠人创造出来,更靠人流传下去。因此,从教学流派的主体视角进行考察,个体性与群体性是教学流派的第二个基本品性。流派向上追溯为"源",即"源头",此源头具有个体性的特征;流派向深发展为"流",即"相同特征的汇合",此"流"具有群体性的特征。"源"是教学流派的最初发端地,表现为创始人或核心人物;"流"是教学流派的生命活力的表现,表现为传人或追随者。众所周知,教学流派的形成不是自然自发的过程,恰恰相反,它是教师有意识地不断探索的艰辛过程。当面对实践中提出的问题时,一些有理想、有思想、勇于探索的教师在自己所任教的班级、学校进行教改实验,反思、总结、归纳并提出自己的教育教学主张或教学特色和风格,成长为教学流派的创始人或核心人物,这部分教师在数量上是少的,探索大多具有独立、独创的性质,他们在教学流派的形成中发挥核心作用、带动作用、组织作用、辐射作用。当这些少数人的实验经过实践检验具有良好的效果并经一定渠道的推广得到众多一线教师的认可和追随后,就由"源"逐渐发展壮大为"流",形成"派"。此"流"在数量上是众多的,是追随者、践行者,他们"实践流派的教学主张,验证流派操作体系的可行性,扩大研究的范围,延伸研究的时间,同时在研究中

---

① [德]伽达默尔. 赞美理论 [M]. 夏镇平译. 北京:生活·读书·新知三联书店,1988:46.

丰富、完善和发展该流派的内涵，扩大流派的影响"①，体现了一种流传、延续和发展。仅仅有创始人或核心人物的独唱发声没有众多他者的追随，往往表明此流派没有一定的影响力，不久将干涸断流，不能称之为"派"；而没有创始人或核心人物的流派也是不存在的，这恰如燎原之势往往是有星星之火在先，石头中蹦出美猴王的事情在现实中是不可能发生的。

教学流派中的人（教师）不管是个体还是群体，都是由智慧进行连接的。智慧不是特别神秘的东西，在《现代汉语词典》里"智慧"指的是辨析判断、发明创造的能力，其实质是一种思考、分析和解决问题的能力。教学流派形成的复杂和艰辛决定了它是一个充满智慧的活动，智慧对教学流派非常关键。无论是代表着教学流派的核心和独特性的教学风格的形成、发展还是教学主张的提出、实验、提炼、推广、完善，都与教师个体与集体智慧的参与息息相关。因此，智慧是教学流派中"人"的因素的外在表现，它代表了教学流派的一种内在品性、状态和境界。教师个体和群体的这些智慧突出表现在理解性智慧和反思性智慧上。正如上文所述，教学流派的形成过程就是实践的过程，而"人的实践行为最根本的是一种理解行为，获得对他人、对一切文本意义的理解。人们在理解中获得和创造出指导行为的意义准则，理解本身就是实践的，其最根本的目的就是要告诉人们，行为实践是一个意义理解、意义创造的过程，人的行为意义是自由的、开放的、相对的，是理解中的创造"。② 在教学流派的形成中，教师对实践情境有着一定的敏感性，对实践中产生的问题有着深刻的觉察和回应，这种敏感性、觉察和回应实质就是对学生的理解、对教学的理解、对问题的理解以及对自我的理解。反思是哲学的最高品质，是把关于事物的各种思想及观念统统作为再次反思的对象，将所有的观念性认识进行再认识的过程。如果教师不会对教学现象、教学问题、流派的完善以及自身的成长进行反思，教学流派就无从生长、发展和完善。因此，教学流派的智慧性是教师的知性、理性、行动等方面的综合表现，它扎根于生动的教学实践体验，产生于教学实践过程中教师的理解与反思，成熟于

---

① 成尚荣. 当下教学改革发展的态势与教学流派产生的可能性 [J]. 教育研究，2008，(3).

② 张能为. 理解的实践——伽达默尔实践哲学研究 [M]. 北京：人民出版社，2002：95.

教学实践经验的总结与提升，是"认识借助概念，通过分析、比较、概括以及联想、直觉等逻辑或非逻辑的思维方式，领会和把握事物的内部联系、本质及其规律的思维过程"。[①] 教学流派的个体性与群体性以及其所表现出来的个人智慧和集体智慧决定了教学流派的高度和发展前景。

三、多元性与独特性

从教学流派外部表现的视角进行考察，教学流派具有多元与独特的特点。多元是指教学流派的数量、研究的问题及方式多种多样，丰富多彩。实践中形成的教学流派数量众多，仅李彦军、李洪珍在《中国当代教学流派》中就详述了如目标教学流派、尝试教学流派、主体教学流派、诱思教学流派、情境教学流派、和谐教学流派、愉快教育教学流派、成功教育教学流派、创造性教学流派、学导式教学流派、对话式教学流派、异步教学流派、反馈教学流派、合作教学流派、自学辅导教学流派、个性教育教学流派、"南钱北魏"教学流派、研究性学习教学流派等十八个中国当代比较有影响的教学流派，[②] 教学流派的数量由此可略见一斑。另外，按照不同的标准进行划分，教学流派也异彩纷呈。如呈现地域特点的有海派、京派、苏派、通派等；呈现学科特点的有语文教学流派、数学教学流派、英语教学流派等等；单就语文一科，就有情感派、导读派、思维派、管理派、语感派、目标教学派、快速写作派、快速阅读派、大语文教学派等九大教学流派。[③] 单就小学识字教学方法来说，公认的流派就有二十多个，其中最有影响的是集中识字流派与分散识字流派。[④] 从教学流派的研究问题上看，有同有异，多种多样。即便是研究同样的教学问题，不同的教学流派也因其本身特征的差别，研究的侧重点和方式方法也有所不同，以致形成不同的教学观念、教学风格和模式，呈现出多元丰富的特点。

教学流派的独特性是就各教学流派之间的差异而言的，凡是能够称得上一家

---

① 洪汉鼎. 理解与解释：诠释学经典文选 [M]. 北京：东方出版社，2001：112.
② 李彦军，李洪珍. 中国当代教学流派 [M]. 济南：山东教育出版社，2006.
③ 霍雷. 语文教学的九大流派 [J]. 教学大参考，2004，(6).
④ 李冲锋. 三十年中小学语文教学流派的形成与发展 [J]. 基础教育课程，2009，(12).

一派的，都有着独特的与众不同的教学风格或鲜明的教学主张，这是教学流派形成必不可少的要素。如情感派的教学就以"披文以入情，讲授有趣味，语言生动、鲜明、准确"为特点，听其代表人物于漪老师的课，感觉"知识会像涓涓的溪水，伴随着美的音律，流进你的心田"，"充满诗情画意，神韵夺魄的'美'是多维的，往往纷至沓来，且有高度的审美价值"[①]，充分体现情感派的独特之处。再如以地域划分呈现出来的各种教学流派风格各异："苏派"教学的特点是构思精巧，处处体现创意，讲求课堂和谐、统一，善于创设课堂情境；"京派"教学的特征是包容性强，扎实、严谨、稳健、厚重。"海派"教学的特征是开放而灵动、鲜活而婉约。"浙派"教学的特征是开放、理性、实干。值得一说的是，教学流派的独特性并不是该流派所有成员的教学风格或主张的总和，而是同一流派成员的教学风格或主张之间相似性的"交会"和集中。这种现象类似于维特根斯坦有关定义的"家族相似"学说，同一教学流派中的教师看起来都属于一个家族，彼此之间都有着这样或那样的相似，但是又都不完全相同。其相似之处往往就是该教学流派的独特之处，这种独特性是辨识教学流派的主要标志和特征。

四、本土性与发展性

教学流派的本土性与发展性是从空间和过程的角度进行考察得出的结论。所谓本土性是指教学流派带有本土地方性的特征，是本土的产物，是对本土教学实践中产生的问题的回应或是本土教学特色教学风格的集合，它扎根本土，反映本土，受本土文化的影响。这正如戏剧中的"南昆北弋东柳西梆"之分，烹饪中的鲁、川、粤、闽、苏、浙、湘、徽等八大菜系，都是渗透着鲜明的本土地域文化因素的。教学流派在形成过程中，也会打上本土文化的烙印。如"京派"的教学风格透射出北京这一历史都城的深厚人文积淀和今日作为综合性政治、文化中心的雍容纯正；"海派"教学风格与上海这个高度开放的经济大都会的地域文化，有一脉相通之处；"浙派"的教学风格与开放较早，接受西方思想较早，商品经

---

① 张武升. 当代中国教学风格论[M]. 南昌：江西教育出版社，1993：352.

济发达的浙江相契合；"苏派"的教学风格与江苏享誉世界的苏州园林的风格异曲同工。[①] 这些都体现了独特的地域人文风格。其实这样一种特点的形成原因也不难理解。教学流派所针对的是本土本地的教学问题，这种本土本地问题的解决方式也必须是本土本地的，而不可能是跨国界或跨区域的。加之在同一地域生活的人们在漫长的历史中逐步形成了具有本土地域特色的独特的文化传统和文化体系，它们使处于其中的教师具有相同的文化背景，在教学观念、学术观点和思维行为方式上都容易达成相似。

教学流派的发展性是指教学流派并不是个完成时态，而是一直处于发展变化的过程中，它是不断生成而非已成的，是不断完善而非完美的。教学流派的这种发展性通常由交流和批判来完成的。一个教学流派要想扩大影响走向成熟必然要接受专家、同行、学者的批判、质疑与论争，要与流派内部人员进行共同交流、讨论甚至是商榷与争鸣。例如，钱梦龙的"三主"理论在语文教育界引发争鸣。通过争鸣，钱梦龙的教育思想被越来越多的同仁所接受，他的"四式"教学模式也逐渐引起同仁的重视和借鉴。《教师之友》2004年第1期刊发了一组文章对魏书生、于漪、钱梦龙三位名师叫板。由此又引发人们对三位甚至更多的语文教学流派代表人物的反思与争鸣。[②] 再如发展性教学流派最初仅提出"以高难度进行教学、以高速度进行教学和理论知识起主导作用"三条教学原则。后来由于受到其他教育家的批评和质疑，赞科夫认真思考研究别人所提出的问题，经过大量实验研究又进一步概括出"使学生理解学习过程"和"让全班所有学生包括后进生都得到一般发展"这两条教学原则，这对教学原则体系的完整性起到了良好的积极作用。可见，正是这些批判、质疑、论争、交流、商榷、争鸣使得教学流派中的教师进一步研究、实验、反思，由此，流派的理论基础更加扎实，特色更加鲜明，观点和方法更加全面准确。可以说，交流和批判是教学流派成长的强有力的促进因素，在批判和交流的过程中接受合理的建议和意见，扬弃不足之处，其结果是教学流派的逐步完善和成熟。

---

① 编辑部. 苏南教学流派：背景、特质与建构——"苏南五校联盟"关于苏南教学流派的第一次对话[J]. 江苏教育研究，2009，(4C).
② 李冲锋. 三十年中小学语文教学流派的形成与发展[J]. 基础教育课程，2009，(12).

主要参考文献

一、著作

1. ［美］布鲁克菲尔德（Brookfield, S, D），（美）普瑞斯基尔（Preskill, S.）. 讨论式教学法：实现民主课堂的方法与技巧［M］. 罗静, 褚保堂译. 北京：中国轻工业出版社, 2002.

2. ［德］伽达默尔. 赞美理论［M］. 夏镇平译. 北京：生活·读书·新知三联书店, 1988.

3. ［德］M. 海德格尔. 诗·语言·思［M］. 彭富春译. 北京：文化艺术出版社, 1991.

4. ［德］M. 海德格尔. 在通向语言的途中［M］. 孙周兴译. 北京：商务印书馆, 1997.

5. ［德］歌德等. 文学风格论［M］. 上海：上海译文出版社, 1982.

6. ［法］卢梭. 爱弥儿——论教育（上卷）［M］. 李平沤译. 北京：人民教育出版社, 1985.

7. ［法］莫里斯·梅洛一庞蒂. 知觉现象学［M］. 姜志辉译. 北京：商务印书馆, 2005.

8. ［古希腊］亚里士多德. 物理学［M］. 张竹明译. 北京：商务印书馆, 1982.

9. ［加］江绍伦. 教与学的心理学［M］. 邵瑞珍等译. 南昌：江西教育出版社, 1985.

10. ［加］马克斯·范梅南. 教学机智：教学智慧的意蕴［M］. 李树英译. 北京：教育科学出版社, 2006.

11. ［捷］夸美纽斯. 大教学论［M］. 傅任敢译. 北京：教育科学出版

社，1999.

12. ［美］Elliot Aronson, Timothy D·Wilson, Robin M·Akert. 社会心理学（第五版，中文第二版）［M］. 侯玉波等译. 北京：中国轻工业出版社，2007.

13. ［美］波林·罗斯诺. 后现代主义与社会科学［M］. 上海：上海译文出版社，1998.

14. ［美］理查德·I·阿兰兹（Richard·I·Arends）. 学会教学［M］. 丛立新译. 上海：华东师范大学出版社，2007.

15. ［美］鲁道夫. 阿恩海姆. 视觉思维——审美直觉心理学［M］. 滕守尧译. 北京：光明日报出版社，1986.

16. ［美］泰伦斯·霍克斯. 隐喻［M］. 穆南译. 太原：北岳文艺出版社，1990.

17. ［美］约翰·杜威. 我们怎样思维·经验与教育［M］. 北京：人民教育出版社，2005.

18. ［瑞典］T胡森，［德］T·N波斯尔斯韦特. 教育大百科全书［M］. 重庆：西南师范大学出版社；海口：海南出版社，2006.

19. ［苏］B.A. 苏霍姆林斯基. 公民的诞生［M］. 黄之瑞等译. 北京：教育科学出版社，2002.

20. ［苏］巴班斯基. 论教学过程的最优化［M］. 北京：教育科学出版社，1982.

21. ［意大利］维柯. 新科学［M］. 朱光潜译. 北京：人民文学出版社，1986.

22. 艾思奎斯·雷夫. 第56号教室的奇迹［M］. 卞娜娜译. 北京：中国城市出版社，2009.

23. 贝尔. 中学数学的教与学［M］. 许振声译. 北京：教育科学出版社，1990.

24. 陈琦、刘儒德. 当代教育心理学（修订版）［M］. 北京：北京师范大学出版社，2007.

25. 陈向明. 质的研究方法与社会科学研究［M］. 北京：教育科学出版社，2000.

26. 辞海（缩印本）［Z］. 上海：上海辞书出版社，1979.

27. 大卫·杰弗里·史密斯（David Geiffrey Smith）. 全球化与后现代教育学 [M]. 北京：教育科学出版社，2000.

28. 刁培萼，吴也显等. 智慧型教师素质探新 [M]. 北京：教育科学出版社，2005.

29. 东缨. 泛舟诲海 [M]. 沈阳：沈阳出版社，1992.

30. 董远骞. 教学火花集 [M]. 北京：人民教育出版社，1993.

31. 范梅南. 教学机智：教育智慧的意蕴 [M]. 李树英译. 北京：教育科学出版社，2001.

32. 方展画. 罗杰斯"学生为中心"教学理论述评 [M]. 北京：教育科学出版社，1990.

33. 傅道春. 教师的成长与发展 [M]. 北京：教育科学出版社，2001.

34. 傅建明主编. 教育原理案例教材 [M]. 杭州：浙江大学出版社，2007.

35. 顾明远. 教育大辞典（增订合编本·上）[Z]. 上海：上海教育出版社，1998.

36. 郭启明. 教师与语言艺术 [M]. 北京：语文出版社，1993.

37. 海德格尔. 面向思的事情 [M]. 陈小文译. 北京：商务印书馆，1999.

38. 洪汉鼎. 理解与解释：诠释学经典文选 [M]. 北京：东方出版社，2001.

39. 胡庆芳等. 精彩课堂的预设与生成 [M]. 北京：教育科学出版社，2007.

40. 霍懋征. 小学语文教学经验谈 [M]. 上海：上海教育出版社，1985.

41. 蒋成瑀. 故事创作漫谈 [M]. 上海：上海文艺出版社，1979.

42. 教育部师范教育司. 窦桂梅与主题教学 [M]. 北京：北京师范大学出版社，2006.

43. 瞿葆奎. 教育学文集·教学（上册）[C]. 北京：人民教育出版社，1988.

44. 康青. 管理沟通 [M]. 北京：中国人民大学出版社，2006.

45. 雷玲. 名师教学机智例谈（数学卷）[M]. 上海：华东师范大学出版社，2007.

46. 雷玲. 小学语文名师教学艺术 [M]. 上海：华东师范大学出版

社，2008.

47. 李光晨. 中学物理教学中的比喻和类比 [M]. 石家庄：河北教育出版社，1989.

48. 李如密，孙元涛. 新世纪教师教学艺术策略 [M]. 北京：中国青年出版社，2001.

49. 李如密. 教学风格论 [M]. 北京：人民教育出版社，2002.

50. 李如密. 教学美的价值及其创造 [M]. 广州：广东高等教育出版社，2007.

51. 李如密. 教学艺术论（第二版）[M]. 北京：人民教育出版社，2001.

52. 李如密. 教学艺术论 [M]. 济南：山东教育出版社．1995.

53. 李如密. 现代教学理论研究 [M]. 长春：吉林人民出版社，2003.

54. 李彦军，李洪珍. 中国当代教学流派 [M]. 济南：山东教育出版社，2006.

55. 李玉萍. 一份特别教案——教育艺术案例与分析 [M]. 北京：中国人民大学出版社，2003.

56. 李镇西. 民主与教育 [M]. 成都：四川少年儿童出版社，2004.

57. 李政涛. 表演：解读教育活动的新视角 [M]. 北京：教育科学出版社．2006.

58. 林崇德. 教育的智慧 [M]. 北京：开明出版社，2001.

59. 刘士林. 中国诗性文化 [M]. 南京：江苏人民出版社，1999.

60. 刘士林. 中国诗哲论 [M]. 济南：济南出版社，1992.

61. 刘叔成，夏之放，楼昔勇. 美学基本原理 [M]. 上海：上海人民出版社，2001.

62. 卢家楣. 情感教学心理学 [M]. 上海：上海教育出版社，2000.

63. 鲁枢元. 创作心理研究 [M]. 郑州：黄河文艺出版社，1985.

64. 鲁迅全集（第5卷）[M]. 北京：人民文学出版社，1981.

65. 骆小所. 现代修辞学 [M]. 昆明：云南人民出版社，1994.

66. 马丁·布伯. 我与你 [M]. 陈维纲译. 北京：生活·读书·新知三联书店，1986.

67. 马克思恩格斯全集（第40卷）[M]. 北京：人民出版社，1982.

68. 莫雷. 教育心理学 [M]. 广州：广东高等教育出版社，2002.

69. 默耕主编. 经典教学方法 [M]. 福州：福建教育出版社，1993.

70. 帕克·帕尔默. 教学勇气——漫步教师心灵 [M]. 上海：华东师范大学出版社，2005.

71. 裴玲，廖文娟. 对话 [M]. 上海：上海教育出版社，2004.

72. 全国中语会青年教师研究中心编. 于漪语文教育艺术研究 [M]. 济南：山东教育出版社，1999.

73. 商继宗. 中小学比较教育学 [M]. 北京：人民教育出版社，1989.

74. 施良方，崔允漷. 教学理论：课堂教学的原理、策略与研究 [M]. 上海：华东师范大学出版社，1999.

75. 石鸥. 教学别论 [M]. 长沙：湖南教育出版社，1998.

76. 束定芳. 隐喻学研究 [M]. 上海：上海外语教育出版社，2000.

77. 苏霍姆林斯基. 给教师的建议 [M]. 北京：教育科学出版社，1984.

78. 苏霍姆林斯基. 和青年校长的谈话 [M]. 上海：上海教育出版社. 1983.

79. 苏霍姆林斯基选集（第5卷）[M]. 北京：教育科学出版社，2001.

80. 陶行知全集（第1卷）[M]. 长沙：湖南教育出版社，1984.

81. 滕英超. 中学语文教坛风格流派录 [M]. 沈阳：辽宁教育出版社，1994.

82. 田慧生. 教学环境论 [M]. 南昌：江西教育出版社，1996.

83. 童庆炳主编. 现代心理美学 [M]. 北京：中国社会科学出版社，1993.

84. 瓦·阿·苏霍姆林斯基. 给教师的建议 [M]. 杜殿坤编译. 北京：教育科学出版社，1984.

85. 汪刘生，白莉. 教学艺术论 [M]. 南昌：江西教育出版社，1996.

86. 王明居. 模糊美学 [M]. 北京：中国文联出版公司，1998.

87. 王增祥. 教学艺术 [M]. 北京：蓝天出版社，1991.

88. 王增祥. 教学诊断 [M]. 北京：华文出版社，1995.

89. 韦志成. 语文教学情境论 [M]. 南宁：广西教育出版社，1996.

90. 韦志成. 语文教学艺术论 [M]. 南宁：广西教育出版社，1996.

91. 吴樾，刘纲纪编. 美学述林（第一辑）[M]. 武汉：武汉大学出版

社，1983.

92. 闫承利. 素质教育课堂优化艺术 [M]. 北京：教育科学出版社，2000.
93. 阎承利. 教学最优化艺术 [M]. 北京：教育科学出版社，1995.
94. 杨伯峻. 论语译注 [M]. 北京：中华书局，2006.
95. 杨光泉. 新课程课堂教学艺术 [M]. 成都：四川教育出版社，2006.
96. 余文森. 基础教育课程改革的四大支柱 [M]. 福州：福建教育出版社，2002.
97. 湛翡才. 课堂教学艺术 [M]. 长沙：湖南师范大学出版社，2000.
98. 张春兴. 教育心理学——三化取向的理论与实践 [M]. 杭州：浙江教育出版社，2000.
99. 张能为. 理解的实践——伽达默尔实践哲学研究 [M]. 北京：人民出版社，2002.
100. 张天宝. 新课程与课堂教学改革 [M]. 北京：人民教育出版社，2003.
101. 张武升. 当代中国教学风格论 [M]. 南昌：江西教育出版社，1993.
102. 张武升. 教学艺术论 [M]. 上海：上海教育出版社，1993.
103. 张雄. 个案社会工作 [M]. 上海：华东理工大学出版社，1999.
104. 章启泉. 意义的本体论——哲学诠释学 [M]. 上海：上海译文出版社，2002.
105. 中国社会科学院语言研究所词典编辑室. 现代汉语词典（2002年增补本）[Z]. 北京：商务印书馆，2002.
106. 钟启泉等. 课程与教学论 [M]. 上海：华东师范大学出版社，2008.
107. 周国平. 最合宜的位置 [M]. 北京：作家出版社，2009.
108. 朱志平. 课堂动态资源生成论 [M]. 北京：高等教育出版社，2008.
109. 朱智贤. 心理学大辞典 [Z]. 北京：北京师范大学出版社，1989.
110. 宗白华. 美学与艺境 [M]. 北京：人民出版社，1987.

二、论文

1. [德] 伽达默尔. 论倾听 [J]. 安徽师范大学学报（人文社会科学版）. 2001,（2）.
2. 阿芳. 激将法中的学问 [J]. 交际与口才，1990,（3）.
3. 比尔·希利尔/Bill Hillier. 场所艺术与空间科学 [J]. 世界建筑，2005,

(11).

4. 编辑部. 苏南教学流派：背景、特质与建构——"苏南五校联盟"关于苏南教学流派的第一次对话 [J]. 江苏教育研究, 2009, (4C).

5. 陈陈. 移情在高校教学中的运用 [J]. 江苏高教, 2004, (5).

6. 陈平原. "学术文"的研习与追摹——"现代中国学术"开场白 [J]. 云梦学刊, 2007, (1).

7. 陈秋红. 论故事教学在国文课程中的运用 [J]. 通识教育学报, 2004, (6).

8. 陈晓梅. 教师的个性与教学风格 [J]. 教育艺术, 2005, (4).

9. 陈志阳. 浅谈激励教育法 [J]. 中国职业技术教育, 2002, (9).

10. 成尚荣. 当下教学改革发展的态势与教学流派产生的可能性 [J]. 教育研究, 2008, (3).

11. 程少堂. 教学风格论 [J]. 教育科学, 1988, (2).

12. 董海. 精彩课堂需要灵活调控 [J]. 教学与管理, 2011, (3).

13. 董畹倩. 暗示教学法浅议 [J]. 东北师大学报（哲学社会科学版）, 1983, (4).

14. 杜德栎. 教学激励性原则探析 [J]. 教育探索, 2004, (3).

15. 范亚林. "沉默"在课堂教学中的作用 [J]. 四川教育学院学报, 1997, (10).

16. 冯晓江. 新课程要求下的教学激励策略 [J]. 教育探索, 2007, (2).

17. 郭建民、曹海萍. 王玉珍歌剧演唱艺术点评 [J]. 黄河之声, 2008, (20).

18. 海莺. "理想的说话者"与"理想的倾听者"——教师职责之检讨 [J]. 天津市教科院学报, 2002, (10).

19. 贺雯. 教师教学风格的调查研究 [J]. 心理科学, 2005, (1).

20. 贺雯. 教师教学风格和教学效能感的研究 [J]. 上海师范大学学报, 2007, (2).

21. 贺雯. 中学教师教学风格和工作满意度的研究 [J]. 心理科学, 2007, (3).

22. 洪柳. 教师教学语言艺术探析 [J]. 教学与管理, 2011, (12).

23. 黄新宇. 课堂教学的激励原则 [J]. 江西教育科研, 2000, (11).

24. 黄莺, 牟彦茗, 杨晓川, 汤朝晖. 体验自由教学空间——探访丹麦哥本哈根 Ørestad Gymnasium（学校）[J]. 城市建筑, 2009, (3).

25. 教育研究杂志社. 教育改革与发展的多维审视——二〇〇九中国教育研究前沿与热点问题年度报告 [N]. 中国教育报, 2010－2－2.

26. 柯伦·克莱德. 教学的美学 [J]. 周南照译. 教育研究, 1985, (3).

27. 李冲锋. 三十年中小学语文教学流派的形成与发展 [J]. 基础教育课程, 2009, (12).

28. 李吉林. 情感: 情境教育理论构建的命脉 [J]. 教育研究, 2011, (7).

29. 李如密, 宋立华. 课堂教学倾听艺术探微 [J]. 课程·教材·教法, 2009, (11).

30. 李如密. 教学风格初探 [J]. 教育研究, 1986, (9).

31. 李颂. 数字故事: 一种新学习和表达方式——以"上海市女教师的故事大赛"为例 [J]. 上海教育科研, 2011, (3).

32. 李英荣. 课堂提问的"距离美" [J]. 教育艺术, 2000, (9).

33. 李志厚. 暗示教学法研究: 历史、现状与启示 [J]. 华南理工大学学报（社会科学版）, 2003, (1).

34. 李祖超. 教育激励刍议 [J]. 中国教育学刊, 2003, (5).

35. 梁林姝, 何祖顺. 因势利导, 柳暗花明——浅谈政治教师处理课堂突发事件的方法与艺术 [J]. 教学月刊, 2006, (10).

36. 刘岸英. 反思型教师与教师专业发展 [J]. 教育科学, 2003, (4).

37. 刘庆昌. 对话教学初论 [J]. 教育研究, 2001, (11).

38. 刘庆昌. 论教育情感 [J]. 山西大学师范学院学报, 2000, (1).

39. 刘士林. "诗化的感性"与"诗化的理性"——中国审美精神的诗性文化阐释 [J]. 上海师范大学学报（哲学社会科学版）, 2009, (1).

40. 刘兴庆, 郑广芬. 浅谈课堂"三时态"的调控艺术 [J]. 山东教育科研, 2001, (6).

41. 刘野. 移情在品德形成中的作用与训练 [J]. 教育科学, 2010, (12).

42. 吕宪军, 王延玲. 新课程标准和教材的分析与把握 [J]. 中国教育学刊, 2004, (2).

43. 蒙培元. 漫谈感情哲学 [J]. 新视野, 2001, (1).
44. 聂炎. 比喻的认知功能 [J]. 西北第二民族学院学报 (哲学社会科学版), 2006, (2).
45. 庞丽娟, 易凌云. 论教师的缄默性个人教育观念及外显化 [J]. 教育研究, 2005, (7).
46. 宋亚杰. 共情——师生沟通的润滑剂 [J]. 教学与管理, 2010, (3).
47. 孙从改. 艺事五味: 勤、博、痴、新、得——电视剧"荀慧生"观感 [J]. 大舞台, 2008, (2).
48. 谈永康. 喜欢讲故事的人——薛法根语文课堂文化的一个视角 [J]. 江苏教育研究, 2011, (2).
49. 万慧. 学会"移情" [J]. 中国职业技术教育, 2011, (16).
50. 王传玲. 例谈比喻在初中生物教学中的作用 [J]. 当代教育科学, 2007, (11).
51. 王枬. 论"师爱" [J]. 教育科学, 1988, (4).
52. 王启乐. 教学比喻在课堂中的使用 [J]. 新课程研究, 2007, (11).
53. 王圣民. 享受沉默 [J]. 语文学习, 1991, (7).
54. 王苏. 课堂教学的辩证法 [J]. 教育科学, 1999, (1).
55. 王晓玉. 关于教学情境创设的再思考 [J]. 教学与管理, 2011, (8).
56. 王之纲. 慎用"激将法" [J]. 人民教育, 1994, (5).
57. 吴刚平. 教学改革的课程论意义 [J]. 教育研究, 2002, (9).
58. 吴靖国, 魏韶洁. 从听故事的心理反应谈故事教学之原则 [J]. 教育科学期刊, 2007, (7).
59. 吴瑜. 小学数学课堂讨论效率的提高 [J]. 教育评论, 2006, (5).
60. 向明. 实践性知识: 教师专业发展的知识基础 [J]. 北京大学教育评论. 2003, (1).
61. 邢成云. 学会"等待" [J]. 教学与管理 (理论版), 2006, (17).
62. 徐秀芝. 远程比喻的生成理念和心理机制 [J]. 东北师范大学学报 (哲学社会科学版), 2005, (3).
63. 叶澜. 让课堂焕发出生命活力 [J]. 教育研究, 1999, (9).
64. 叶澜. 重建课堂教学过程观 [J]. 教育研究, 2002, (9).

65. 叶丽新. "瞻前""顾后"话"讨论" [J]. 上海教育科研, 2001, (4).

66. 尹德光、韩善霞. 略论生物教学中的空白艺术 [J]. 中学生物教学, 1997, (4).

67. 余慧娟. 聚焦：思维的深度与理解的宽度 [J]. 人民教育, 2010, (24).

68. 袁梅. 论比喻认知的特性 [J]. 人文杂志, 2001, (5)

69. 岳伟. 教育过程的不确定性与教育计划、教育预测的限度 [J]. 教育发展研究, 2006, (9A).

70. 张桂芳. 激励教育探究 [J]. 太原理工大学学报（社会科学版）, 2006, (12).

71. 张建伟. 反思——改进教学行为的新思路 [J]. 北京师范大学学报（社会科学版）, 1997, (4).

72. 张桃洲. 现代汉语的诗性空间——论20世纪中国新诗语言问题 [J]. 中国社会科学, 2002, (5).

73. 张伟. 课堂诊断：贴近教师成长的学校科研 [J]. 基础教育, 2008, (11).

74. 张文林. "糊涂"一下又何妨 [J]. 中学政治教学参考, 2004, (11).

75. 周奎英. 巧扮"糊涂老师" [J]. 江苏教育, 2004, (3).

76. 朱文君. 课堂理答ABC——华东师大崔允漷教授访谈录 [J]. 小学语文教师, 2008, (4).

各章作者名单

章目	作者	章目	作者
第一章	李如密	第十九章	李如密、刘巧叶
第二章	杨晓奇、李如密	第二十章	李如密、张晓丽
第三章	代天真、李如密	第二十一章	李如密、史金榜
第四章	李如密、李宝庆	第二十二章	李如密、李宝庆
第五章	齐　军、李如密	第二十三章	齐　军、李如密
第六章	李如密、刘玉静	第二十四章	李如密、韩祥伟
第七章	李如密、辛丽春	第二十五章	吕　丛、李如密
第八章	李如密、潘朝阳	第二十六章	李如密、孙龙存
第九章	王　平、李如密	第二十七章	李如密、李红冉
第十章	李如密、宋立华	第二十八章	李　允、李如密
第十一章	刘云珍、李如密	第二十九章	李如密、刘玉静
第十二章	李如密、李　平	第三十章	李如密、李　曼
第十三章	李如密、王恩军	第三十一章	李如密、冯树青
第十四章	李如密、刘　伦	第三十二章	李如密、苏堪宇
第十五章	李如密、李　青	第三十三章	李如密、李宝庆
第十六章	李如密、张晓丽	第三十四章	张晓辉、李如密
第十七章	李如密、王冬黎	第三十五章	李如密、黄慧丽
第十八章	李如密、刘文娟	第三十六章	宋立华、李如密

后 记

我认为，课堂教学艺术应成为教学艺术研究的核心。因为在学校里，教师和学生正是在课堂上"同舟共济"进行教学艺术创造的，从这个意义上可以说，课堂是教学艺术创造的最重要的"舞台"。本书即是紧紧围绕课堂教学艺术进行研究的。在研究中，我们力争在提出问题、思考视角、学术观点、选取案例等方面，能够突出一个"新"字，为课堂教学艺术的立论奉献绵薄之力。

近十年左右，我结合为研究生开设"教学艺术论研究"专题课，有选择地和我的学生开展课堂教学艺术的合作研究。我们在一起读书、讨论、写作，尤其是在"你来我往"的推敲和修润中，度过了许多难忘的"教学相长"的日子。随着研究的不断积累，算来至今也公开发表了为数不少的文字。所以，当福建教育出版社的成知辛先生向我约稿时，我便想到把同属"课堂教学艺术"研究主题的这些成果集中起来，也是一件有意义的事情，便欣然答应下来。

全书集中探讨课堂教学艺术，在整体上初步勾勒了一个理论的框架，但也并不是非常完善和严谨。每一章着力论述一个问题，内容相对独立，篇幅也不很长。所以读者阅读时自可不必拘泥于书中先后的顺序，对哪部分内容感兴趣即可先阅读那一部分，随手翻到哪一章节即可从那个地方读起。若能对读者思考和实践课堂教学艺术有点启示和帮助，我们就非常欣慰了。

最后，感谢福建教育出版社给我这样一个难得的机会，感谢成知辛先生的信任和宽容！感谢我的那些学界朋友们，他们见我总问"还在研究教学艺术吗？""最近有什么新的成果？"这对我来说无疑是莫大的激励。感谢我的学生们，他们对学术的热情和执著的态度令人感动。感谢南京师范大学课程与教学研究所的领导和同事们，他们对我的支持与帮助让人难以忘怀。

李如密

2014 年 2 月 12 日于南京师范大学仙林校区